高等学校测绘工程系列教材

不动产测量与管理

Real Estate Surveying and Management

蓝悦明　康雄华　编著

WUHAN UNIVERSITY PRESS
武汉大学出版社

图书在版编目(CIP)数据

不动产测量与管理/蓝悦明,康雄华编著.—武汉:武汉大学出版社,2008.5(2025.7 重印)
高等学校测绘工程系列教材
ISBN 978-7-307-06205-4

Ⅰ.不…　Ⅱ.①蓝…　②康…　Ⅲ.①不动产—测量—高等学校—教材　②不动产—经济管理—高等学校—教材　Ⅳ.F293.3

中国版本图书馆 CIP 数据核字(2008)第 055943 号

责任编辑:任　翔　　责任校对:黄添生　　版式设计:詹锦玲

出版发行:**武汉大学出版社**　(430072　武昌　珞珈山)
(电子邮箱:cbs22@ whu.edu.cn 网址:www.wdp.com.cn)
印刷:武汉图物印刷有限公司
开本:787×1092　1/16　印张:13.5　字数:321 千字
版次:2008 年 5 月第 1 版　2025 年 7 月第 9 次印刷
ISBN 978-7-307-06205-4/F · 1145　定价:36.00 元

前　　言

不动产测量是不动产管理的基础。在不动产管理中，自始至终都需要测量作为其保障手段，这两者是相互依存、相互发展的关系。

20年来，不动产测量与管理的教学实践使我们深刻地体会到：测绘专业的学生在掌握了不动产管理的基本原理和内容之后，既可以很好地完成不动产测量工作，又可以从事不动产管理的相关工作。这不仅拓宽了学生的就业方向，而且对不动产管理也有较大帮助，这一点已由那些工作在全国各地土地管理局和房产管理局的测绘专业的毕业生所证实。

从20世纪80年代中期开始，全国陆续有高等院校开设不动产管理和地籍测量、房产测量专业或课程。作为不动产管理的基础和内容，不动产测量理论和方法的教学研究也受到广泛的重视，取得了大量的、系统的成果。随着我国经济的高速发展，不动产管理显得越来越重要，对从事不动产管理工作的人员素质也提出了更高的要求。本书主要是针对那些将来可能从事不动产管理的学生进行一些基础的理论知识和基本的操作方法的介绍，以便今后在遇到相关的问题时能尽快地熟悉和适应工作。

目前，关于不动产测量与管理的教材基本上都是分为两本，即测量和管理的教材是分开的。我们希望能将这两者有机地结合起来，使测绘工程专业的学生或是不动产管理的学生的知识能够互补，达到一专多能，更好地为不动产管理工作服务。

本书第1章至第3章及第5章第2节的部分内容由蓝悦明编写，第4章至第6章由康雄华编写，全书最后由蓝悦明统一修改定稿。

本书的编写得到了武汉大学教务部的大力支持，并提供了教材建设专项基金。武汉大学出版社也给予了大力支持，特别是任翔编辑的积极工作，使我们在较短的时间内就完成了本书的出版，保证了教学的需要，在此一并表示感谢。

由于本书的编写时间仓促，可能会有一些不足之处，我们恳切地希望广大读者对本书提出宝贵的意见，以便今后进一步修改。

作　者

2008年2月

目　录

第1章 绪　　论

1.1　不动产的定义

不动产、动产是用物理形态划分的。动产主要指可以移动且移动后不改变性质、性状的财产。动产可分为实物形态的有形动产和不具有实物形态的财产。动产的种类很多，如黄金珠宝、钞票、机器设备、商标、各种生活日用品等都属于动产。

不动产是指土地、房屋、建筑物以及附着于或蕴含于其上的其他物。土地、房屋、建筑物、生成林木、矿藏资源等均可以作为独立的不动产；附着于或蕴含于土地的自然资源在分离前视为不动产；分离后，视为动产；土地使用权、土地承包经营权等土地权利为不动产。需要说明的是，植物的果实尚未采摘、收割之前，树木尚未砍伐之前，都是地上的定着物，属于不动产，一旦采摘、收割、砍伐下来，脱离了土地，则属于动产。

不动产的特点是与土地不能分离或者不可移动的，一旦与土地分离或者移动，将改变其性质或者大大降低其价值。例如，建筑物一旦移动或离开土地，就不成其为建筑物，其价值将大大降低。而动产则可以随意移动，其价值不受影响。

动产与不动产划分的历史可以上溯到罗马法时代。罗马法的动产与不动产是以能否移动和移动后是否改变其性质和损害其价值进行分类的。

国际上，现代民法体系关于不动产的概念界定有两种，一种是指不能被移动或移动后会毁损其经济价值的物，如土地、建筑物。此种体例为《德国民法典》、《日本民法典》、我国旧民法和《意大利民法典》所采用，也成为大陆法系国家民法典之外英美法系财产法规定的概念。另一种是指其性质、用途、权利客体以及法律规定不能移动的财产，如房产、地产。此体例以法国民法典为代表。这两种分类标准的根本区别在于：前者认为，不动产归根到底是物，是不可动之物；而后者认为，不动产归根到底是权利，是不可动之物上的支配权利。

德国民法典先规定不动产，不动产之外即为动产。与德国不同，瑞士民法典采用了给动产下定义的方式区分动产与不动产。《瑞士民法典》第713条规定：“性质上可移动的物以及法律上可支配的不属于土地的自然力，为动产所有权的标的。”其不动产基本限于土地、矿山及其土地定着物，其分类依然凸显出以物可否移动的物理标准为主的特点。

对不动产范围界定的标准有两种。第一种是自然标准，即根据其不能移动或移动有损于其价值，如土地、建筑物。第二种是添附标准，所谓添附是指由自然或人为原因使一物附着于另一物结合而成为不可分物或难以分割物。注意，难以分割物并非绝对不能分离，而是说分离会影响其社会效用，经济上不合算。

除了通行的自然标准和添附标准之外，有些国家还规定了其他相关的标准。如法国民法典还规定了另外三个标准，一是为确保不动产合理正常使用的物，如农具、耕畜；二是产生于不动产之上的一些用益物权，如地上权、地役权；三是依法律特别规定，如法律规定的股票为不动产。

我国的《民法通则》没有动产与不动产的概念，但在民法理论和近几年的立法中，接受了这一分类。《担保法》第92条规定：不动产是指土地以及房屋、林木等地上定着物。”

《中国物权法总则》（建议稿）中对不动产的定义、范围也作了表述：依自然性质或者法律的规定，不可移动的物为不动产，包括土地、土地定着物、与土地尚未脱离的土地生成物、因自然或者人力添附于土地并且不能分离的其他物。

不动产依自然性质不可移动，理所应当。依法律的规定不可移动，主要指移动（即与土地或者其他基本不动产分离）不经济，因而依法律规定不许其移动，从而保护物的使用价值的情形。不动产的范围包括土地和土地定着物，主要指建筑物。土地的生成物包括各种矿藏、植物（树木、草地）等，在与土地分离之前，依民法学家的通说，当然属于不动产。

不动产和动产的划分是物的最基本也是最重要的划分。这种划分对民事权利尤其对物权制度具有决定性的意义。不动产物权和动产物权的政治意义、经济意义有显著的不同。在法律上，不动产和动产的意义也有显著的不同。尤其是在物权法上，因不动产物权和动产物权的变动遵循着不同的公示原则（不动产物权的变动遵守登记原则，动产物权的变动遵守占有交付原则），有不同的物权体系设置（不动产物权种类齐备，用益物权基本上均为不动产物权，而动产物权基本上只有所有权和质权。担保物权体系中，不动产和动产的权利制度也有重大区分），所以这两种物权之间的区分对物权立法始终发挥决定作用。

从以上的讨论可以看出，不动产概念的内容十分广泛。有文献将不动产定义为房地产，或定义“不动产≈房地产”，这是不严格的。可以定义“房地产=房产+地产”，但地产不是泛指的土地，而只是在不动产登记簿业已登记的地表部分。此外，“物业”一词在国内逐渐流行，这主要是港、澳、粤地区对房地产或不动产的方言称谓所致，不过物业一般只用于个体，是单元房地产。如可以说一项房地产或一项不动产，但对于整体，则只能说不动产业或房地产业，不能说物业。

不动产、房地产、房产、地产、物业、土地这些定义和概念在使用上存在着一定的差异，需要加以注意。由于篇幅所限，加之房地产在不动产中占据了主要内容，在本教材中主要以地产和房产为例来讨论不动产测量和管理的内容。

1.2 不动产管理的内容及作用

随着生产力的发展，人们对物产产生了管理。不动产作为财产的一部分当然也被列入人们的管理之列。在不同的历史时期、不同的社会制度，其不动产管理的内容不尽相同，但基本的任务相似，主要是三项：一是维护其所有制，保护不动产所有者和使用者的合法权益；二是将其充分合理地利用；三是贯彻、执行不动产的相关法律法规。

1. 维护其所有制

在任何社会制度下，国家实行相关的不动产制度的目的都在于维护其所有制，这是其阶级性所决定的。自阶级社会开始，统治阶级为了维护对不动产的所有权，制定了一系列的法规，并设立了执法机构。在资本主义社会，不动产基本上是私有化的，不动产管理的目的是维护不动产所有者的所有权以及不动产交易的自由，巩固资本主义不动产所有制；在社会主义社会，实行的是公有制，对于不动产中的土地，为维护社会主义土地公有制的目的，禁止土地的非法出让、转让、出租和抵押等活动，以保护社会主义土地公有制不受侵犯。但对于不动产中的房产，可以按国家的相关法律规定，实行私人所有，并保护其合法权益。

2. 合理利用

不动产中，土地是人类生存的基本条件，也是最珍贵的生产资料。由于它数量上的有限性和不可替代性，所以合理利用是不动产管理的最重要的任务。为了合理利用土地，必须进行土地的分配和再分配，进行土地规划，合理开发，必须采取行政、经济和法律等综合措施。

3. 贯彻、执行相关法律法规

法律是统治阶级意志的表现，是经国家认定、以国家强制力保证实施的行为规范的总称。不动产法规是国家以维护统治阶级对不动产占有关系的法律，反映了在一定社会生产方式中，统治阶级对不动产的占有、使用、收益和处分等的意志。目前，世界上发达的资本主义国家都非常重视不动产的立法，也有健全而完善的不动产法律，从而使得不动产管理有法可依。我国从 1978 年以来也在不断地健全不动产法规，以适应经济发展的需要。

1.2.1 土地管理的基本内容

1. 权属管理

土地权属是指土地的所有权和他物权的归属。它是指土地所有者对其拥有的土地所享有的占有、使用、收益、处分的权利和土地使用者对其使用的土地所享有的利用、取得收益的权利。其中，他物权又包括使用权、租赁权、抵押权、转让权、地役权等。土地管理是从地权管理开始的，因为土地管理最初是为了统治者收税，只有管住地权才可能收到地税。同样，也只有管住地权才能管住土地的利用，因为地权管理在保护土地所有者、使用者合法的权利时，还规定了相应的限制条件和义务。土地管理的各项内容都要用地权管理来保障其顺利实施，因此，土地管理的核心就是权属管理。

2. 地籍管理

从字典上讲，地籍是作为征收田赋根据的簿册，这也是地籍最古老、最基本的含义。这个簿册上记录了土地所有者（或使用者）土地的位置、界址、数量、质量、权属、用途和动态变化等信息。从土地管理的专业上讲，地籍是指由国家监管的以土地权属为核心、以地块为基础的土地及其附着物的权属、位置、数量、质量和利用现状等土地基本信息的集合，用图、数、表等形式表示。地籍管理的中心任务是摸清土地的数量，确定土地权属，内容包括地籍调查、土地统计、土地评价、土地登记、土地档案管理等，因此，地籍管理是土地管理的基础。

3. 土地利用管理

土地利用管理包括土地规划、开发利用、土地整理、保护和利用监测的管理。

土地管理的这三大内容是相互联系的一个整体，而且土地管理的具体内容随着时间的变化、管理体制的不同、社会制度的不同、土地资源特点的不同在不断地变化着。

1.2.2 房产管理的基本内容

1. 产权产籍管理

产权管理是城市行政管理的重要组成部分，是政府主管机关为保障产权人合法权益而对房产产权的取得、灭失及合法变动行为的确认以及为此目的而实施的管理。

产权管理主要有三个方面的内容，即确认产权、产权登记、禁止产权转移和代管。

确认产权是保护产权的前提，也是产权管理工作的核心，只有严格地审查确认，才能做到产权清和产籍明。审查确认产权工作是衡量产权管理工作好坏的重要标志。

产权登记是实施产权管理的主要手段，目的是审查确认产权并发证。没有完善的产权登记制度，产权管理工作就无法落实。正是有了产权登记，才带动了产权管理其他工作的顺利开展。

禁止产权转移和代管是保护产权、实施产权管理职能的主要措施。

2. 开发利用管理

我国房地产开发是在党的十一届三中全会以后，随着经济体制改革和社会主义市场经济的发展，在土地有偿使用制度、住房制度、城市建设综合开发三项重大改革基础上发展起来的。到20世纪90年代末期，房地产开发年完成投资占全社会固定资产年完成投资的比例已经超过20%，开发建设的商品住宅占城镇住宅供应量的近一半。

房地产开发经营的发展不仅带动了土地使用制度改革的深入，而且加速了房屋建设和旧城改造的速度，同时也促进了学校、商业服务网点、邮电通信、文化医疗等配套设施的发展，改变了城市面貌，繁荣了城市经济，带动了社会经济的发展。但是，由于投资体制、管理体制以及一些管理制度不健全、措施不得力等原因，在房地产开发经营中还存在着一些不容忽视的问题。一是集体土地上的房地产开发，尤其是城乡接合部集体土地上的房地产开发极为严重，扰乱了房地产开发的秩序；二是房地产开发企业设立不规范，管理混乱，“皮包公司”、“炒项目”现象仍然存在；三是房地产开发中土地使用权出让与项目建设脱节、与城市基础设施配套建设脱节、与拆迁安置脱节现象严重，造成了不同程度的土地闲置，引发了不少拆迁纠纷；四是房地产开发项目管理薄弱，企业行为和开发进度等难以监督掌握；五是房地产开发项目转让不规范，变相私下转让，影响被拆迁人、商品房预购人权益的现象时有发生；六是商品房预售、现售中行为不规范，预购人和购买人权益受到侵害的现象时有发生；七是房地产开发中商品房质量问题仍然十分突出，抑制了广大居民购房的积极性，危及到居民的生活和财产安全。

这些问题的存在不仅影响了住宅产业的发展，也对住宅消费的形成产生了不良的影响。为了加强对房地产开发经营行为的监督，保障和促进房地产业的顺利健康发展，国家及有关部门陆续发布了一系列有关法律、法规、规定和管理办法。主要包括1994年全国人大常委会通过发布的《城市房地产管理法》、1998年7月国务院第248号令发布的《城市房地产开发经营管理条例》（以下简称《开发经营条例》）、2000年3月建设部以第77号令发布的《房地产开发企业资质管理规定》。此外，《城市规划法》、《中华人民共和国建筑法》、《土地管理法》、《建设工程质量管理条例》等法律、行政法规及建设部发布的一系列配套法规等，也对房地产开发建设环节的相关活动进行了详细规定。特别是《开发经营条例》对房地产开发经营的指导原则、管理机构、开发企业的设立、开发项目的审批与建设程序、开发项目的经营管理、房地产经营活动及管理等都做了明确的规定，并规定了几项基本制度。主要有项目资本金制度、两书（即质量保证书和使用说明书）制度、预售许可制度、项目手册制度、质量责任制度、竣工综合验收制度。

3. 交易市场管理

（1）房地产交易的概念

房地产交易管理是房地产市场管理的重要内容，早在1988年建设部、国家物价局、国家工商行政管理局发布的《关于加强房地产交易市场管理的通知》中就有明确规定："城镇房地产交易，包括各种所有制房屋的买卖、租赁、转让、抵押，城市土地使用权的转让以及其他在房地产流通过程中的各种经营活动，均属房地产交易活动管理的范围，其交易活动应通过交易所进行。"《城市房地产管理法》对此进行了更为明确的概括，规定房地产交易包括房地产转让、房地产抵押和房屋租赁三种形式。

房地产交易管理是指政府设立的房地产交易管理部门及其他相关部门以法律的、行政的、经济的手段对房地产交易活动行使指导、监督等管理职能。

（2）房地产交易中的基本制度

《城市房地产管理法》规定了五项基本制度，即国有土地有偿有限期使用制度、房地产价格申报制度、房地产价格评估制度、房地产价格评估人员资格认证制度和房地产权属登记发证制度。下面主要介绍房地产价格申报制度和房地产价格评估制度。

①房地产价格申报制度

房地产交易价格不仅关系着当事人之间的财产权益，而且也关系着国家的税费收益。因此，加强房地产交易价格管理，对于保护当事人合法权益和保障国家的税费收益，促进房地产市场健康有序的发展，有着极其重要的作用。

《城市房地产管理法》规定：国家依法实行房地产成交价格申报制度。房地产权利人转让房地产，应当向县级以上地方人民政府规定的部门如实申报成交价，不得瞒报或作不实的申报。1995年8月，建设部令第45号发布的《城市房地产转让管理规定》中也规定：当事人应当在转让合同签订后30日内持房地产权属证书、当事人的合法证明、转让合同等有关文件向房地产所在地的房地产管理部门提出申请，并申报成交价格；房地产管理部门核实申报的成交价格，并根据需要对转让的房地产进行现场查勘和评估；房地产转让应当以申报的成交价格作为缴纳税费的依据。成交价格明显低于正常市场价格的，以评估价格作为缴纳税费的依据。这些规定为房地产价格申报制度提供了法律依据，也说明了房地产价格申报是房地产交易受法律保护的必要条件之一。

房地产权利人转让房地产、房地产抵押权人依法拍卖房地产，应当向房屋所在地县级以上地方人民政府房地产行政主管部门如实申报成交价格，由国家对成交价格实施登记审验后，才予办理产权转移手续，取得确定的法律效力。这一规定改变了原来计划经济体制下价格由国家确定或审批的管理模式，变为由交易双方自愿成交定价，实行价格申报制度。房地产管理部门在接到价格申报后，如发现成交价格明显低于市场价的，应当及时通知交易双方，按不低于房地产行政主管部门确认的评估价格缴纳有关部门税费后，方为其办理房地产交易手续，核发权属证书。这里要说明一下，房地产行政主管部门发现交易双方的成交价格明显低于市场正常价格时，并不是要求交易双方当事人更改成交价格，只是通知交易双方应当按什么价格交纳有关税费。只要交易双方按照不低于正常市场价格交纳了税费，无论其合同价格为多少，都不影响办理房地产交易和权属登记的有关手续。如果双方对房地产行政主管部门确认的评估价格有异议，可以在接到补交税费通知后15日内向房地产管理部门申请复核，要求重新评估。重新评估一般应由交易双方和房地产管理部门共同认定的房地产评估机构进行评估。如果评估的结果证明交易双方申报的成交价格明显低于正常市场价格，重新评估的费用将由交易双方支付；如果交易双方申报的成交价格与市场价格基本相符，重新评估的费用将由房地产管理部门支付。交易双方对重新评估的价格仍有异议，可以按照法律程序向人民法院提起诉讼。这样规定一方面比原来的价格审批制度更符合市场经济规律和国际惯例，另一方面也能有效地防止交易双方瞒报成交价格，保证国家的税费不至于流失。通过对房地产成交价格申报的管理，既能使房地产价格不至于出现不正常的大起大落，又能防止交易双方为偷漏税费对交易价格作不实的申报。

②房地产价格评估制度

《城市房地产管理法》规定："国家实行房地产价格评估制度。房地产价格评估，应当遵循公正、公平、公开的原则，按照国家规定的技术标准和评估程序，以基准地价、标定地价和各类房屋的重置价格为基础，参照当地的市场价格进行评估。""基准地价、标定地价和各类房屋的重置价格应当定期确定并公布。具体办法由国务院规定。"

(3) 房地产交易的管理机构及其职责

房地产交易的管理机构主要是指由国家设立的从事房地产交易管理的职能部门及其授权的机构。包括国务院建设行政主管部门即建设部、省级建设行政主管部门即各省、自治区建设厅和直辖市房地产管理局、各市、县房地产管理部门以及房地产管理部门授权的房地产交易管理所（房地产市场产权管理处、房地产交易中心等）。

房地产交易管理机构的主要任务是：

①对房地产经营进行指导和监督，查处违法行为，维护当事人的合法权益；

②办理房地产交易登记、签证及权属转移手续；

③协助财政、税务部门征收与房地产交易有关的税款；

④为房地产交易提供洽谈协议、交流信息、展示行情等各种服务；

⑤建立定期信息发布制度，为政府宏观决策和正确引导市场发展服务。

1.3 不动产测量与管理的关系

1.3.1 不动产测量的重要性

不动产权属是指不动产权的所有权和他物权的归属。它是指不动产权所有者对其拥有的不动产权所享有的占有、使用、收益、处分的权利和不动产权使用者对其使用的不动产权所享有的利用、取得收益的权利。其中，他物权又包括使用权、租赁权、抵押权、转让权、地役权等。不动产权管理的最初目的是统治者收税，只有管住权属才可能收到税。同样，也只有管住地权才能管住土地的利用，因为地权管理在保护土地所有者、使用者合法的权利时，还规定了相应的限制条件和义务。不动产权管理的各项内容都要用权属管理来保障其顺利实施，因此，不动产权管理的核心就是权属管理，而不动产测量正是权属管理的依据和基础。可以说，如果没有不动产测量，没有测量所提供的界址点和图，权属管理就无从下手。

1.3.2 不动产测量的作用

不动产测绘是常规的测绘技术与不动产管理业务相结合的专业测绘。而不动产测量所获得与永久性标志相联系的不动产权属界址、面积、产别等都具有法律效力，从而载入不动产权属证书，所以不动产测量所得的基础图是发放不动产权属证书和财政税收的重要依据，拥有权属（法律上）、财政（税收上）和城镇规划三大基本功能。它的主要作用可以归纳为如下几个方面。

1. 管理方面

为了使城市不动产管理和住宅建设都能稳步纳入社会主义现代化建设的轨道，城镇不动产管理部门和规划建设部门都必须全面了解和掌握不动产的权属、位置、数量和现状等基本情况。只有这样，才能进行妥善的管理和合理的规划建设，更好地调配使用房屋和土地，有计划安排旧城区住宅的修建改造以及新发展区的规划建设。另外，不动产测量的成果亦是开展城镇房地产管理理论研究的重要基础资料。

2. 经济管理

不动产测量提供了大量准确的图纸资料，为正确掌握城镇房屋和土地的利用现状以及变化、清理公私各占有的不动产数量和面积，建立产权产籍和产业管理的图形档案，统计各类不动产的数量和比重等提供了可靠的数据，亦为开展不动产经济理论研究提供了重要数据。不动产测量还为城镇财政、税收等部门研究确定土地分类等级、制定税费标准提供了基础依据，确保各项税费的及时征收。

3. 法律方面

不动产图所表示的每宗（丘）所有的不动产的权属范围是经过逐宗（丘）清理产权，并经过各户申请登记，经主管部门逐户审核确认的。不动产图作为核发房屋所有权证书的附图，是具有法律效力的图纸。它是加强不动产管理、核定产权、颁发权属证书、保障不动产所有者的合法权益、加强社会主义法律管理的重要依据。

我国早在清朝末年就在一些地方建立了测绘部门，该部门的宗旨是测量面积及地形、地物，以适应地方自治及土地清丈的需要。而在中华人民共和国成立后的 1954 年所进行的不动产测量以及依托房产图建立的房产档案图卡为现在旧城改造中的房屋拆迁提供了极具价值的原始凭据，并为相当多的房屋权属纠纷提供了强有力的法律保障。而当代的不动产测量为城市的 GIS 建设提供了支撑，因而，测绘技术及基础测绘工作是地理信息化的基础，地理信息化是测绘发展的高级阶段。

通过以上不动产测量作用的简述，不难发现，不动产测量无论是对城市地理信息系统的建立，还是对整个区域的不动产管理来讲，都是一项重要的基础工作。同时，我国实行的不动产登记制度是一种法律登记制度，是一种以国家强制力为后盾、积极主动的行政措施，保持不动产测量的连续性也就成了不动产管理的迫切需要，而对不动产测绘的现势性也就有了更高的要求。

1.4 我国不动产管理的体制

不动产管理体制是指政府不动产管理部门的机构设置、职权划分和运行等体系和制度的总和。不动产行政管理机关是政府对不动产实施管理的职能部门，也是对不动产管理的机构设置、职权划分是否合理的检验。建立起适应社会主义市场经济发展客观要求的不动产管理体制，是对不动产进行有效的宏观管理和调控的基本保证。

我国对房地产实行房屋和土地分部门管理的体制，全国各地陆续开展了国有土地的登记及发证工作，这就导致了房产和土地两个部门在管理职能上交叉。经过10多年的演变，全国各地对房地产转让形成了两种格局：一种是由两个部门登记、收两次费、发两个证（即房屋所有权证和土地使用权证）的制度；一种是维持不变，由一个部门登记、“两证合一”的制度。

1.4.1 土地管理部门

1998年3月10日，九届人大一次会议第三次全体会议表决通过关于国务院机构改革方案的决定。根据这个决定，由地质矿产部、国家土地管理局、国家海洋局和国家测绘局共同组建国土资源部，机构设置见图1-1。保留国家海洋局和国家测绘局作为国土资源部的部管国家局。

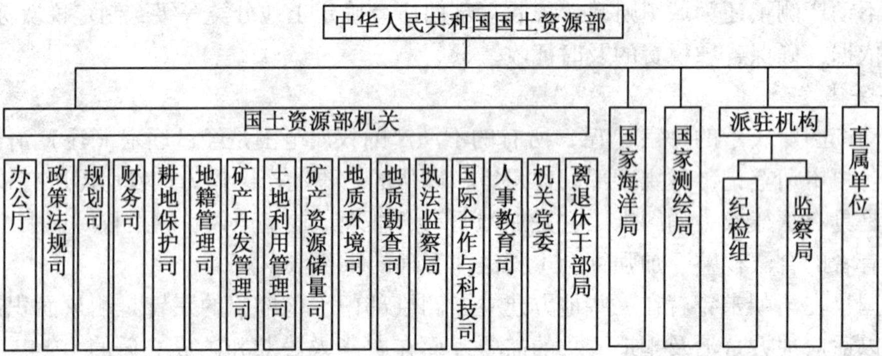

图1-1 国土资源部机构设置

2003年底，我国决定实行省以下土地垂直管理体制，这意味着省级以下土地管理部门的官员将主要由上级土地管理部门管理。事实上，上收管理权力、强化部门权威的土地管理体制变革很早就发生了。早在20世纪80年代中期，面临改革开放后的第一次圈地浪潮，我国自上而下成立了专门的土地管理机构，开始实行城乡土地统一管理。进入90年代，面对第二次圈地浪潮，建设用地的主要审批权开始上收到中央和省级政府来行使，实行集中化的分级管理。这一次改革则实现了土地管理机构人事权力的上收，在省以下实行垂直管理。土地管理体制发生的几次变革深刻反映了作为发展中的人口大国和土地资源紧缺国家，我国在土地资源利用和管理上面临的一系列深层次矛盾和冲突。以下分几个方面的问题作简单的讨论。

（1）保护耕地与建设用地的问题

我国是一个人多地少的发展中的人口大国。一方面，我国人口基数大，人均耕地少，可开发利用的宜农后备土地资源极其有限。而人口增长速度虽已大幅度减缓，但是人口总量还在增长。按照一般预测，未来三四十年内，我国都将面临人口持续增长带来的压力。面对持续增长的人口，粮食安全问题将是我国经济社会发展中不能掉以轻心的一个基本的全局性、战略性问题。因此，在今后相当长的时期里，保护耕地、保障国家粮食安全必然成为我国土地管理的一项重要任务。

另一方面，我国是一个发展中的国家，正处于工业化和城镇化快速发展时期，我国经济社会的全面发展、“三农”问题的最终解决都依赖于工业化和城镇化的快速推进。最终实现全国几亿农民的小康目标，需要通过向非农产业和城镇转移农民来富裕农民。按照一般预测，如果 2020 年我国人口总量控制在 14 亿左右，总体城镇化水平达到 55%左右，届时将有近 8 亿人口居住在城镇。也就是说，在今后近 20 年中，我国城镇人口将会净增约 3 亿人，平均每年增加约 1 000 万人。虽然通过撤县设市、撤乡建镇、撤村建居，一部分农村人口会就地城镇化，但是，大部分农村人口还是要通过由农村向城镇的易地转移来进城。大量人口向城镇转移集中，将直接带动城镇住宅用地和各类公共基础设施用地需求的增加。正是我国的基本国情和所处的发展阶段决定了在今后相当长的时间里，我国将面临保护耕地与建设用地之间的尖锐矛盾，这是世界上许多国家现在没有和曾经没有过的。

这一内在矛盾要求必须建立世界上最严格的土地管理和耕地保护制度，全面统筹保护耕地与建设用地之间的关系，在宏观上保持重大用地关系协调，在微观上保持农地利用、保护和农地转用过程中的利益均衡。而事实上，过去每一次土地管理体制变革都是在保护耕地与建设用地这一基本矛盾失衡、激化后中央政府作出的反应。

（2）中央政府与地方政府的问题

统筹协调保护耕地与建设用地之间的矛盾，需要积极发挥政府的作用，而不能单纯依靠市场手段来调节。但是，由于所处管理位置上的差异等各种原因，中央政府和地方政府有着不同的态度。中央政府更多关注的是带有全局性、战略性的宏观目标，如耕地保有量、国家粮食安全、农民利益保护和社会稳定等；而地方政府则更看重本地区局部的、短期的发展目标，如工业发展、城镇建设、土地资产性收益等。在处理保护耕地和建设用地的关系问题上，中央政府和地方政府的优先目标不可能完全一致，分级管理体制也很难保障地方政府自觉地按照国家有关法律法规和土地利用总体规划的要求管理土地。

在分级管理体制下，地方政府为了追求本地区的率先发展和“以地生财”及其“政绩”，以各种形式变相规避上级政府的规划管制、计划控制和审批管理，违法违规批地，圈占并低价向市场供应土地，大量土地被乱占滥用和闲置浪费，造成土地市场秩序混乱。特别是在征地中，以低价征收农民的土地，造成许多农民失地、失业、失去生活保障。实行省以下土地垂直管理，目的是要强化中央和省级政府的宏观调控能力，保障国家土地资源利用的全局性、战略性目标能够得到落实。

（3）公共管理者与土地所有者

地方政府之所以在土地问题上不能优先从全局利益和长远利益出发，其中一个不可忽视的重要原因是：在现行土地制度下，地方政府在承担土地资源公共管理职能的同时，也承担着城镇国有土地所有者的职能。我国城镇实行土地国有制，法律虽然规定国务院是国有土地所有权的唯一主体，但是不可避免的是城镇国有土地的所有权职能必然要由县（市）人民政府来实际行使，城镇国有土地出让的大部分收益要归入地方财政，中央政府只能是法律名义上的国有土地所有者，而不可能成为经济上的国有土地所有者。正是实际承担着国有土地所有者的职能，使地方政府拥有了“以地生财”的权力。也就是说，地方政府作为公共管理者的同时，也是在其所管理领域中逐利的“局中人”。地方政府在土地管理问题上往往发生双重角色的混乱，甚至利用这种双重角色来“谋利”。很典型的就是地方政府以公共管理者的身份动用土地征收权，低价征收农民集体土地，并将之变为国有土地，然后以国有土地所有权代理人的身份予以出让，从中获取土地增值收益充实地方财政，或者在征地后低价出让国有土地使用权，以变相获取合法或非法的租金收入。实际上，90年代中后期，中央上收用地审批权的土地管理体制改革，就是在国有土地所有权“地方化”后不得不采取的举措。

（4）条块问题

在实践中，地方政府承担的土地资源公共管理职能和国有土地资产管理职能要由地方政府土地管理部门来具体执行，这就决定了地方土地管理部门处于地方政府和上级土地管理部门不同工作目标的交叉点。在分级管理体制下，一方面，地方土地管理部门在业务上受上一级土地管理部门的指导，在分级土地利用总体规划控制下，按照上级核定的用地计划指标安排建设用地，保护开发补充耕地，执行土地资源利用公共管理职能；另一方面，地方土地管理部门还要按照地方政府的经济社会发展规划和实际需要保障各类建设用地，按照地方政府的要求代行国有土地资产管理职能。这就是说，保护耕地与建设用地之间的矛盾在实践中还具体表现在地方政府与土地管理部门之间的冲突上。

作为地方政府的一个职能部门，地方土地管理部门主要领导人的人事任免权在本级地方政府。因此，地方土地管理部门在很大程度上将听命于本级地方政府，土地管理部门自上而下的规划管制、计划控制、用地审批等管理措施的落实可能会受到严重干扰。实际上，许多违法用地都得到了当地地方政府及其土地管理部门的事前默许，甚至一些地方政府的土地管理部门在本级政府的压力下和用地者合谋变相转用、占用耕地。实行省以下垂直管理，目的是通过强化部门的条条管理，以此来约束地方政府的行为。当然，实行省以下垂直管理，可能会加大条条和块块之间一些新的摩擦。如在建设用地审批方面，由于中央政府和省级政府拥有主要的用地审批权和人事权，在部门垂直管理的监督约束下，应该更好地提高用地审批效率，及时、有效、合理地保障各类建设用地。

总之，我国土地资源利用和管理中面临着一系列深层次矛盾和冲突问题。要妥善解决我国经济社会发展中的土地问题，就必须进行全方位的配套改革和制度建设。这包括建立和完善农用地分级分类保护体系，如以基本农田保护为核心的耕地保护体系、以基本草原保护为核心的草原保护体系等；在保护农用地尤其是保护耕地的同时，加快建立和完善一整套农业支持和补贴体系，补偿农民因承担耕地保护、国家粮食安全保障、可持续发展等公共利益所承受的损失；改革征地制度，缩小征地范围，提高征地补偿标准，规范政府征地行为；建立新型的经营性农地转用制度，保障农民在经营性的农地转用和转出中拥有自主决策权，保障农民集体分享土地增值收益的权利；在必然要转用一部分农用地的情况下，通过完善土地租、税、费体系，保障将农地转用中取得的一部分土地增值收益持续稳定地投入到农用地开发、整理和农村闲散、废弃的居民点用地复垦、整理中去，建立和完善耕地补偿机制；修订和完善各级土地利用总体规划，使之更加切合各地经济社会发展的实际需要；深化城乡土地使用制度改革，完善以土地使用权为核心的土地产权制度，开通城乡建设用地市场；改革二元土地所有制基础上的城乡分割管理体制，完善以土地用途管制为核心的城乡土地统一管理；完善事实上存在的国有土地分级所有制，强化对土地资产性收益的专项管理；完善部门垂直管理体系，强化对地方政府的有效监督和约束。

1.4.2　房产管理部门

按现行的管理体制，我国的房产管理归口于建设部。与房产管理相关的部门及其职责如下。

1. 建设部城乡规划司

研究拟定全国城市发展战略及城市、村镇规划的方针、政策和规章制度；组织编制和监督实施全国城市和村镇体系规划；负责国务院交办的城市总体规划、省域城镇体系规划的审查报批；参与土地利用总体规划的审查；承担对历史文化名城相关的审查报批和保护监督工作；指导全国城市规划执法监察；指导城市和村镇规划；指导城市地下空间的开发利用、城市勘查和市政工程测量工作；拟定规划单位的资质标准并监督执行；提出城市规划专业技术人员执业资格标准。

2. 建设部城市建设司

研究拟定城市建设和市政公用事业的发展战略、中长期规划、改革措施、规章；指导城市供水节水、燃气、热力、市政设施、公共客运、园林、市容和环卫工作；指导城市规划区的绿化工作；负责对国家重点风景名胜区及其规划的审查报批和保护监督工作；指导城市规划区内生物多样性工作；指导城市规划区内地下水的开发利用与保护；指导城市市容环境治理和城建监察。

3. 建设部住宅与房地产业司（住房制度改革办公室）、住房公积金监督管理司

指导规范房地产市场；指导城镇土地使用权有偿转让和开发利用工作；提出住宅建设与房地产业的中长期规划和科技发展战略、产业政策和规章，拟定住宅建设、房屋拆迁、房地产开发、房地产市场、房地产评估、物业管理的规章制度并监督执行；指导全国住宅建设和住房供应政策的实施；拟定房地产开发企业、物业管理企业、社会中介服务机构的资质标准；提出房地产估价专业技术人员执业资格标准；贯彻落实国家关于推进城镇住房制度改革的方针、政策和措施；指导城镇住房制度改革工作；负责住房公积金和其他房改资金的政策指导并监督使用。

第2章 地籍测量

2.1 概　　述

2.1.1 地籍测量的定义

地籍测量是为土地管理和利用所进行的测绘工作，又称土地测量或户地测量，简称清丈。地籍测量绘制的图称为地籍图或户地图。地籍测量以地块边界为主、地物为辅，不带高程或等高线。按地块编号，量算面积，并连同业主姓名注记在图上。地籍图是土地主管部门在办理土地登记和发放土地所有权证书时，了解地块坐落、四周界址及其尺寸、土地使用状况和面积等的依据，同时也是建立地籍档案必不可少的资料。近代地籍测量工作已由单纯的保护土地所有者的权益和增加税收发展到多用途的地籍和土地信息学，成为制定经济建设计划、充分利用土地资源进行国土整治、土地整理和区域规划、提供有关土地资料的科学依据。

因此，地籍测量是为获取和表达地籍信息所进行的测绘工作。其基本内容是测定土地及其附着物的权属、位置、数量、质量和利用状况等。具体内容如下：

(1) 地籍控制测量。测量地籍基本控制点和地籍图根控制点。

(2) 界线测量。测定行政区划界线和土地权属界线的界址点坐标。

(3) 地籍图测绘。测绘分幅地籍图、土地利用现状图、房产图、宗地图等。

(4) 面积测算。测算地块和宗地的面积，进行面积的平差和统计。

(5) 进行土地信息的动态监测，进行地籍变更测量，包括地籍图的修测、重测和地籍簿册的修编，以保证地籍成果资料的现势性与正确性。

(6) 根据土地整理、开发与规划的要求，进行有关的地籍测量工作。

同其他测量工作一样，地籍测量也遵循一般的测量原则，即先控制后碎部、由高级到低级、从整体到局部的原则。

2.1.2 地籍测量的特点

大比例尺基础测绘与地籍测量工作间的密切关系，简单地说可以归纳为以下几点：

(1) 它们都是在实施和完成一种国土基础信息的采集，为国家提供相应的“测绘保障”，是国家测绘事业中重要的组成部分；

(2) 它们都需要谋求信息采集的面覆盖（或区域性面覆盖）；

(3) 施测的几何技术基础都完全一样，甚至依靠的技术力量主体都相同；

(4) 由于我国经济建设的飞速发展，这两方面的工作目前都面临着跟不上经济发展需要的重大困难，都有加快工作进程的迫切要求；

（5）它们都要依靠国家财政的支持。虽然基础测绘信息要走有偿服务的道路，国土使用要征收土地使用费，但这些费用都应视为国家财政收入，它的支配从根本上说是受国家政策和国民经济计划统一安排的。

然而，地籍测量与基础测绘和专业测量有着明显的不同，普通测量一般只注重于技术手段和测量精度，而地籍测量则是测量技术与土地法学的综合利用，即涉及土地及其附着物权利的测量。地籍测量有以下几个显著的特点：

（1）地籍测量是一项基础性的具有政府行为的测绘工作，是政府行使土地行政管理职能的具有法律意义的行政性技术行为。

（2）地籍测量为土地管理提供了精确、可靠的地理参考系统。

（3）地籍测量是在地籍调查的基础上进行的。经过地籍调查，根据现场的实际情况来选择不同的地籍测量技术和方法。

（4）地籍测量具有勘验取证的法律特征。无论是产权的初始登记，还是变更登记或他项权利登记，在对土地权利的审查、确认、处分过程中，地籍测量所做的工作就是利用测量技术手段对权属主提出的权利申请进行现场的勘查、验证，为土地权利的法律认定提供准确、可靠的物权证明材料。

（5）地籍测量的技术标准必须符合土地法律的要求。地籍测量的技术标准既要符合测量的观点，又要反映土地法律的要求，它不仅表达人与地物、地貌的关系和地物与地貌之间的联系，而且同时反映和调节着人与人、人与社会之间的以土地产权为核心的各种关系。

（6）地籍测量工作有非常强的现势性。由于社会发展和经济活动使土地的利用和权利经常发生变化，而土地管理要求地籍资料有非常强的现势性，因此，必须对地籍测量成果进行适时更新，所以地籍测量工作比一般基础测绘工作更具有经常性的一面，且不可能人为地固定更新周期，只能及时、准确地反映实际变化情况。地籍测量始终贯穿于建立、变更、终止土地利用和权利关系的动态变化之中，并且是维持地籍资料现势性的主要技术之一。

（7）地籍测量技术和方法是对当今测绘技术和方法的应用集成。地籍测量技术是普通测量、数字测量、摄影测量与遥感、面积测算、误差理论和平差、大地测量、空间定位技术等技术的集成式应用。根据土地管理和房地产管理对图形、数据和表册的综合要求，组合不同的测绘技术和方法。

（8）从事地籍测量的技术人员不但应具备丰富的测绘知识，还应具有不动产法律知识和地籍管理方面的知识。

2.1.3 地籍测量的发展概况

约在公元前30世纪古埃及及皇家登记的税收记录中，有一部分是以土地测量为基础的，在一些古墓中也发现了土地测量者正在工作的图画。公元前21世纪尼罗河洪水泛滥时，就曾以测绳为工具用测量方法测定和恢复田界。据《中国历代经界纪要》记载："中国经界，权舆禹贡。"从商周时代实行井田制起就开始了对田地界域进行划分和丈量。从出土的商代甲骨文中可以看出耕地被划分成"井"字形的田块，此时已用"规"、"矩"、

“弓”等测量工具进行土地测量，已有了地籍测量技术和方法的雏形。

公元 11 世纪前，不管土地管理制度如何改变或不同，地籍测量的简单技术、方法和工具都是量测土地经界和面积的有力手段。

1086 年，一个著名的土地记录——汤姆斯代（The Domsday Book）在英格兰创立，完成了大体覆盖整个英格兰的地籍测量，遗憾的是这个记录没有标在图上。

1387 年，中国明代开展地籍测量，编制鱼鳞图册（见图 2-1），以田地为主，绘有田块图形，分号详列面积、地形、土质以及业主姓名，作为征收田赋的依据。到 1393 年完成全国地籍测量并进行土地登记，全国田地总计为 8 507 523 顷。

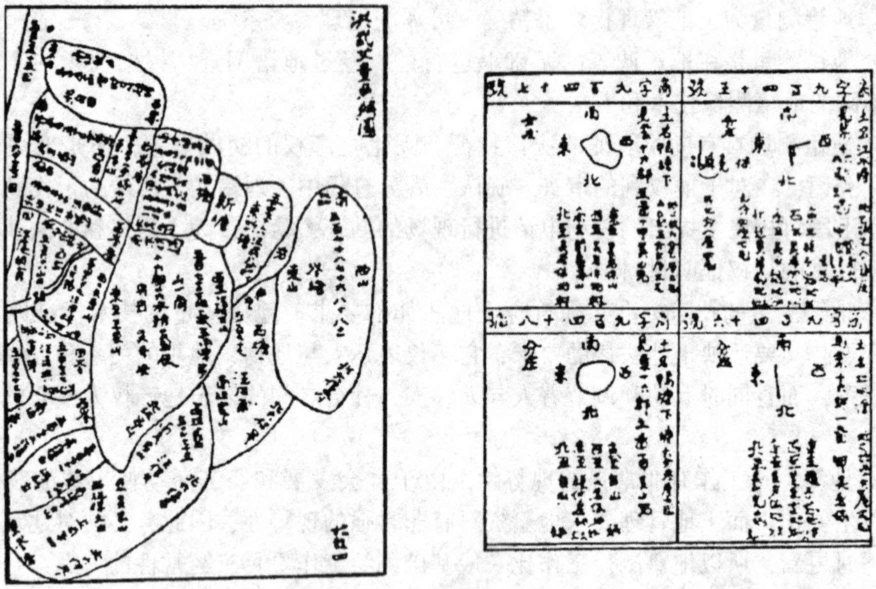

图 2-1　鱼鳞图

1628 年，瑞典为了税收目的对土地进行了测量和评价，包括英亩数和生产能力，并绘制成图。

1807 年，法国为征收土地税而建立地籍，开展了地籍测量；1808 年，拿破仑一世颁布了全国土地法令。这项工作最引人注目的是布设了三角控制网作为地籍测量的基础，并采用了统一的地图投影，在 1∶2 500 或 1∶1 250 比例尺的地籍图上定出每一街坊中地块的编号，这样在这个国家中所有的土地都做到了唯一划分。这时的法国已建立了一套较完整的地籍测量理论、技术和方法。现在许多国家仍在沿用拿破仑时代的地籍测量思想及其所形成的理论和技术。

据古籍载，中国早在春秋战国时期（公元前 770～前 221 年），地籍图作为一个地图品种就已应运而生。《周礼·地官司徒》中记载：“大司徒之职，掌建邦之土地之图与其人民之数，以佐王安抚邦国。”“小司徒之职，凡民讼以地比正之，地讼以图正之”。这说明了中国在公元前就已经有了国家土地图和作为调解土地纠纷的地籍图了。

古代地籍图虽历史悠久，但保存下来者寥寥无几。现藏于西安碑林的《潼关图》就是内容完善、幅面较大、记载详尽的灾后地籍图，这在国内并不多见。

《潼关图》的刻石年代为清朝道光二十四年二月二十五日（公元1844年）。首事人为王殿魁等，执笔是赵廷兵。《潼关图》反映了以下内容：

（1）地界：地界以单实线表示，地界之间的土地均注明了长、阔地域限隔尺寸，以“步”为单位，数字具体明确，是通过丈量后注出的，作为日后备查之根据（古代度量制度，一步折0.6丈）。此外，除上述小面积土地注出长、阔尺寸外，对远距离主要界点也单独注明距离。如“自大斜阡中行至教场滩东界共五千七百七十八步三尺”、“自教场滩南界至河边阔一千三百步”等。

（2）县城及村名：图上反映了大量村庄名称，注在所表示的村庄位置，外围绘出村庄概略范围框线。主要有潼关城、长兴堡、城隍庙、寺南寨子、田家庄、田村等。

（3）地界名：在每块地界之间均注有地界名，以便记忆和备查，其载负量很大，但这是必不可少的名称注记。如街头阡、咸水井、田家井、柳家园、上子弯等。

（4）水系名：图中黄河、渭河等大河流均以双线绘出真实宽度，并注有名称；水渠以直线双线绘出、沙滩采用点状符号，外围框绘范围线；桥梁、路口均表示的非常详细，注有专有名称注记及符号。图中符号形状及表示方法大体与现代地图相似或一致。

由于历史的原因，至20世纪80年代中期，我国才大规模开展地籍测量工作。为适应我国经济发展和改革开放的形势，国家于1986年成立国家土地管理局，并颁布了《中华人民共和国土地管理法》。至此，地籍测量成为我国土地管理工作的重要组成部分。国家相继制定了《土地利用现状调整调查规程》、《城镇地籍调查规程》、《地籍测量规范》、《房产测量规范》等技术规则，开展了大规模的土地利用调查、城镇地籍调查、房产调查和行政勘界工作，同时进行了土地利用监测，理顺了土地权属关系，解决了大量的边界纠纷，达到了和睦邻里关系和稳定社会秩序的目的。

19世纪和20世纪中叶以前是地籍测量理论和技术不断发展完善的阶段。20世纪以来，由于社会的不断变革和发展，人口的急剧增长和建设事业的迅猛发展，迫切要求及时解决土地资源的有效利用和保护等问题，由此对地籍测量提出了更高的要求，各国政府对此项工作也普遍重视；而计算机技术、RS（航空摄影测量与遥感）技术、GPS（全球卫星导航）技术及GIS（地理信息系统）技术的迅速发展，也使得地籍测量理论和技术得到不断发展，并可及时地解决出现的各种新问题。

2.1.4 现代技术在地籍测量中的应用

1. GPS技术的应用

常规控制测量如三角测量、导线测量，均要求点与点之间通视，这样不但费工费时，而且精度也不均匀，外业劳动强度大，花费时间长。

GPS静态、快速静态相对定位测量无须点与点间通视就能够高精度地进行各种控制测量，但是需要事后进行数据处理，不能实时地进行定位并了解定位精度，只有在内业处理后才可发现精度是否满足要求，若精度不满足要求，则必须返工测量。现在广泛采用实时载波相位差分定位（real time kinematic，RTK）。由于RTK定位的测量精度高（可达厘米级），并且置信度可以达到99.9%，因此在测量中得到了广泛的应用。所谓RTK，就是把基准站观测到的载波相位观测值和基准站的位置信息以一定的格式通过数据传输设备实时地传送给流动站，在流动站组成差分方程，实时地给出用户所在位置的厘米级三维坐标信息。目前，这项技术已经非常成熟，广泛地应用于测图、放样以及图根控制的测量作业中。因此，除了高精度的控制测量仍采用 GPS 静态相对定位技术之外，RTK 技术也可用于地籍测量中的控制测量和界址点点位的测量。地籍测量中，应用 RTK 技术可以测定每一宗土地的权属界址点以及测绘地籍图，只需一人背着仪器在要测的界址点待上 1~2s，同时输入特征编码，并通过电子手簿或便携机记录，在点位精度合乎要求的情况下，完成一个区域内的界址点测定。回到室内或在野外利用专业测图软件绘制并输出所要求的地籍图。利用 RTK 技术测定点位坐标并不要求点与点间通视，仅需一人操作便可完成测图工作，大大提高了测图的工作效率。但在影响 GPS 卫星信号接收的遮蔽地带，还应使用全站仪、测距仪、经纬仪等测量工具进行配合，采用解析法或图解法进行细部测量。

在建设用地勘测定界测量中，RTK 技术可以实时地测定界桩位置，确定土地使用界线范围，计算用地面积。利用 RTK 技术进行勘测定界时，它可直接放样点位的坐标值，使得建设项目用地勘测定界中的面积量算实际上是由 GPS 软件中的面积计算功能直接计算并进行检核，避免了常规解析法放样的复杂性，简化了建设用地项目用地勘测定界的工作程序。

在土地利用动态监测中，也可以利用 RTK 技术。传统的动态野外监测采用简易补测或平板仪补测法，如采用钢卷尺进行距离交会、直角坐标法等实测丈量，对于变化范围较大的地区，采用平板法补测。这些传统的测量方法速度慢、效率低。而应用 RTK 技术进行动态监测则可提高检测的速度和精度，并且省时省工，真正实现实时动态监测，保证了土地利用状况调查的现势性。

2. RS 技术的应用

RS 技术是 20 世纪 60 年代蓬勃发展起来的对地观测的综合性技术。这一技术在土地利用监测、土地权属变化监测中发挥着越来越大的作用。特别是在地籍测量中，利用大比例尺航空遥感图像，采用航测成图方法要比采用平板仪图解测绘地籍图具有质量高、速度快、精度均匀、经济效益高等优点，并可用数字航空摄影测量方法提供精确的数字化地籍数据，实现自动化成图。

RS 技术在地籍测量中的应用主要表现在以下 4 个方面：

（1）利用航空摄影图像，采用解析空中三角测量方法加密控制点坐标和宗地界址点坐标；

（2）利用航空摄影图像，使用解析测图仪（或数字航空摄影测量系统）绘制地籍图或数字化地籍图；

（3）利用航空摄影图像或高分辨率的卫星图像，通过摄影纠正或正射投影纠正，获得影像地籍图；

（4）采用遥感调查方法，进行地籍权属调查，绘制宗地草图。

3. GIS 技术的应用

GIS 是在计算机硬件和软件的支持下，运用地理信息科学和系统工程理论，科学管理和综合分析各种地理数据，提供管理、模拟、决策、规划、预测和预报等任务所需的各种地理信息的技术系统。

在地籍测量中，GIS 具有以下 3 个基本功能：

（1）地籍数据的采集功能

将地籍测量的各种数据，如权属界线、界址点坐标、地面附着的建筑物，通过输入设备输入计算机，成为地理信息系统能够操作与分析的数据源，这个过程称之为地籍数据采集。常用的数据采集方法有计算机键盘数据采集、地图扫描数字化、实测数据输入、GPS数据采集等。

（2）地籍数据的管理功能

地籍数据管理包括地籍属性数据管理和地籍空间数据管理。地籍属性数据管理的对象包括数据项属性数据记录和属性文件；空间数据管理包括空间数据编辑修改和检索查询。

（3）地籍数据的处理功能

传输到计算机中的各种数据可利用相应的软件对地籍数据加以处理，最后输出并绘制各种所需的地籍图件和表册，供有关单位使用。目前已有开发成功的数字地籍测绘系统（digital cadastral surveying and mapping system，DCSM）是以计算机为核心，以GPS信号接收机、全站仪、数字化仪、立体坐标量测仪、解析测图仪等自动化测量仪器为输入装置，以数控绘图仪、打印机等为输出设备，再配以相应的数字地籍测绘软件，构成一个集数据采集、传输、数据处理及成果输出于一体的高度自动化的地籍测绘系统。

目前，数字测图技术已基本成熟，并且越来越多地被应用到地籍测量中。显而易见，数字地籍测绘技术将成为地籍管理现代化、加强土地管理的主要基础。

2.2 地籍控制测量

地籍测量包括地籍控制测量和界址点测量。地籍控制测量包括基本控制测量和图根控制测量，前者为测区的首级控制点，后者是直接为测区服务的扩展控制点，两者共同构成测区控制网。传统的地籍控制测量常采用导线测量，地籍界址点测量的主要工作是以图根点为依据测量界址点的坐标及主要建筑物的位置，传统的地籍界址点测量方法为图解法、解析法和部分解析法。

地籍控制测量是地籍图件的数学基础，是关系到界址点精度的带全局性的技术环节。它根据界址点和地籍图的精度要求，视测区范围的大小、测区内现存控制点的数量和等级等情况，按测量的基本原则和精度要求进行技术设计、选点、埋石、野外观测、数据处理等测量工作。

地籍控制测量包括基本控制测量和图根控制测量，前者为测区的首级控制点，后者是直接为测区服务的扩展控制点，两者共同构成测区控制网。传统的地籍控制测量常采用导线测量，地籍界址点测量的主要工作是以图根点为依据测量界址点的坐标及主要建筑物的位置，传统的地籍界址点测量方法为图解法、解析法和部分解析法。传统测量方法的最大特点是要求通视条件高，这对在城镇进行地籍测量的工作会造成很大困难。

地形控制网点一般只用于测绘地形图，而地籍控制网点不但要满足测绘地籍图的需要，还要以厘米级的精度（城镇）用于土地权属界址点坐标的测定和满足地籍变更测量的需求。因此，地籍控制测量除具有一般地形控制测量的特点之外，在质和量上又有别于地形控制测量。地籍控制测量具有以下主要特点：

（1）地籍图的比例尺比较大（1∶500~1∶20 000），故平面控制测量精度要求高，以保证界址点和图面地籍元素的精度要求。

（2）地籍元素之间的相对误差限制较严，如相邻界址点的间距、界址点与邻近地物间距的误差不超过0.3mm，因此，应保证平面控制点有较高的精度。

（3）城镇地籍测量由于城区街区街巷纵横交错，房屋密集，视野不开阔，故一般采用导线测量建立平面控制网。

（4）为了保证实地勘丈的需要，基本控制和图根控制点必须有足够的密度，以便满足细部测量要求。

（5）地籍测量规范中规定了界址点的中误差为±5cm，因此，高斯投影的长度变形是可以忽略不计的。当城市位于3°带的边缘时，则可按城市测量规范采取适当的措施。

（6）地籍图根控制点的精度与地籍图的比例尺无关。地形图根控制点的精度一般用地形图的比例尺精度来要求（地形图根控制点的最弱点相对于起算点的点位中误差为0.1mm×比例尺 M。界址点的坐标精度通常以实地具体的数值来标定，而与地籍图的比例尺精度无关。一般情况下，界址点的坐标精度要等于或高于其地籍图的比例尺精度，如果地籍图根控制点的精度能满足界址点坐标精度的要求，则也能满足测绘地籍图的精度要求。

2.2.1 地籍控制测量的原则和精度要求

1. 地籍控制测量的原则

地籍控制点是进行地籍测量和测绘地籍图的依据。地籍控制测量必须遵循从整体到局部、由高级到低级分级控制（或越级布网）的原则。

地籍控制测量分为地籍基本控制测量和地籍图根控制测量两种。地籍基本控制测量可采用三角网（锁）、测边网、导线网和GPS相对定位测量网进行施测，施测的地籍基本控制网点分为一、二、三、四等和一、二级。精度高的网点可作精度低的控制网的起算点。在等级地籍基本控制测量的基础上，地籍图根控制测量主要采用导线网和GPS相对定位测量网施测，施测的地籍图根控制网点分为一、二级。

2. 地籍控制测量的精度要求

地籍测绘精确度的关键因素是满足权属管理，而权属管理还要考虑到界址点丢失以后再实地重新恢复的精度。我们在对土地权属有争议地段恢复控制点的精度时发现，如果精度高，工作量就会加大；如果精度低，就满足不了要求。通过在权属有争议的地段如矿区、建筑区和山区恢复界址点的实践，采用界址点对相邻的控制点点位中误差小于等于±5cm，再考虑到最大误差达到三倍的要求时，其最大误差可达15cm，满足不超过0.5m的要求，是可以解决权属问题的。如果在城市中，这个精度还应提高，否则难以满足寸土必争的情况。综上所述，对于施测1∶500地形图，用图纸直接解决土地权属有它的局限性。因此，对于恢复界址点的精度，应考虑权属解决范围及其产权属性。准确确定边界对于正确反映行政区划和土地权属、维护国家、集体和个人的合法权益都有重要意义，而且它也是边界保证与避免纠纷的有力手段。

地籍控制测量的精度是以界址点的精度和地籍图的精度为依据而制定的。根据不同的施测方法，各等级地籍基本控制网点的主要技术指标如下。

（1）各等级三角网的主要技术规定见表2-1。

表 2-1　　　　**各等级三角网的主要技术规定**

等级	平均边长 /km	测角中误差 /（″）	起算边边长相对中误差	最弱边边长相对中误差	水平角观测测回数			三角形最大闭合差 /（″）
					DJ1	DJ2	DJ3	
二等	9	±1. 0	1/300 000	1/120 000	12			±3. 5
三等	5	±1. 8	1/200 000（首级） 1/120 000（加密）	1/80 000	6	9		±7. 0
四等	2	±2. 5	1/120 000（首级） 1/80 000（加密）	1/45 000	4	6		±9. 0
一级	0. 5	±5. 0	1/60 000（首级） 1/45 000（加密）	1/20 000		2	6	±15. 0
二级	0. 2	±10. 0	1/20 000	1/10 000		1	3	±30. 0

注：一般情况下，三角形内角不应小于 30°；确有困难时，个别角可放宽至 25°。

（2）各等级三边网主要技术规定见表 2-2。

导线应尽量布设成直伸导线，并构成网形。当导线布成结点网时，结点与结点、结点与起始点间的导线长度不超过表 2-2 中的附合导线长度的 0. 7 倍。

表 2-2　　　　**各等级三边网主要技术规定**

等级	平均边长 /km	测距相对中误差	测距中误差 /mm	使用测距仪等级	测距测回数	
					往	返
二等	9	1/300 000	±30	I	4	4
三等	5	1/160 000	±30	I、II	4	4
四等	2	1/120 000	±16	I II	2 4	2 4
一级	0. 5	1/33 000	±15	II	2	
二级	0. 2	1/17 000	±12	II	2	
三级	0. 1	1/8 000				

注：一般情况下，三角形内角不应小于 30°；确有困难时，个别角可放宽至 25°。

（3）各等级测距导线主要技术规定见表 2-3。

表 2-3　　　　　各等级测距导线主要技术规定

等级	平均边长 /km	附合导线长度 /km	每边测距中误差 /mm	测角中误差 /(″)	导线全长相对闭合差	水平角观测测回数			方位角闭合差 /(″)
						DJ1	DJ2	DJ6	
三等	3.0	15	±18	±1.5	1/60 000	8	12		$\pm3\sqrt{n}$
四等	1.6	10	±18	±2.5	1/40 000	4	6		$\pm5\sqrt{n}$
一级	0.3	3.6	±15	±5.0	1/14 000		2	6	$\pm10\sqrt{n}$
二级	0.2	2.4	±12	±8.0	1/10 000		1	3	$\pm16\sqrt{n}$
三级	0.1	1.5	±12	±12.0	1/6 000		1	2	$\pm24\sqrt{n}$

注：n 为导线转折角个数。

当附合导线长度小于规定长度的 1/2 时，导线全长的闭合差可放宽至不超过 0.12m。

（4）各等级 GPS 静态相对定位测量的主要技术要求应符合表 2-4 和表 2-5 的规定。

表 2-4　　　　　各等级 GPS 静态相对定位测量的主要技术规定（1）

等级	平均边长 D/km	GPS 接收机性能	观测量	接收机标称精度优于	同步观测接收机数量
二等	9	双频（或单频）	载波相位	$10mm+2\times10^{-6}$	≥2
三等	5	双频（或单频）	载波相位	$10mm+3\times10^{-6}$	≥2
四等	2	双频（或单频）	载波相位	$10mm+3\times10^{-6}$	≥2
一级	0.5	双频（或单频）	载波相位	$10mm+3\times10^{-6}$	≥2
二级	0.2	双频（或单频）	载波相位	$10mm+3\times10^{-6}$	≥2
三级	0.1	双频（或单频）	载波相位	$10mm+3\times10^{-6}$	≥2

表 2-5　　　　　各等级 GPS 静态相对定位测量的主要技术规定（2）

等级	卫星高度角 /(°)	有效观测卫星总数	时段中任一卫星有效观测时间/min	观测时段数	观测时段长度/min	数据采样间隔/s	点位几何图形强度因子（PDOP）
二等	≥15	≥6	≥20	≥2	≥90	15~60	≤8
三等	≥15	≥4	≥5	≥2	≥10	15~60	≤10
四等	≥15	≥4	≥5	≥2	≥10	15~60	≤10
一级	≥15	≥3		≥1		15~60	≤10
二级	≥15	≥3		≥1		15~60	≤10

3. 地籍控制点等级及密度要求

地籍控制点包括基本控制点和地籍图根控制点。基本控制点包括一等、二等、三等、四等控制点；地籍图根控制点包括一级、二级、三级控制点。在通常情况下，地籍控制网点的密度如下：

（1）城镇建城区：100~200m 布设二级地籍控制。

（2）城镇稀疏建筑区：200~400m 布设二级地籍控制。

（3）城镇郊区：400~500m 布设一级地籍控制。

平面控制点的密度应根据界址点的精度和密度以及地籍图测图比例尺和成图方法等因素来定，但还应考虑到地籍测量的特殊性，即应能满足地籍资料的更新和恢复界址点位置的需要。因此，地籍控制点最小密度应符合《城市测量规范》的要求，要求每幅图内要有一定数量的埋石点，具体规定如表 2-6 所示。

表 2-6 每幅图内埋石点的数量要求

比例尺	埋石点最小密度/幅
1∶500	3
1∶1 000	4
1∶2 000	4

在旧城居民区，内巷道错综复杂，建筑物多而乱，界址点非常多，在这种情况下，应适当地增加控制点的密度和数目，才能满足地籍测量的需求。

4. 地籍控制点点之记和控制网略图

地籍控制点若需要作为永久性保存的，就必须在地上埋设标石（或标志）。基本控制点的标石往往埋设在地表之下（称暗标石）而不易被发现。一、二级地籍控制点的标石的大部分被埋设在地表之下，在地表的上面仅留有很少一点（约 2cm 高）。为了今后应用控制点寻找方便，必须在实地选点埋石后，对每一控制点填绘一份点之记。所谓点之记，一般来说，就是用图示和文字描述控制点位与四周地形和地物之间的相互关系，以及点位所处的地理位置的文件（见表 2-7），该文件属上交资料。

为了更好地了解整个测区地籍控制网点的分布情况，检查控制网布网的合理性和控制点分布等情况，必须绘制测区控制网略图。控制网略图就是在一张标准计算用纸（方格纸）上选择适当的比例尺（能将整个测区画在其内为原则），按控制点的坐标值直接展绘纸上，然后用不同颜色或不同线形的线条画出各等级的网形。控制网略图要做到随测随绘，也就是当完成某一等级控制测量工作后，立即按点的坐标展出，再用相应的线条连接，这样不断地充实完成。地籍控制测量工作完成，控制网略图也相应地完成。

表 2-7　　　　　　　　　　　　　　　控制点点之记

<table>
<tr><td>点名</td><td>余山</td><td>等级</td><td>四等</td><td>标志类型</td><td>水泥现浇瓷质标志</td></tr>
<tr><td>点号</td><td colspan="3">4</td><td>觇标类型</td><td>钢质寻常标</td></tr>
<tr><td>所在地</td><td colspan="3">东乡县东坊镇南面
幸福村</td><td>交通路线</td><td>由本县开往铜县长途汽车路往幸福村</td></tr>
<tr><td colspan="4">与本点有关的方向和距离</td><td colspan="2">点　位　略　图</td></tr>
<tr><td colspan="4" rowspan="2">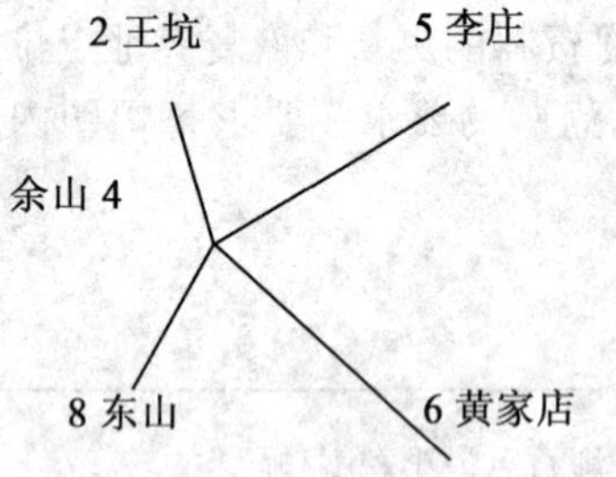
</td><td colspan="2">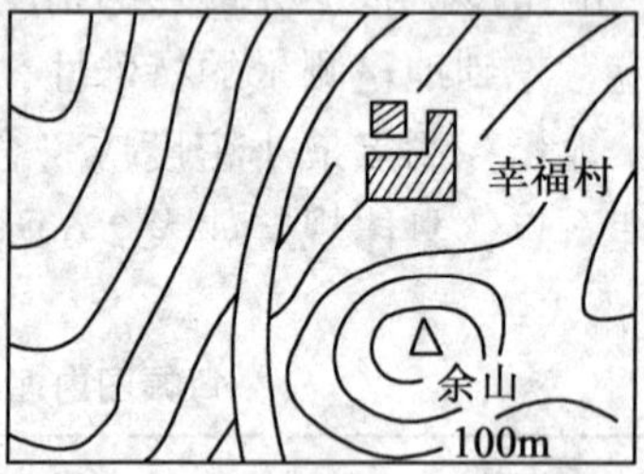
</td></tr>
<tr><td colspan="2">1:25 000</td></tr>
<tr><td>有关问题说明</td><td colspan="5">本点在旧有点位上重选重埋</td></tr>
</table>

地籍控制网略图是上交资料之一，无论测区大小，都要做好这项工作。地籍控制网略图见图 2-2。

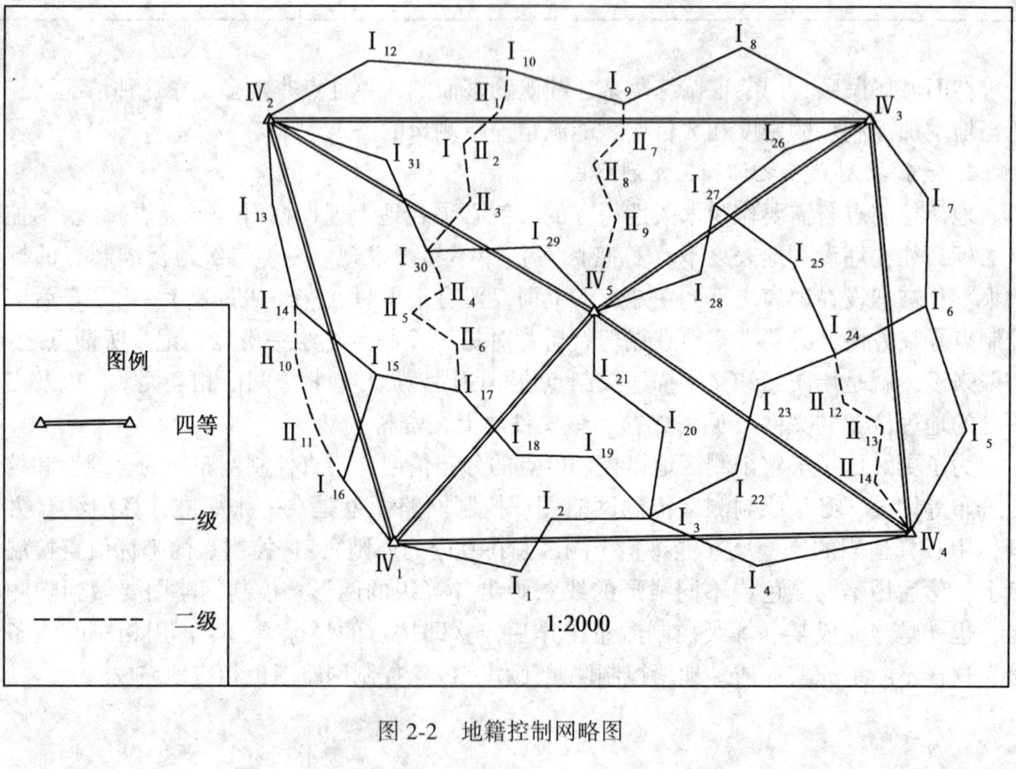

图 2-2　地籍控制网略图

2.2.2 地籍测量坐标系

为了确定地面点的位置或空间目标的位置所采用的参考系称为坐标系。由于使用目的不同，可以选用不同的坐标系。地籍测量所使用的坐标系一般为大地坐标系（也称地理坐标系）、平面直角坐标系和高程系。

由于地球内部物质分布不均匀，使得各处的铅垂线方向无规则地变化，因此，处处与铅垂线方向相垂直的大地水准面不可能是个规则的曲面。大地水准面是一个等位面，不能用简单的数学公式来表达。为了测量成果的处理和制图的需求，有必要用一个旋转椭球代替大地体。这个旋转椭球是由一个椭圆绕其短轴旋转而成，只要适当地选用椭圆的长、短半径，就能使得椭球的形状和大小与大地体的整体或局部极为相近。我们把前者称为总地球椭球，后者称为参考椭球。

1954 年北京坐标系和 1980 年西安坐标系均为参心坐标系。1954 年北京坐标系采用了原苏联的克拉索夫斯基椭球体，其参数为：长半轴 a 为 6 378 245m，扁率 f 为 1/298. 3，其原点位于原苏联的普尔科沃。

为了解决 1954 年北京坐标系所存在的缺点，在 1978 年，我国建立了新的国家大地坐标系，称为 1980 年西安大地坐标系统。其参数为：长半轴 a 为 6 378 140m，扁率 f 为 1/298. 257，其原点位于陕西泾阳县永乐镇。

由于 1980 年西安坐标系和 1954 年北京坐标系的椭球参数和定位原点均不相同，因而大地控制点在两坐标系中的坐标误差存在较大差异，最大的达 100m 以上，这将引起成果换算的不便和地形图图廓和方格线位置的变化，因此，产生了所谓的新 1954 年北京坐标系。该坐标系是将 1980 年西安坐标系的三个定位参数平移至克拉索夫斯基椭球中心，长半径与扁率仍取克拉索夫斯基椭球几何参数。而定位与 1980 年大地坐标系相同（即大地原点相同），定向也与 1980 年大地坐标系的椭球相同。因此，新 1954 年北京坐标系的精度与 1980 年大地坐标系的精度相同，而坐标值与旧 1954 年北京坐标系的坐标接近。

1. 大地坐标系

大地坐标系是以参考椭球面为基准的，其两个参考面为：一个是通过英国格林尼治天文台与椭球短轴（即旋转轴）所作的平面（即了午面），称为起始子午面（如图 2-3 中的 P_1GP_2 平面），它与椭球表面的交线称为子午线；另一个是过椭球中心 O 与短轴相垂直的平面，即 Q_1EQ_2 平面，称为赤道平面。

过地面点 P 的子午面与起始子午面之间的夹角称为大地经度，用 L 表示，并规定以起始子午面为起算，向东量取为东经（正号），由 0°～+180°；向西量取为西经（负号），由 0°～−180°。

地面点 P 的法线（过 P 点与椭球面相垂直的直线）与赤道平面的交角称为大地纬度，用 B 表示，并规定以赤道平面为起算，向北量取为北纬（正号），由 0°～+90°；向南量取为南纬（负号），由 0°～−90°。

地面点 P 沿法线方向至椭球面的距离称为大地高，用 h 表示。

例如，$P(L,B)$ 表示地面点 P 在椭球上投影点的位置，而 $P(L,B,h)$ 则表示地面点 P 在空间的位置。

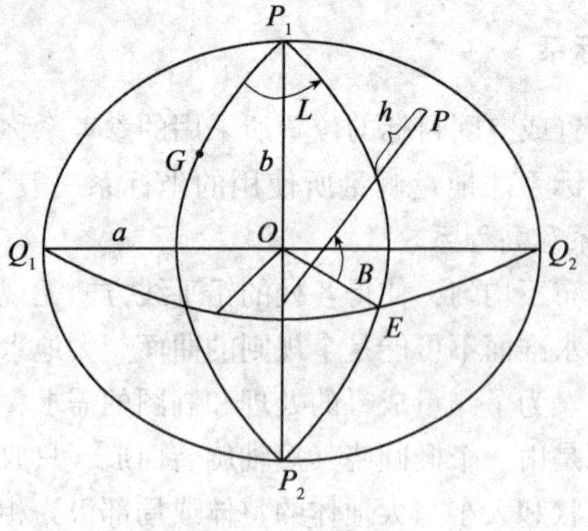

图 2-3　大地坐标系

2. 高斯平面直角坐标系

将旋转椭球当作地球的形体，球面上点的位置可用大地坐标（L,B）来表示。球面是不可能没有任何形变而展开成平面的。在地籍测量中，如界址点的位置、地籍图等，往往需要用平面表示，因此就存在如何将球面上的点转换到平面上去的问题。解决的方法就是通过地图投影方法将球面上的点投影到平面上。地图投影的种类很多，地籍测量主要选用高斯-克吕格投影（简称高斯投影），以高斯投影为基础建立的平面直角坐标系称为高斯平面直角坐标系。

高斯投影就是运用数学法则，将球面上点的坐标（L,B）与平面坐标（X,Y）之间建立起一一对应的函数关系，即

$$\begin{aligned} X &= f_1(L,B) \\ Y &= f_2(L,B) \end{aligned} \tag{2-1}$$

从几何概念来看，高斯投影是一个横切椭圆柱投影。将一个椭圆柱横套在椭球外面，如图 2-4 所示，使椭圆柱的中心轴线 QQ_1 通过椭球中心 O，并位于赤道平面上，同时与椭球的短轴（旋转轴）相垂直，而且椭圆柱与球面上的一条子午线相切。这条相切的子午线称中央子午线（或称轴子午线）。过极点 N（或 S）沿着椭圆柱的母线切开便是高斯投影平面，如图 2-5 所示。中央子午线和赤道的投影是两条互相垂直的直线，分别为纵轴（X 轴）和横轴（Y 轴），于是就建立起高斯平面直角坐标系，其余的经线和纬线的投影均是以 X 轴和 Y 轴为对称轴的对称曲线。

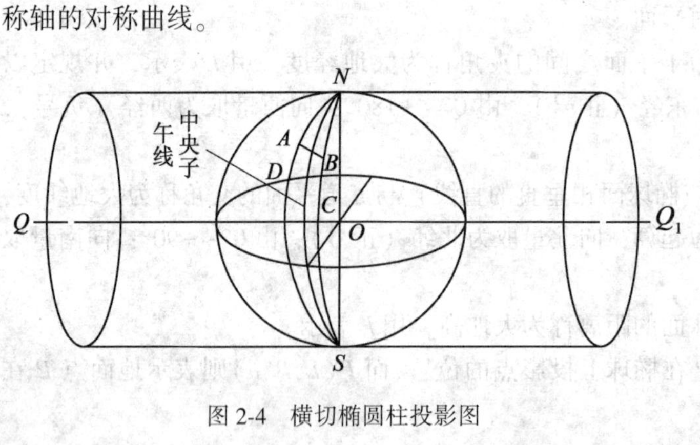

图 2-4　横切椭圆柱投影图

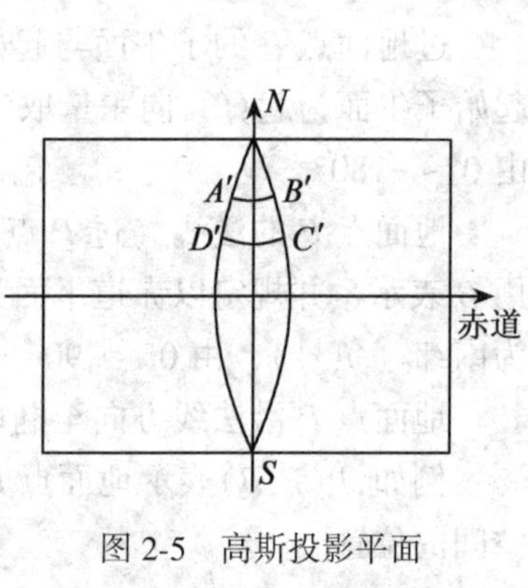

图 2-5　高斯投影平面

3. 高斯投影带的划分

高斯投影属等角（或保角）投影，即投影前、后的角度大小保持不变，但线段长度（除中央子午线外）和图形面积均会产生变形，离中央子午线愈远，则变形愈大。变形过大，将会使地籍图发生“失真”，因而失去地籍图的应用价值。为了避免上述情况的产生，有必要把投影后的变形限制在某一允许范围之内。常采用的解决方法就是分带投影，即把投影范围限制在中央子午线两旁的狭窄区域内，其宽度为6°、3°或1.5°，该区域即被称为投影带。如果测区边缘超过该区域，就使用另一投影带。

国际上统一分带的方法是：自起始子午线起向东每隔6°分为一带，称为6°带，按1，2，3，…的顺序编号（即带号）。各带中央子午线的经度L°按下式计算，即

$$L^\circ = 6N - 3 \tag{2-2}$$

式中，N为带号。

经差每3°分为一带，称为3°带。它是在6°带基础上划分的，就是6°带的中央子午线和边缘子午线均为3°带的中央子午线。3°带的带号是自东经1.5°起，每隔3°按1，2，3，…的顺序编号，各带中央子午线的经度L°与带号N的关系式为：

$$L^\circ = 3N \tag{2-3}$$

若某城镇地处两相邻带的边缘时，也可取城镇中央子午线为中央子午线，建立任意投影带，这样可避免一个城镇横跨两个带，同时也可减少长度变形的影响。

每一投影带均有自己的中央子午线、坐标轴和坐标原点，形成独立但又相同的坐标系统。为了确定点的唯一位置，并保证Y值始终为正，则规定在点的Y值（自然值）加上500km，再在它的前面加写带号。例如，某控制点的坐标（6°带）为$X = 47\ 156\ 324.536$m，$Y = 21\ 617\ 352.364$m。根据上述规定可以判断该点位于第21带，Y值的自然值是117 352.364m，为正数，该点位于X轴的东侧。

分带投影是为了限制线段投影变形的程度，但却带来了投影后带与带之间不连续的缺陷，如图2-6所示。同一条公共边缘子午线在相邻两投影带的投影则向相反方向弯曲，于是，位于边缘子午线附近的分属两带的地籍图就拼接不起来。为了弥补这一缺陷，则规定在相邻带拼接处要有一定宽度的重叠（见图2-7）。重叠部分以带的中央子午线为准，每带向东加宽经差30′，向西加宽经差7.5′，相邻两带就是经差为37.5′宽度的重叠部分。

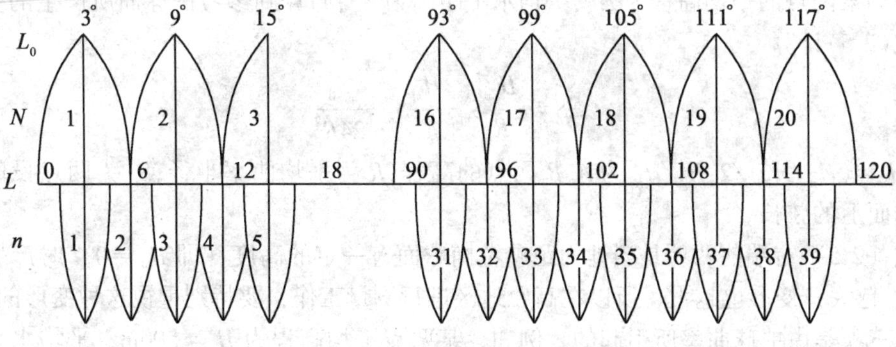

图2-6 投影带的划分

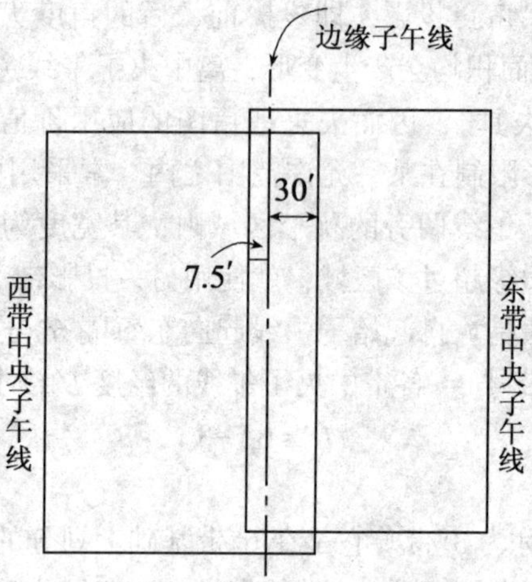

图 2-7　相邻两带的拼接

位于重叠部分的控制点应具有两套坐标值，分属东带和西带，地籍图、地形图上也应有两套坐标格网线，分属东、西两带，这样，在地籍图、地形图的拼接和使用、控制点的互相利用以及跨带平差计算等方面都很方便。

4. 高斯投影长度变形

地面上有两点 A、B，已知它们的平面直角坐标分别为 $A(X_A、Y_A)$、$B(X_B,Y_B)$，则可由式(2-4)计算出 AB 间的距离：

$$S=\sqrt{(X_B-X_A)^2+(Y_B-Y_A)^2} \tag{2-4}$$

式中，S 仅表示在高斯投影平面上两点间的距离。若用测量工具（如钢尺、测距仪器等）在地面直接测量这两点的水平距离 S_1，是不会与 S 相等的，它们之间的差值就是由长度变形所引起的。

测量工作总是把直接测得的边长首先归算到参考椭球面上，然后再投影到高斯投影平面上去，无论是归算还是投影过程，总要产生变形，这种变形有时达到不能允许的程度，特别是在进行大比例尺的地籍图测绘工作时，必须考虑这一问题。

假如某两点的平均高程为 H_m，平均水平距离为 S_m，归算到参考椭球面所产生的变形大小用式(2-5)计算：

$$\Delta S=-\frac{H_m}{R}S_m+\frac{H_m^2}{R^2}S_m+\frac{S_0^2}{24R^2} \tag{2-5}$$

式中，$H_m=(H_A+H_B)/2$，H_A、H_B 为 A、B 两点的高程；R 为平均曲率半径；S_0 为两点投影到参考椭球面上的弦长。

式（2-5）右端前两项是当地面距参考椭球面有一定的高度（即 $H_m \neq 0$）时产生的变形。H_m 越大，变形也越大，所以在高原地区进行测量工作，要特别重视这种变形的影响。右端第三项是由地球曲率所引起的。例如，某两点平均高程为 $H_m=500\text{m}$，平均水平距离为 $S_m=1\,000\text{m}$，按式（2-5）计算，得：

$$\Delta S=-78.5\text{mm}+0.006\text{mm}+0.001\text{mm}=-78.5\text{mm}$$

参考椭球面上的长度投影到高斯平面上所产生的变形用式（2-6）计算：

$$\Delta S=\frac{1}{2}\left(\frac{Y_m}{R}\right)^2\times S \tag{2-6}$$

式中，Y_m 为两点的横坐标（自然值）的平均值；R 为平均曲率半径；S 为两点（长度）归算到参考椭球面上的长度。

由式(2-6)可知,线段离中央子午线愈远(即 Y_m 愈大),所产生的变形愈大。

例如,已知 A、B 两点在参考椭球面上的长度 $S=1\ 000\mathrm{m}$, $Y_A=75\ 124.5\mathrm{m}$, $Y_B=75\ 523.4\mathrm{m}$,两点的平均纬度 $B_m=31°14'$,将它投影到高斯投影平面上所产生的变形按式(2-6)计算,得:

$$\Delta S=+70\mathrm{mm}$$

为减少因长度变形而引起的误差,一般采用如下方法:若因测区地面平均高程引起的变形大于2.5cm/km时,则采用测区平均高程面作为归算面,以减少变形,这是因为 H_m 值变得很小,由式(2-6)可知,ΔS 必然也很小。若因测区偏离中央子午线而引起的投影变形大于2.5cm/km时,则应选择测区中央的某一子午线为投影带的中央子午线,带宽为3°,由此建立的投影带称为任意投影带。

5. 平面坐标转换

坐标转换是指某点位置由一坐标系的坐标转换成另一坐标系的坐标的换算工作,也称为换带计算。它包括6°带与6°带之间、3°带与3°带之间、3°带与6°带之间以及3°(6°)与任意投影带之间的坐标转换。

坐标转换计算(也称换带计算)利用高斯正、反算公式(即高斯投影函数式)进行。具体做法是:先根据点的坐标值(X,Y),用投影反算公式计算出该点的大地坐标值(L,B),再应用投影正算公式换算成另一投影带的坐标值(X',Y')。

6. 高程基准

在通常情况下，地籍测量的地籍要素是以二维坐标表示的，不必测量高程。但地籍测量规程中规定，在某些情况下，土地管理部门可以根据本地实际情况，有时要求在平坦地区测绘一定密度的高程注记点，或者要求在丘陵地区和山区的城镇地籍图上表示等高线，以便使地籍成果更好地为经济建设服务。

高程基准使用的是1956年黄海高程系，它以黄海平均海水面为高程起算面，起算点高程为 $H_0=72.289\mathrm{m}$。1987年6月25日，我国测绘主管部门发布通知，决定启用“1985国家高程基准”，仍然以黄海平均海水面为高程起算面，起算点高程为 $H_0=72.260\mathrm{m}$。此外，在长江流域吴淞高程基准也被广泛使用。两种高程系的换算公式为：

$$黄海高程=吴淞高程-1.697\mathrm{m} \tag{2-7}$$

7. 地籍坐标系的选择

(1) 国家坐标系

我国国家坐标系目前采用1954年北京坐标系和1980年西安坐标系，测量工作应在这个系统内进行。也就是说，在设计控制网时，一定要附合或闭合到国家控制网上，即使有困难，也要与国家控制网进行联测，以便于国家坐标系成为一整体。这将有利于地籍成果的通用性，便于成果共享，使地籍测量不仅能为地籍管理奠定基础，而且能为城市规划、工程设计、土地整理、管道建设等多种用途提供服务。如果坐标系不统一，则降低了它的品位和应用价值。统一坐标系还有利于图幅正规分幅、图幅拼接、接合、使用和各种比例尺图幅的编绘。同时，统一坐标系还有利于土地、规划、房地产等各部门之间的合作，这将加快地籍测量的进度，提高效益和节省经费。

在一般情况下，城镇地籍测量和土地资源调查应使用国家坐标系，农村地区地籍测量精度要求较低，则可在现有的国家各等级的大地控制网点的基础上加密地籍控制网点。

(2) 独立坐标系

除国家坐标系外的其他坐标系均为独立坐标系。一般来说，独立坐标系有城市坐标系和任意投影带独立坐标系。在城镇地区，应尽可能利用已有的城市坐标系和城市控制网点来建立当地的地籍控制网点。这些控制网点一般都与国家控制网进行了联测，并且有坐标变换参数。

在一些小城镇，可能没有控制网点，则应以投影变形值小于 2.5cm/km 为原则建立坐标系和控制网点，并与国家网联测。面积小于 $25km^2$ 的城镇，可不经投影直接建立平面直角坐标系，并与国家网联测。如果不具备与国家控制网点的联测条件，则可以用下面几种方法来建立独立坐标系：

①用国家控制网中的某一点坐标作为原点坐标，某边的坐标方位角作为起始方位角。

②从中、小比例尺地形图上用图解方法量取国家控制网中一点的坐标或一明显地物点的坐标作为原点坐标，量取某边的坐标方位角作为起始方位角。

③假设原点的坐标和一边的坐标方位角为起始方位角。

当测区（城、镇）地处投影带的边缘或横跨两带时，那么长度投影变形一定较大，或测区内存在两套坐标，这将给使用造成麻烦，这时应该选择测区中央某一子午线作为投影带的中央子午线，由此建立任意投影带独立坐标系。这既可使长度投影变形小，又可使整个测区处于同一坐标系内，这无论对提高地籍图的精度还是拼接以及使用都是有利的。

2.2.3 地籍控制测量方法

1. 利用 GPS 测定控制点坐标

GPS 定位技术的发展给测绘工作带来了革命性的变革，也给地籍控制测量带来了巨大的影响。在一些大城市中，一般已经建立城市控制网，并且已经在此控制网的基础上做了大量的测绘工作。但是，随着经济建设的迅速发展，已有控制网的控制范围和精度已不能满足要求，为此，迫切需要利用 GPS 定位技术来加强和改造已有的控制网作为地籍控制网。

与传统地籍测量方法相比，RTK 用于地籍测量具有非常突出的优势，RTK 的定位误差一般为 $10mm+1\times10^{-6}D$，根据地籍控制测量的规范要求，从理论上分析，RTK 测量的点位精度完全能满足地籍图根控制测量的点位精度要求。

表 2-8 是几种常用 GPS 定位方式的精度比较。从表中可以看出，应用 GPS 快速静态定位能够满足地籍控制测量的精度要求，RTK、网络 RTK 能满足地籍图测绘、界址点测量的精度要求，常规差分 GPS 和事后差分 GPS、广域差分 GPS 能满足土地动态检测的要求。

表 2-8　**几种常用 GPS 定位方式的精度比较**

定位技术名称	精度/m	作用距离/km	观测时间/min
经典静态	±0.001～±0.005	1～3 000	>60
快速静态	±0.01～±0.05	<20	5～20
常规差分 GPS	±0.50～±10.00	<200	实时
事后差分 GPS	±0.50～±10.00	<200	单历元
广域差分 GPS	±0.50～±3.00	<1 500	实时
实时动态（RTK）	±0.01～±0.05	<15	实时
网络 RTK	±0.01～±0.10	<100	实时
精密单点	±0.01～±0.50	全球	实时

（1）GPS 技术的特点

目前，GPS 定位技术已高度自动化，其所达到的定位精度及潜力使广大测量工作者产生了极大的兴趣。尤其从 1982 年第一代测量型无码 GPS 接收机 Macrometer V-1000 投入市场以来，在应用基础研究、应用领域的开拓、硬件和软件的开发等方面都得到蓬勃发展。广泛的实验活动为 GPS 精密定位技术在测量工作中的应用展现了广阔的前景。

GPS 定位技术相对于经典的测量技术来说，GPS 定位技术主要有以下 6 个特点：

① 观测站之间无需通视

既要保持良好的通视条件，又要保障测量控制网的良好结构，一直是经典测量技术在实践方面的困难问题之一。而 GPS 测量不需观测站之间互相通视，因而不再需要建造觇标。这一优点既可大大减少测量工作的经费和时间（一般造标费用约占总经费的 30%～50%），同时也使点位的选择变得甚为灵活。不过也应指出，GPS 测量虽不要求观测站之间相互通视，但必须保持观测站的上空开阔（净空），以使接收 GPS 卫星的信号不受干扰。

② 定位精度高

大量实验表明，目前在小于 50km 的距离内，其相对定位精度可达 $1\times10^{-6}\sim2\times10^{-6}$，而在 100～500km 的基线上可达 $10^{-6}\sim10^{-7}$。随着观测技术与数据处理方法的改善，可望在大于 1 000km 的距离上，相对定位精度优于 10^{-8}。

③ 观测时间短

目前，利用经典的静态定位方法完成一条基线的相对定位所需要的观测时间，根据要求的精度不同，一般约为 1～3h。利用 GPS、采用短基线（不超过 20km）快速相对定位法，其观测时间仅需数分钟。对于边长小于 8～10km 的二、三、四等基本控制网和一、二级地籍控制网的 GPS 基线向量，由试验分析与检测证明，应用 GPS 快速静态定位方法，施测一个点的时间从几十秒到几分钟，最多十几分钟，精度可达到 1～2cm。

④ 提供三维坐标

在精确测定观测站平面位置的同时，GPS 测量可以精确测定观测站的大地高程。GPS 测量的这一特点不仅为研究大地水准面的形状和确定地面点的高程开辟了新途径，同时也为其在航空物探、航空摄影测量及精密导航中的应用提供了重要的高程数据。

⑤ 操作简便

GPS 测量的自动化程度很高，在观测中，测量员的主要任务只是安装并开关仪器、量取仪器高、监视仪器的工作状态和采集环境的气象数据，而其他观测工作，如卫星的捕获、跟踪观测和记录等均由仪器自动完成。另外，GPS 用户接收机一般重量较轻、体积较小，携带和搬运都很方便。

⑥ 全天候作业

GPS 测量工作可以在任何地点、任何时间连续地进行。除强烈的雷电天气外，一般也不受天气状况的影响。

由于 GPS 定位技术的不断改进和完善，其测量精度、测量速度和经济效益在一般状况下是优于目前的常规控制测量技术，因此，GPS 定位技术可作为地籍控制测量的主要手段。边长大于 15km 的长距离 GPS 基线向量，只能采取常规静态测量的方法。边长在 10~15km的 GPS 基线向量，如果观测时刻的卫星很多，外部观测条件好，可采用快速静态 GPS 测量模式；如果是在平原开阔地区，可以尝试 RTK 模式。边长小于 5km 的一、二级地籍控制网的基线，优先采用 RTK 方法，如果设备条件不能满足要求，可以采用快速静态定位方法。边长为 5~10km 的二、三、四等基本控制网的 GPS 基线向量，优先采用 GPS 快速静态定位方法；设备条件许可和外部观测环境合适，可以使用 RTK 测量模式。

（2）GPS 控制测量

根据我国《地籍测量规范》和《城市测量规范》的规定，城市最高等级的平面控制网为二等网，平均边长为 9km；三角网起始边的边长相对中误差及三边网的边长测量相对中误差均为 1∶300 000。我国已建成的城市二等（首级）导线网，其边长测量的相对中误差也与此指标相接近（$S_{平均}=9\text{km}$；$m_S=\pm7\text{mm}\pm3\times10^{-6}$），即城市二等平面控制网的边长相对精度约为 3×10^{-6}。而目前，GPS 卫星测量定位的相对定位精度在数十公里范围内约 1×10^{-6}。因此，从测量精度方面来看，是完全可以满足城市最高等级平面控制网的要求。对于高程控制网，用 GPS 测量定位技术测量再进行高程拟合后，其精度也是可以满足地籍测量精度要求的。

应用 GPS 技术布设城镇地籍控制测量首级控制网时，在已知资料匮乏或已知起始点精度较低且位于测区一侧情况下，可采用全国统一坐标系统下的独立网。这样既可解决坐标系统的统一问题，又能解决 GPS 首级控制网难上等级的问题。同时，也可避免起始点位于测区一侧对布网所产生的不利因素以及起始点本身的误差对首级控制的影响。GPS 技术布测完成的控制网不仅能达到较高的精度，而且总体点位精度分布均匀，与传统的光电测距导线网或三角网相比，GPS 建网更具机动性和灵活性。利用 GPS 效率高、速度快，可节约大量的人力、物力和财力，同时可为后续工作的顺利进行赢得更多的时间，达到经济高效的目的。因此，GPS 技术在城镇地籍控制测量中的成功使用为我们展现出了一个广阔的应用前景。

（3）GPS 的布网方案

由于目前各个城市一般都有传统控制网的布设与控制测量资料的积累，且城市测量单位的传统测量仪器设备及技术力量仍在发挥着作用。若纯粹从技术上来考虑，因四等以下的城市平面控制网大部分沿道路、街道布设，用 GPS 来进行测量，其选点比较困难，而边长在 2km 以内的精密测距和测角也并不比相对定位的 GPS 测量作业复杂。

在目前情况下，用 GPS 建立大、中城市的二等、三等首级平面控制网或用 GPS 与传统大地测量的混合网，然后再用传统的控制测量方法进行加密，是比较可行的。

按 GPS 相对定位技术设计城市平面控制网的方案，应和参加作业的 GPS 卫星信号接收机的数目密切相关。若只有两台接收机，则一次只能测定一条基线向量，因此，需要争取多台接收机进行同步观测，这样就能增加布网方案的灵活性。

为了确保 GPS 观测效果的可靠性，有效地发现观测成果中的粗差，必须使 GPS 网中的独立边构成一定的几何图形，当 GPS 网中有若干个起算点时，也可以是由两个起算点之间的数条 GPS 独立边构成的附合路线。当某条基线被两个或多个时段观测时，即形成所谓的重复基线坐标闭合差条件。异步图形闭合条件及全部基线坐标条件是衡量精度、检验粗差和系统差的重要指标。GPS 网的图形设计也就是根据对所布设的 GPS 网的精度和其他方面的要求，设计出由独立 GPS 边构成的多边形网（或称为环形网）。

对于异步环的构成，一般应按所设计的网形选定，必要时在技术负责人审定后，也可根据具体情况适当调整。当接收机多于 3 台时，也可按软件功能自动挑选独立基线构成环路。

（4）GPS 控制测量的实施

用 GPS 技术进行城镇地籍控制测量，从精度上看（平面相对定位精度较高，高程定位精度较低，但地籍测量的特点是对高程精度的要求也不高），是完全可行的。

GPS 测量同其他测量方法一样，其具体实施工作包括外业和内业两大部分。外业工作主要包括选点、建立观测标志、野外观测以及成果质量检核等；内业工作主要包括 GPS 测量的技术设计、测后数据处理以及技术总结等。若按照 GPS 测量实施的工作程序，可分为技术设计、选点与建立标志、外业观测、成果检核及数据处理等阶段。下面简单介绍以下 4 个方面。

① GPS 控制网技术设计

GPS 控制网技术设计是一项基础性工作，它是根据网的用途及用户需求来进行的，其主要内容包括精度指标的确定、网形设计等。网布测前，应进行技术设计，以得到最优的布测方案。技术设计书的格式、内容、要求与审批程序按照规范 CH/T 1004 进行。

a）GPS 测量精度指标的确定

精度指标的确定与网的用途密切相关，设计则应根据用户的实际需要和可以实现的设备条件合理地选择 GPS 网的精度等级。其精度等级一般以网中相邻点之间的距离误差 m_D 来表示，其表达形式为：

$$\sigma = \sqrt{a^2 + (b \times 10^{-6} \cdot D)^2} \tag{2-8}$$

式中，σ 为标准差(mm)；a 为固定误差(mm)；b 为比例误差系数；D 为相邻点之间的距离（mm)。表 2-9 列出了我国不同级别 GPS 网的精度指标。

表 2-9　　　　　　GPS 网的精度分级

级别	固定误差 a/mm	比例误差系数 b
AA	≤3	≤0.01
A	≤5	≤0.1
B	≤8	≤1
C	≤10	≤5
D	≤10	≤10
E	≤10	≤20

详细内容可参阅 2001 年国家质量技术监督局发布的国家标准《全球定位系统（GPS）测量规范》。

b）网形设计

在设计图上，应标出新设计的 GPS 点的点位、点名、点号和级别，还应标出相关的各类测量站点、水准路线及主要的交通路线、水系和居民地等。

GPS 网的图形设计是根据用户要求确定具体合理的布网方案，其核心是如何高质量、低成本地完成既定的测量任务。在 GPS 网形设计时，应注意测站选址、卫星选择、仪器设备装置及后勤交通保障因素。当网点位置、接收机数量确定以后，网的设计就主要体现在观测时间的确定、图形结构设计、基准设计及各点设站观测的次数等方面。

在一般情况下，要求 GPS 网根据独立的同步观测边构成闭合图形（称同步环），AA、A 、B 级 GPS 网应布设成连续网，除边缘点外，每点的连接点数应不少于 3 点。C、D、E 级网可布设成多边形或附合路线，这样可以增加检核条件，提高网的可靠性。然后可按点连式、边连式和网连式几种基本构网方法，将各种独立的同步环有机地连接起来。由于构网方式的不同，增加了复测基线闭合条件（即对某一基线多次观测结果之差）及非同步图形（异步环）闭合条件，从而可进一步提高 GPS 网的几何强度及其可靠性。对于网中各点观测次数的确定，通常应遵循“网中各点应独立设站两次以上”的基本原则。

②点位选择与标志设定

选点人员在实地选点前，应收集有关布网任务与测区的资料，包括测区 1∶5 万或更大比例尺地形图、已有各类控制点、卫星跟踪站的资料等。

选点人员应充分了解和研究测区情况，特别是交通、通信、供电、气象及大地点等情况。

由于 GPS 网的观测站之间不需通视，而且图形结构灵活，因此，选点工作较常规大地测量和城市测量简便得多，并且无须建立觇标，从而节省了大量费用。但 GPS 应用于城镇地籍控制测量有其自身的特点，因此，选点时应满足以下条件：

a）周围应便于安置接收设备和操作，视野开阔，视场内障碍物的高度角不宜超过 15°；

b）远离大功率无线电发射源（如电视台、电台、微波站等），其距离不小于 200m；远离高压输电线和微波无线电信号传送通道，其距离不得小于 50m；

c）附近不应有强烈反射卫星信号的物件（如大型建筑物等）；

d）交通方便，并有利于其他测量手段扩展和联测；

e）地面基础稳定，易于点的保存；

f）应选在能长期保存的地点；

g）充分利用符合要求的旧有控制点；

h）选站时，应尽可能使测站附近的小环境（地形、地貌、植被等）与周围的大环境保持一致，以减少气象元素的代表性误差。

C 级以下临时性工程网点可埋设简易标志。各种类型的标石应设有中心标志。基岩和基本标石的中心标志应用铜或不锈钢制作。普通标石的中心标志可用铁或坚硬的复合材料制作。标志中心应刻有清晰、精细的十字线或嵌入不同颜色金属（不锈钢或铜）制作的直径小于 0.5mm 的中心点，并应在标志表面制有“GPS”及施测单位名称。

③ 外业观测

外业观测是指利用 GPS 接收机采集来自 GPS 卫星的电磁波信号，作业过程可分为天线安置、接收机操作及观测记录几个步骤。在进行外业观测时，必须按照技术设计时所拟定的观测计划实施，以便协调好外业观测的进程，提高工作效率，保证测量成果质量。为了顺利地完成观测任务，在外业观测之前，必须对接收机及其相关设备进行严格的检验。

作业调度者根据测区地形和交通状况、采用的作业方法（静态或快速静态定位测量）、设计的基线的最短观测时间等因素综合考虑，编制观测计划表，按该表对作业组下达相应阶段的作业调度命令，同时依照实际作业的进展情况及时做出必要的调整。

地籍测量中所用到的各级 GPS 测量基本技术规定应符合表 2-10 的要求。

表 2-10　**各级 GPS 测量基本技术要求规定**

项目			级别		
			C	D	E
卫星截止高度角/（°）			15	15	15
同时观测有效卫星数			≥4	≥4	≥4
有效观测卫星总数			≥6	≥4	≥4
观测时段数			≥2	≥1.6	≥1.6
时段长度/min	静态		≥60	≥45	≥40
	快速静态	双频+P（Y）码	≥10	≥5	≥2
		双频全波	≥15	≥10	≥10
		单频或双频半波	≥30	≥20	≥15
采样间隔/s	静态		10~30	10~30	10~30
	快速静态		5~10	5~10	5~10
时段中任一卫星有效观测时间/min	静态		≥15	≥15	≥15
	快速静态	双频+P（Y）码	≥1	≥1	≥1
		双频全波	≥3	≥3	≥3
		单频或双频半波	≥5	≥5	≥5

④ 成果检核与数据处理

观测成果的外业检核是确保外业观测质量、实现预期定位精度的重要环节，所以，当观测任务结束后，必须在测区内及时对外业观测数据进行严格的检核，并根据情况采取淘汰或必要的重测、补测措施。成果验收按规范 CH 1002 进行。交送验收的成果包括观测记录的存储介质及其备份，内容与数量必须齐全、完整无损，各项注记、整饰应符合要求。

验收重点包括：

a）实施方案是否符合规范和技术设计要求；

b）补测、重测和数据剔除是否合理；

c）数据处理的软件是否符合要求，处理的项目是否齐全，起算数据是否正确；

d）各项技术指标是否达到要求。

C 级及以下各级 GPS 网基线解算可采用随接收机配备的商用软件，计算结果中应包括相对定位坐标和协方差阵等平差所需的元素。GPS 测量采用连续同步观测的方法，一般 15s 自动记录一组数，其数据之多、信息量之大是常规测量方法无法相比的。同时，采用的数学模型、差分算法、整体平差等形式多样，数据处理的过程相当复杂。在实际工作中，借助于电子计算机及配套 GPS 测量数据处理软件，使得数据处理工作的自动化达到了相当高的程度，这也是 GPS 能够被广泛使用的重要原因之一。GPS 测量数据处理的基本流程如图 2-8 所示。

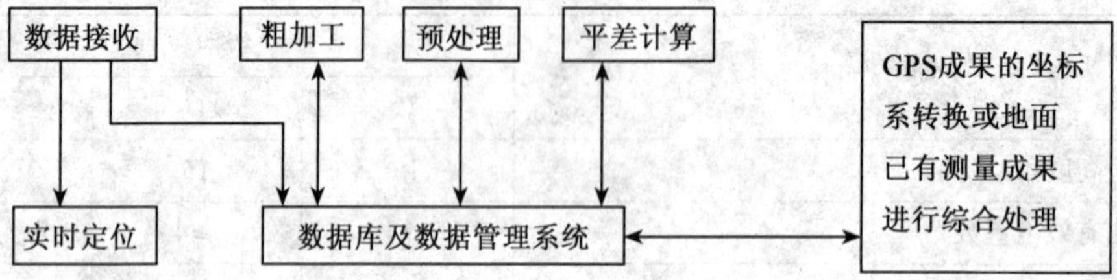

图 2-8　GPS 测量数据处理的基本流程

2. 利用已有城镇基本控制网

（1）凡符合 1985 年发布的《城市测绘规范》要求的二、三、四等城市控制网点和一、二级城市控制网点都可利用；

（2）对已布设二、三、四等城市控制网而未布设一、二级控制网的地区，可以以其为基础，加密一级或二级地籍控制网；

（3）对已布设有一级城市控制网的地区，可以以其为基础，加密二级地籍控制网；

（4）在控制测量前，应充分收集测区已有的控制成果和资料，并按技术规范的规定和要求进行比较和分析，凡符合规范要求的已有控制点成果均应充分利用，对于达不到规范要求的控制点，也应尽量利用其点位，并对有关点进行联测。当测区已有控制点的坐标系统与本次测量所采用的坐标系统不一致时，则应联测已知控制点，并进行坐标转换，使原有控制资料充分发挥作用。在检查与使用过程中，如发现有过大误差时，则应进行分析，对有问题的点（存在粗差、点位移动等）可避而不用。

3. 二级导线地籍控制网的布设

目前，各大中城市所建立的质量良好的城市控制网基本能满足建立地籍控制网的需要，可直接在城市控制网的基础上进行一、二级地籍控制测量。

城镇地籍控制测量应以光电测距导线布设，其布设规格和技术指标见表 2-11。

表 2-11　　光电测距导线的布设规格和技术指标

等级	平均边长/km	附合导线长度/km	每边测距中误差/mm	测角中误差/(″)	导线全长相对闭合差	水平角观测测回数		方位角闭合差/(″)	距离测回数
						DJ2	DJ6		
一级	0.3	3.6	±15	±5.0	1/14 000	2	6	$\pm10\sqrt{n}$	2
二级	0.2	2.4	±12	±8.0	1/10 000	1	3	$\pm16\sqrt{n}$	2

4. 图根控制测量

(1) 图根地籍控制网的布设

城镇地籍测绘中，控制网的布设重点是保证界址点坐标的精度，界址点坐标的精度有了保证，地籍图的精度自然也就得到了保证。目前，一、二级导线的平均边长约为 100m，这样的控制点密度在一般情况下是完全够用的，只是当进行复杂隐蔽的城镇居民地的界址点测量时，需要做较多的支导线。因此，经济而又可靠的方法是在各等级控制下进行加密，一般不超过两次附合。在较小的独立测区测图时，图根控制可作为首级控制。

图根平面控制点的布设可采用图根导线、图根三角和交会方法。图根点的高程可采用图根水准和图根三角高程测定。图根点的精度相对于邻近等级控制点的点位中误差不应大于图上 0.1mm，高程中误差不应大于测图基本等高距的 1/10。

图根控制点（包括已知高级点）的个数应根据地形复杂、破碎程度或隐蔽情况而决定其数量。就常规成图方法而言，一般平坦而开阔地区，每平方公里图根点的密度对于 1∶2 000比例尺测图应不少于 15 个，1∶1 000 比例尺测图应不少于 50 个，1∶500 比例尺测图应不少于 150 个。数字测图方法每平方公里图根点的密度对于 1∶2 000 比例尺测图应不少于 4 个，1∶1 000 比例尺测图应不少于 16 个，1∶500 比例尺测图应不少于 64 个。

(2) 测站点的测定

测图时，应尽量利用各级控制点作为测站点，但由于地表上的地物、地貌有时是极其复杂零碎的，要全部在用各级控制点上测绘所有的碎部点往往很困难，因此，除了利用各级控制点外，还要增设测站点。尤其是地形琐碎、合水线地形复杂地段、小沟、小山脊转弯、房屋密集的居民区以及雨裂冲沟多的地方，对测站点的数量要求会多一些，但要切忌用测站点做大面积的控制。

增设测站点可采用极坐标法、交会法和支导线。用支导线增设测站点时，为保证方向传递精度，可用三联脚架法。数字测图时，测站点的点位精度相对于附近图根点的中误差不应大于图上 0.2mm，高程中误差不应大于测图基本等高距的 1/6。

(3) 经纬仪的半测回观测法

由经纬仪测角可知，采用测回法取盘左、盘右平均值测定水平方向和竖角，可以消除由于横轴误差和视准轴误差所产生的水平方向的影响以及消除指标差对竖角的影响。半测回观测法是预先测定经纬仪的横轴误差、视准轴误差和指标差，并储存在电子手簿中，对观测方向和天顶距进行改正来消除其影响的。

① 横轴误差对水平方向影响的改正

设因横轴倾斜 i 角而产生的水平方向的读数影响为：

$$x_i = i \cdot \tan\alpha$$

则

$$L = L' - x_i$$

$$R = R' + x_i$$

式中，L'、R'为盘左、盘右水平方向的读数；α 为竖角。

② 视准轴误差对水平方向影响的改正

设因视准轴误差 c 角对水平方向的影响为：

$$x_c = c/\cos\alpha$$

则

$$L = L' - x_c$$

$$R = R' + x_c$$

式中，L'、R'为盘左、盘右水平方向的读数；α 为竖角。

在半测回观测法中，为施加 x_i 和 x_c 改正，观测水平方向时，必须同时观测竖角 α，如果只是为了求 x_i 和 x_c，竖角 α 不必精确测定。

③ 指标差对竖角的影响

设指标差为 x，则

$$\alpha = 90° - (L - x)$$

或

$$\alpha = (R - x) - 270°$$

式中，L、R 为盘左、盘右的天顶读数；α 为竖角。

（4）RTK 图根控制测量

常规的测图方法如用经纬仪、测距仪等通常是先布设国家高等级控制网点，在此基础上加密次级控制网点，最后依据加密的控制点和图根控制点测定地物点和地形点在图上的位置，并按照一定的规律和符号绘制成平面图。这种测图方法不仅要求测站点与碎部点通视，而且要求至少 2~3 人操作，作业效率较低。而 RTK 测量不受天气和时间的影响，不需通视，采点速度快，作用范围广，多台接收机可以同步工作，测量精度较高且均匀，而且能够在现场发现不合格的测绘成果，大大提高了作业效率。利用 RTK 技术不仅可以高精度、快速地测定各级控制点的坐标，甚至可以不布设各级控制点，仅依据一定数量的基准控制点便可以测定界址点、地形点和地物点的坐标。利用 RTK 测图软件可以在野外一次测绘成电子地图，然后通过计算机和绘图仪、打印机输出各种比例尺的图件，这比需要事后处理的常规测量方法效率高。故 RTK 技术一出现，其在地籍测量中的应用便受到人们的重视和青睐。

①RTK 的基本原理

RTK 是基于载波相位观测值的实时动态定位技术，能够实时地提供测站点在指定坐标系中的三维定位结果，并达到厘米级精度。观测时，将一台 GPS 接收机安装在已知点（称为基准站）上对 GPS 卫星进行观测，并将一些必要的数据如基准站的坐标、高程、坐标转换参数、水准面拟合参数、预设精度指标等输入控制手簿，将采集的载波相位观测量调制到基准站电台的载波上，再通过基准站电台发射出去。另一台接收机置于流动站，流动站在对 GPS 卫星进行观测并采集载波相位观测量的同时，也通过流动站电台接收由基准站电台发射的信号，经解调得到基准站的载波相位观测量。流动站的 GPS 接收机再利用 OTF（运动中求解整周模糊度）技术由基准站的载波相位观测量和流动站的载波相位观测量来求解整周模糊度，最后求出厘米级精度流动站的位置，并随时将实测精度与预设精度指标比较，一旦实测精度达到预设精度时，实施记录，本站测量结束。这种测量方法的关键是求解起始的整周模糊度，即初始化，并能始终保持。因此，RTK 测量除要求有足够数量的卫星，且卫星具有较好的几何分布外，还要求基准站与流动站间的数据通讯必须良好。

②RTK 的组成

基准站：主要由一台 GPS 卫星接收机、GPS 天线、电台和通讯天线组成，其作用是采集各种观测值，并由电台实时发送给流动站。

流动站：主要由一台或多台 GPS 卫星接收机、GPS 天线、接收电台及通信天线组成，其作用是接收参考站所发射的各种观测信息，再对其与参考站间的基线进行解算，实时获得该点坐标。

随机软件：主要用于处理数据及形成成果数据文件。

③RTK 测量的一般作业流程

收集资料。首先收集测区的控制点资料，包括坐标系及控制点是属于常规控制网还是 GPS 网；外业踏勘，视其控制点是否合适作为基准点。

求定测区转换参数。RTK 测量是在 WGS-84 坐标系中进行的，而各种工程测量和定位是在地方或国家坐标系中进行的，它们之间存在坐标系的转换问题。由于 GPS 静态测量时，坐标系是在事后处理时进行的，而 RTK 是用于实时测量，要求及时给出地方坐标或国家坐标，因此，首先必须求出测区的转换参数。

计算测区的转换参数需已知点至少三个，且分别有 WGS-84 地心坐标、国家坐标或地方坐标；该点最好选择在测区四周及中心，均匀分布，能有效控制测区。为了检验坐标参数的精度和可靠性，最好能利用最小二乘法选三个以上的点求解转换参数。

基准点的安置和测定。基准点的安置是顺利实施 RTK 的关键程序之一。它的安置应满足以下条件：

a）应有正确的已知坐标。

b）地势较高且交通方便，四周通视条件好，较为开阔，有利于卫星信号的接收和数据链的发射。为了提高 GPS 测量数据的可靠性，选点时，最好选在电磁波干扰比较少的地方，以保证数据传输的可靠性。

c）周围不产生多路径效应的影响及没有其他干扰源，以防数据链丢失。在野外作业时，首先将测区坐标系间的转换参数输入到基准站 GPS 接收机实时动态差分的软件系统中；然后将 GPS 接收机安置在基准点上，打开接收机，输入基准点地方坐标（或国家坐标）和天线高，GPS 接收机通过转换参数将基准点的地方坐标（或国家坐标）转换成 WGS-84 坐标；基准站同时连续接收可视卫星信息，并通过数据发射电台将其测站坐标、观测值、卫星跟踪状态及接收机工作状态发送出去。流动站 GPS 接收机在跟踪卫星信号的同时，接收来自基准站的数据，进行处理后，获得该点的 WGS-84 坐标；再通过测区转换参数将 WGS-84 转换成地方坐标（或国家坐标），并实时显示。

④流动站观测

RTK 流动站观测按快速静态测量模式进行，将 GPS 流动站安置在待测点，静止地进行观测。在观测过程中，GPS 流动站在接收卫星信号的同时，通过内置电台接收基准站传输的观测数据。根据相对定位原理，将载波相位观测值实时地进行差分处理，得到流动站和基准站的坐标差 Δx、Δy、Δz，坐标差加上基准站坐标，得到流动站的 WGS-84 坐标。通过点校正求得的坐标转换参数实时转换得出流动站的三维坐标及相应精度。当解算载波相位的整周模糊度未知数，得到固定解，解算结果的变化趋于稳定，且其精度满足设计要求（平面：±2cm，高程：±3cm）时，便将解算结果存入电子手簿，结束该站点的观测。此过程一般需进行 3~5min。

5. 地籍导线测量

目前，城镇地籍控制测量基本上是采用 GPS 首级控制、RTK 或导线测量加密的方式。这是因为 GPS 测量固然有其优点，但在有高楼林立的城市，其信号遮蔽严重，许多状况下无法进行测量，而这时导线测量的优越性就可以得到发挥了。由于全站仪的普遍使用，使得测距测角变得十分简便，特别是导线可沿城镇的道路布设，只要保证前后通视即可实施，这使得导线测量有非常大的灵活性。

导线测量主要有单一导线和导线网两种形式。

(1) 单一导线

单一导线分为有起算方位的和无起算方位的导线。

无定向导线精度受两个已知点的精度制约，无论连接导线的测量精度多么高，其导线的有效精度也不会高于两个已知点的精度。无定向导线的最大问题是横向精度较低，应特别注意保证测角的精度和不发生粗差。图 2-9 是典型的单一附合导线，其特点为图形结构较强，布设灵活。图 2-10 为无定向导线。

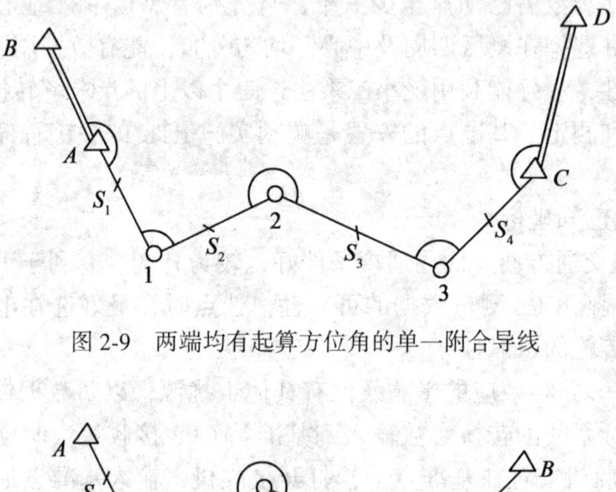

图 2-9　两端均有起算方位角的单一附合导线

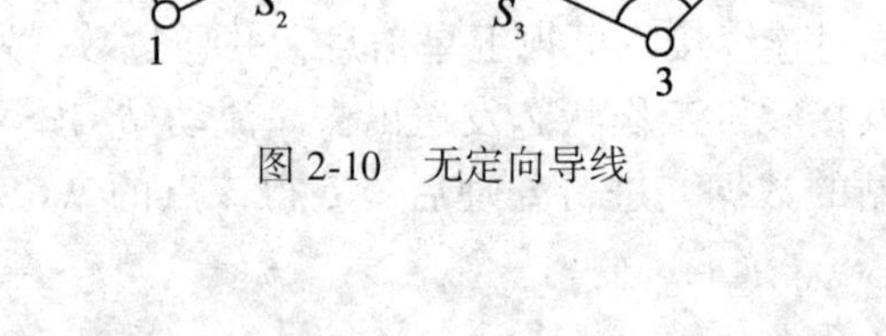

图 2-10　无定向导线

图 2-11 是单一闭合导线的典型图形，其特点为仅需要两个已知点即可施测。

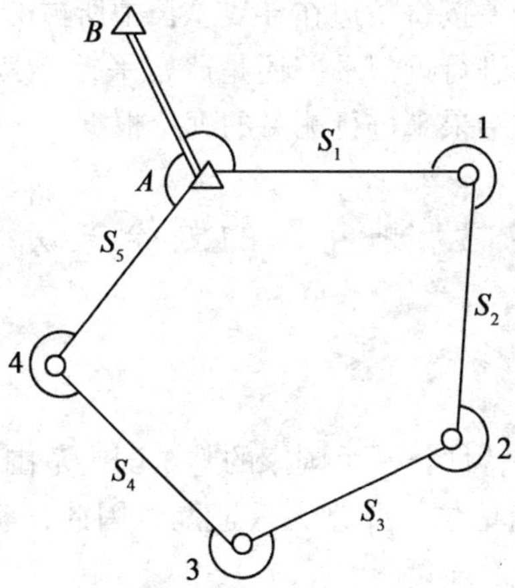

图 2-11　闭合导线

（2）导线网

所谓导线网是指有一个或一个以上节点的导线。导线网的图形强度较大，可以控制较多的范围，对通视的要求较低，施测起来也比较方便，特别是在城镇地区的应用较多（见图 2-12）。

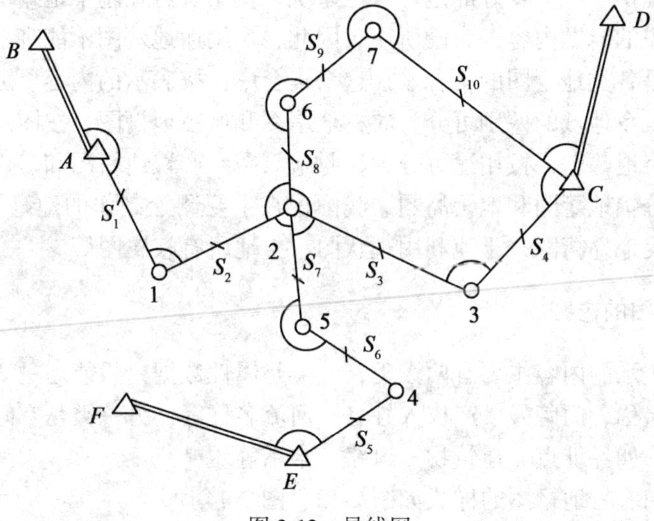

图 2-12　导线网

对于导线测量的平差处理，有兴趣的读者可以参考相关的书籍，如武汉大学出版社出版的《误差理论与测量平差基础》。需要说明的是，在某些情况下，也可将导线进行近似平差，使用其坐标值进行地籍的界址点和碎部测量，这样可以节约外业工作的时间，但前提是要保证导线观测的精度，不能等到严密平差后发现精度未达到规范的要求再去返工，那样反而浪费时间了。

导线近似平差的方法也很多，但总的算法是平均分配的思想，即将角度闭合差按角度的数量平均分配，将坐标闭合差按每条边在导线总长中所占的比重分配。

需要强调的是，无论导线进行近似平差还是严密平差，其最终的精度不会发生变化，这就是我们可以用近似平差的结果来进行测量的理论根据。

2.3 地籍图的测绘方法

2.3.1 地籍图的定义

地籍图具有国家基本图的特性。一个国家的整个国土范围由于被占有、使用或利用而被分割成许多地块和土地权属单位，并且无一遗漏，因此，整个国土面积不论城镇、农村，还是边远地区，均必须测设地籍图。

地籍图测绘是获取和表述土地和土地上建筑物的权属、位置、形状、数量等信息的基础工作，并为产权管理、税收、规划、行政边界、市政、环境保护、统计等多种用途提供定位系统和基础资料。

地籍图只能表示基本的地籍要素和地形要素，而多用途地籍图有很多的功能，可供许多部门使用。使用地籍图和地籍资料的部门关心的只是符合自己要求的那一部分，但有一部分内容是所有用户都需要的，即所谓的“基本内容”。由“基本内容”构成的地籍图就是按规程要求测绘的基本地籍图。这样的地籍图仍具有多用途的特性，其最直接的原因就是它为各种用户提供了一个良好的地理参考系统。使用者可在基本地籍图的基础上添加表示和描述各自所需的专题内容，为己所用。因此，多用途地籍图不能理解为一张谁都可以用的万能图，而是各类地籍图的集合。在这个集合中，按表示的内容可分为基本地籍图和专题地籍图；按城乡地域的差别可分为农村地籍图和城镇地籍图；按图的表达方式可分为模拟地籍图和数字地籍图，按用途可分为税收地籍图、产权地籍图和多用途地籍图；按图幅的形式可分为分幅地籍图和地籍岛图。我国现在主要测绘制作的地籍图有城镇地籍图、宗地图、农村居民地地籍图、土地利用现状图、土地所有权属图等。

2.3.2 地籍图的内容

地籍图上应表示的内容主要有两大类，一类是属性数据，只能通过实地调查得到，如街道名称、单位名称、门牌号、产权人姓名、河流名称等；另一类是空间数据，必须要通过仪器测量得到，如界址点、建筑物、道路、水系等。

城镇地籍图和农村地籍图的样式如图 2-13、图 2-14 所示。

1. 地籍图内容的基本要求

（1）以地籍要素为基本内容，突出表示界址点、线；

（2）有必需的数学要素；

（3）必须表示基本的地理要素，特别是与地籍有关的地物要素应予以表示；

（4）地籍图图面必须主次分明、清晰易读，并便于根据多用户需要加绘专用图要素。

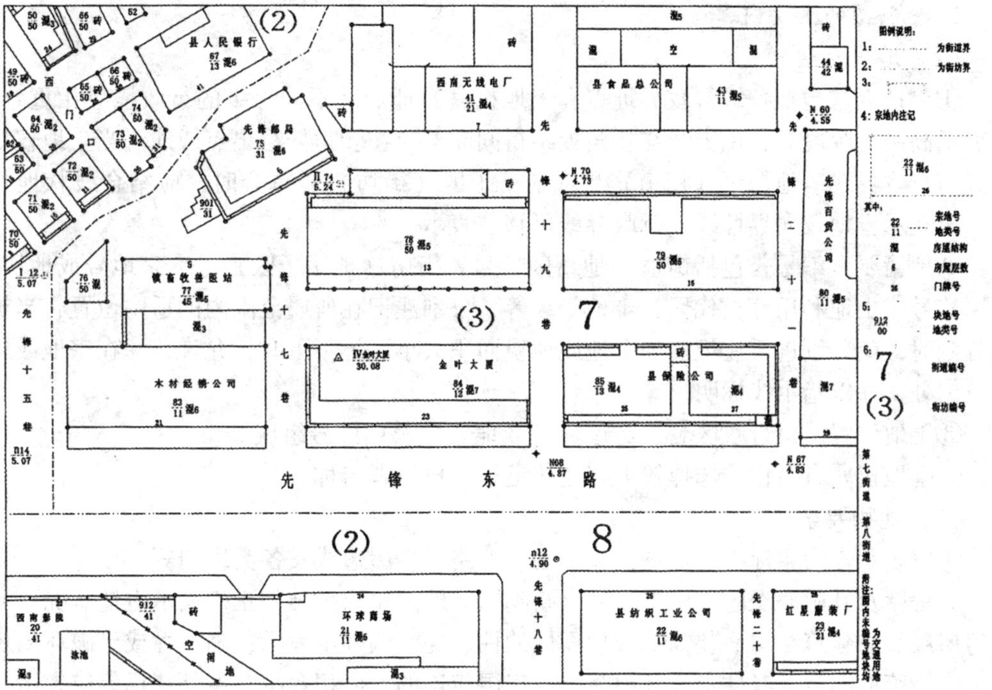

图 2-13 城镇地籍图样图

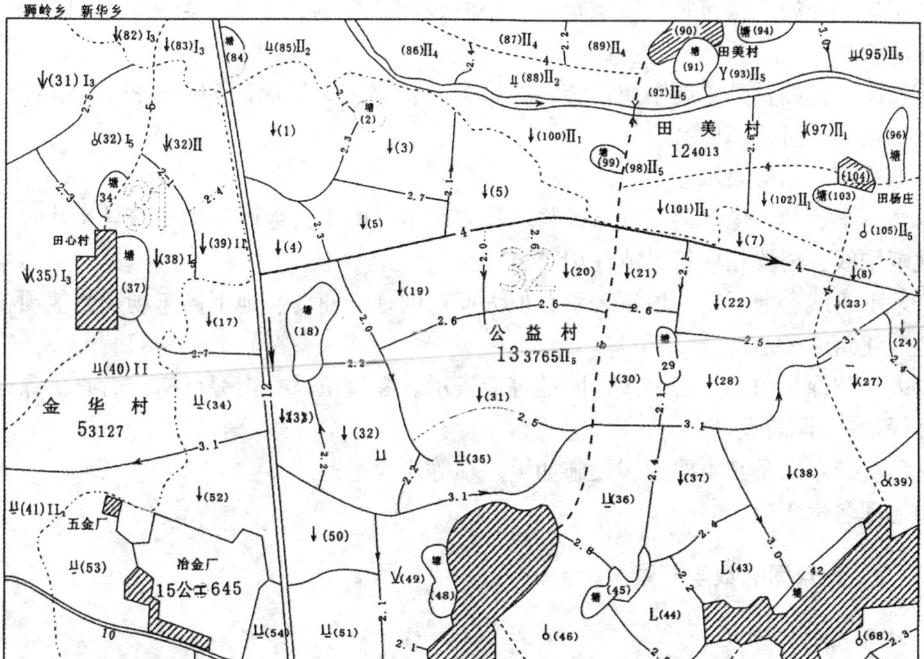

图 2-14 农村地籍图样图

2. 地籍图的主要内容

（1）地籍要素

①界址点。包括各级行政界址点和土地权属界址点。不同等级的行政境界相重合时，只表示高级行政境界，境界线在拐角处不得间断，应在转角处绘出点或线。当土地权属界址线与行政界线、地籍区（街道）界或地籍子区（街坊）界重合时，应结合线状地物符号突出表示土地权属界址线，行政界线可移位表示。

②地籍要素编号。包括街道（地籍区）号、街坊（地籍子区）号、宗地号或地块号、房屋栋号、土地利用分类代码、土地等级等，分别注记在所属范围内的适中位置，当被图幅分割时，应分别进行注记。如宗地或地块面积太小注记不下时，允许移注在宗地或地块外空白处，并以指示线标明。

③土地位置。由行政区名、街道名（或地名）及门牌号组成。

④土地权属者名称。选择较大宗地注记土地权属者名称。

（2）地物要素

①应表示作为界标物的地物，如围墙、道路、房屋边线及各类垣栅等。

②房屋及其附属设施。房屋以外墙勒脚以上外围轮廓为准，正确表示占地状况，并注记房屋层数与建筑结构。装饰性或加固性的柱、垛、墙等不表示；临时性或已破坏的房屋不表示；落地阳台、有柱走廊及雨篷、与房屋相连的大面积台阶和室外楼梯等应表示。此项内容与房产测量的要求基本相同，尤其是在多用途地籍图的测量时，应当注意两者的共同点。

③工矿企业露天构筑物、固定粮仓、公共设施、广场、空地等绘出其用地范围界线，内置相应符号。

④铁路、公路及其主要附属设施，如站台、桥梁、大的涵洞和隧道的出入口应表示，铁路路轨密集时可适当取舍。

⑤城镇街巷均应表示。

⑥塔、亭、碑、像、楼等独立地物应择要表示，图上占地面积大于符号尺寸时，应绘出用地范围线，内置相应符号或注记。

⑦地下管线、地下室一般不表示，但大面积的地下商场、地下停车场及与他项权利有关的地下建筑应表示。

⑧大面积绿化地、街心公园、园地等应表示。零星植被、街旁行树、街心小绿地及单位内小绿地等可不表示。

⑨河流、水库及其主要附属设施如堤、坝等应表示。

⑩地理名称注记。

2.3.3 地籍图的数学要素

1. 地籍图的比例尺

地籍图比例尺的选择应满足地籍管理的需要。相关规程或规范对地籍图比例尺的选择规定了一般原则和范围，但对具体的区域而言，应选择多大的地籍图比例尺，主要是考虑到测区的繁华程度、土地价值、建设密度和细部粗度这几个问题。选择的比例尺一般为1∶500或1∶1 000，农村居民地（或称宅基地）地籍图的测图比例尺可选用1∶1 000或

1∶2 000。

2. 地籍图的分幅与编号

(1) 城镇地籍图的分幅与编号

城镇地籍图的幅面通常采用50cm×50cm和50cm×40cm，分幅方法采用有关规范所要求的方法，便于各种比例尺地籍图的连接。

当1∶500、1∶1 000、1∶2 000比例尺地籍图采用正方形分幅时，图幅大小均为50cm×50cm，图幅编号按图廓西南角坐标公里数编号，*X*坐标在前，*Y*坐标在后，中间用短横线连接，如图2-15所示。

1∶2 000比例尺地籍图的图幅编号为689~593；

1∶1 000比例尺地籍图的图幅编号为689.5~593.0；

1∶500比例尺地籍图的图幅编号为689.75~593.50。

当1∶500、1∶1 000、1∶2 000比例尺地籍图采用矩形分幅时，图幅大小均为40cm×50 cm，图幅编号方法同正方形分幅，如图2-16所示。

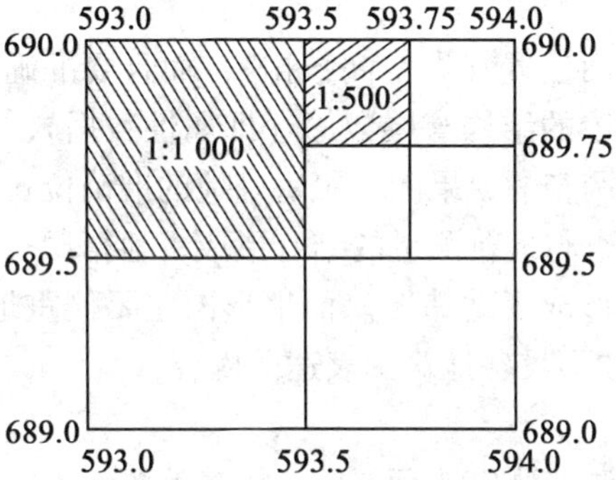

图2-15 正方形分幅

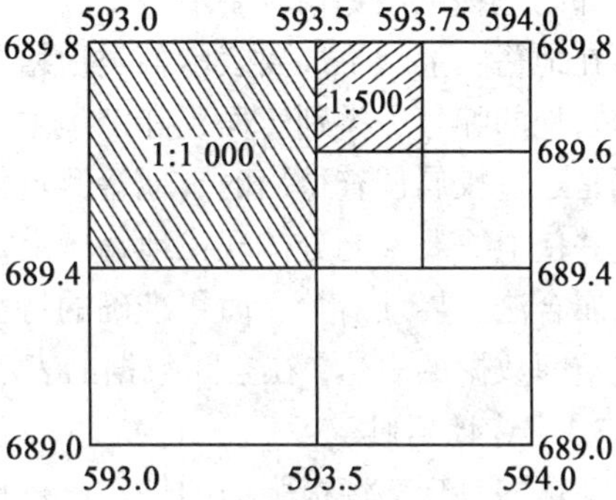

图2-16 矩形分幅

1∶2 000比例尺地籍图的图幅编号为689~593；

1∶1 000比例尺地籍图的图幅编号为689.4~593.0；

1∶500比例尺地籍图的图幅编号为689.60~593.50。

若测区已有相应比例尺地形图，地籍图的分幅与编号方法可沿用地形图的分幅与编号。并于编号后加注图幅内较大单位名称或著名地理名称命名的图名。

(2) 农村地籍图的分幅和编号

农村居民地地籍图的分幅和编号与城镇地籍图相同。若是独立坐标系统，则是县、乡(镇)、行政村、组（自然村）给予代号排列而成。

农村地籍图（包括土地利用现状图和土地所有权属图）按国际标准分幅编号，其具体方法可参见武汉大学出版社出版的《数字测图原理与方法》一书，这里不再赘述。

无论是城镇地籍图，还是农村地籍图，一般是取注本幅图内最著名的地理名称或企事业单位、学校等名称作为图名，以前已有的图名一般应沿用。

2.3.4 地籍图与地形图的区别

1. 图的性质不同

地形图除表示地面固定地物外，还有地面高低起伏的表示；而地籍图属于一种专题图，除因特别需要测定一些高程点外，一般主要反映地籍要素以及与地籍有密切关系的地物，地籍要素要反映得充分、明显，其他要素可摘要表示。

2. 图的内容有差异

在地籍图上，除地物、地貌、植被符号与地形图的表示方法基本相同外，还有地形图上所没有的地籍内容，如地籍街道、街坊界线、界址点、界址线、地籍号、土地用途、宗地面积、土地坐落、土地使用者或所有者及土地等级等。同时在地物表示的侧重点上，地籍图和地形图也有所不同，地籍图上需标明调查范围内每一宗土地的名称和各种地类代码，而地形图中只要表示出地物点和地形点的平面位置即可。

地形图上对地物点、高程点精度要求严格，对土地使用者的用地界线范围一般仅作示意；而地籍图中恰恰相反，土地使用者的界址点与界址线要精确表示，而宗地内与界址边不相邻的地物可放宽精度要求。

在地籍图上，不仅要表示各类地籍要素的平面位置（即空间数据），而且要准确地注记出宗地的编号、类别、面积和宗地主名称、房屋的结构与层数等（即属性数据），这些数据是通过权属调查得出的。地籍测量依据权属调查的成果测定出每宗地的准确位置与面积，并使地籍要素充分体现在地籍图上。权属调查与地籍测量的结合形成了地籍调查成果的权属合法、界址清楚、面积准确的特性，最终形成了地籍图。而地形图主要侧重地物、地貌空间数据的表达，在空间数据的表示上，往往不具备地籍图表达的内容。

3. 现势性不同

地籍图是现势性极强的图件，进行初始地籍调查测出地籍图后，接着就要转入经常性的变更地籍调查工作，即随时变更，随时进行地籍要素的修测与补测，随时绘制现势性的地籍图。而地形图是按国家计划，每隔数年进行一次大规模修测或重测，现势性较差。

2.3.5 地籍图的测绘

地籍图的测绘方法有平板仪测图、绘编法成图、全野外数字测图（例图见图 2-17）和摄影测量与遥感成图。随着测绘技术的发展，在这些方法中，平板仪测图法已渐渐被淘汰，目前几乎没有测量单位再大规模使用了，而绘编法成图的方法实际已演变成数字化成图法的一种（如地图的数字化）。下面主要讨论后两种。

1. 数字测图的成图方法

随着计算机科学的飞速发展，人们越来越不能满足于传统的白纸成图作业方法了。20 世纪 80 年代起，国内测绘界就已开始研究机助制图的方法，并取得了大量的成果。在研究的早期，由于当时的计算机速度较慢，且价格昂贵、体积大（只有台式机而无便携机），人们只能采用外业和内业分离的方式，即在野外进行数据采集、记录，然后再将数据带回，传输到微机中进行成图，这就是第一类成图方法，我们称之为数字测记法。第二类成图方法是在便携机开始进入用户市场后出现的，这类方法是将便携机带到野外，边测边绘，直接成图，可将内外业工作一体化完成，这种方法我们称之为电子平板法。

数字测记法的一大特点是需要一个存储器，将野外测量的数据保存起来。在数字测记法的发展初期，人们只能用现在看来非常简陋的设备代替使用，其中最著名的大概就是PC-1500机了（现在的全站仪均具备有很大容量的存储空间，故不再需要另备存储器了）。另一个特点是需要编码或绘制草图，或者是两者兼而有之。从用户的使用反映来看，使用数字测记法的主要难点就在于编码和绘制草图上。众所周知，地形图的种类繁多，且同类的物体（如房屋）也不止一个，如何区分它们是十分棘手的问题。编码编得太细，作业人员很难记忆，且对成图速度影响较大；编得简单，又难以描述地形地物。若是采用绘制草图的方法，绘得过细，就成了白纸成图法了；绘得过粗，又不足以反映地形地物；也有采用既编码又绘制草图相结合的方法来记录，但从实际效果来看，仍不是很理想。还有很重要的一点，就是此种方法很难保证一幅图上（或一天的外业工作中）不发生漏点或错记的情况，而这种情况又很难在野外发现，一旦出现这种情况，往往在内业成图时能发现错误也不知如何连线、连点和修改，只能返测。有人认为，数字测记法可以大大缩短外业工作的时间，而将更多原本在野外进行的工作转移到内业，这在地形地物较简单时可以做到，但在地形地物较复杂时，往往是不仅内业工作量很大，而且外业工作量也远比白纸成图法要大。

电子平板法的主要功能有：①实时接收数据或传输数据。对于国内外各种类型的全站仪，可与便携机实时通信，随时将所测数据输入到计算机中。②现场实时测绘。成图软件既可采用先测后绘的方法，也可采用边测边绘的方法。图形文件以.DWG文件的格式存放（这为以后的GIS和其他工作提供了很大的方便），图幅自动裁剪、接边，各种地物符号自动绘制。

与数字测记法相比，电子平板法的优点在于：①实时采集数据，观测员和绘图员互不等待，效率提高。②无须编码和草图，符号选择及图例符号同时显示，直观易懂、易操作。③可根据地形情况选择不同的测绘方法，线状地物逐点回退。④可以随时发现漏测、错测的情况，并加以改正。

显然，电子平板法可实现数据采集到成图过程的一体化，使内外业工作一次完成，从而提高成图的质量，并为以后的用图工作提供了更为方便的条件。

从目前用户使用的情况看，由于以上优点，电子平板法受到欢迎，特别是按用户作业习惯编制的电子平板成图系统，由于作业、成图习惯与白纸成图法相同或相近，掌握起来很快。

当然，电子平板法也有其缺点，主要表现在：①便携机的成本在目前对许多测绘单位而言还是比较昂贵的设备，若再配备全站仪就更难承受。此外，野外作业时的风沙、灰尘对便携机的磨损较大，设备的折旧率较高。②便携机的电源容量较小，一般断电工作时间只有4~6小时左右，这难以满足一天外业工作的需要。相比而言，数字测记法在这些方面就有其优越性了，它的成本较低，外业工作时间长，在极为严寒或炎热时进行测图，可以尽量缩短外业工作的时间。

目前，数字测图成图的硬件设备就是全站仪，无论哪种型号的全站仪，均可进行数据的通讯和存储。因此，对数字测图成图方法的选择实际上就是对成图软件的选择。衡量一个成图软件的标准，首先要看该软件是否适合本单位的实际情况；二要看其可操作性，是否界面友好、简便易学等；三要看其提供的功能是否适合于本单位。

现在国内市场上份额最高的数字化测绘软件有三家：一是以清华山维公司与清华大学土木系联合开发的测霸（EPSW electronic plane-table surveying and mapping system）系列；二是武汉瑞得测绘自动化公司的 RDMS 系列；三是广州南方测绘仪器公司与广州开思公司的 CASS 系列与 SCS 系列。

这三种软件均可进行地籍测量，EPSW 系列主要用于实测与自动绘制各种大比例尺数字地形图、地籍图、管线图、地物平面图、断面图等，它的这几个功能是在不同的专门软件中可单独选用。它的主要特点如下：①实时成图充分发挥了原来的平板测图优势，即测即显，所显即所测，在现场即可生成地形图，真正达到了内外业一体化；②具有多种碎部测量方法；③界面友好，操作方便快捷，简单易学；④独创的一步测量法，可以一边测图根，一边测碎部，最后再平差。EPSW 系列是我国现在电子平板测图系统中做得最好的，因此也占据了大部分的电子平板测图市场。

RDMS 系列是在 GIS 图形平台上开发的一个专门测绘用软件，也提供了电子平板方式，亦可利用电子手簿或全站仪所存储的测量数据传到计算机上，再以交互编辑的方式成图。它提供的功能与原来的测量习惯基本上能保持一致，比较简单易学，测量人员可以很快地熟悉、操作，并提供了地籍测量的相关内容，对于地籍表格制作的处理方便快捷，所以，许多从事地籍测量的单位选择了它。

CASS 系列可提供三种作业方式，即电子平板方式、原图数字化方式及内外业一体化。众所周知，AutoCAD 是世界上大家所熟知的绘图平台，其图形编辑功能强大，而 CASS 系列就是基于 AutoCAD 平台开发的，AutoCAD 的所有功能它都可以用。它在 CAD 的基础上开发了许多功能，如量算定点、图形复制、绘制多功能复合线等。除此之外，还提供了地籍表格绘制与图纸管理等功能。CASS 还专门为地籍应用做了地籍版，采用外挂的 MDB 数据库存储信息，这个数据库同地籍图实现联动，提供了图查询库、由库找图的功能，地籍图上的点、线都载有地籍信息，在标准的地籍信息表格上填入地籍信息，软件能自动处理各类信息，生成用户所需要的各类地籍统计表，大大提高了地籍测量的效率。它兼有图形的数据库技术的优势（主要是利于第三方利用现代的数据库工具对信息进行处理），同时兼顾了生产时对图形的依赖。可见，CASS 系列对于已经熟悉 AutoCAD 的用户而言，是一个很好的选择。

2. 摄影测量的方法

摄影测量在地籍测量中的应用主要有以下几个方面：

1）制作多用途地籍图；

2）制作用于土地利用现状分类的调查、农村地籍图和土地利用现状图；

3）作为地籍数据库的数据采集站。

摄影测量有别于数字测图的最大区别在于数字测图是以点的方式采集数据，摄影测量是以面的方式采集数据。

现阶段，摄影测量技术主要用于测制农村地籍图。农村地籍界址点的精度要求较低，一般为 0.25~1.50m（居民点除外），因此，可在航片上直接描绘出土地权属界线的情况。如有正射像片或立体正射像片，则可直接从中确定出土地利用类别和土地权属界线，并方便地测算出各土地利用类别的面积和土地权属单位的面积。借助数字摄影测量系统，可制作出数字线划土地利用现状图和农村地籍图。摄影测量在地籍测量中的应用，其详细的步骤和方法可参考有关摄影测量教材和本教材的有关章节，在此不再重述。

3. 遥感的方法

遥感（remote sensing）泛指各种非直接接触的远距离探测目标的技术。对目标进行采集，主要根据物体对电磁波的反射和辐射特性，利用声波、引力波和地震波等，也都包含在广义的遥感之中。通常人们所认为的遥感的概念是指从远距离、高空以至外层空间的平台上利用可见光、红外、微波等遥感器，通过摄影、扫描等各种方式接收来自地球表层各类地物的电磁波信息，并对这些信息进行加工处理，从而识别地面物质的性质和运动状态的综合技术。因此，广义地讲，摄影只是遥感的一种方式。

遥感技术系统包括空间信息采集系统（包括遥感平台和传感器）、地面接收和预处理系统（包括辐射校正和几何校正）、地面实况调查系统（如收集环境和气象数据）、信息分析应用系统。按遥感平台的高度分类，大体上可分为航天遥感、航空遥感和地面遥感；按所利用的电磁波的光谱段分类，可分为可见反射红外遥感、热红外遥感和微波遥感三种类型。遥感技术可为土地管理提供基于地面事实影像的、可实地对照的、可快速精确量算的土地利用现状和动态变化信息。由于以地面事实影像为依据，可保证准确性和精度，为土地利用的科学、合理发展提供保障。小比例尺省域范围的大规模土地资源调查以航天遥感中的卫星遥感为主，通常采用美国 TM 和法国 SPOT 卫星遥感数据。TM 数据分辨率为 30m，SPOT 数据分辨率为 10m；航空遥感适合于大比例尺的市级、县级土地利用调查。

需要说明的是，就目前的遥感技术水平而言，由于所得到的数据分辨率较低，只能生成 1∶5 000 以下的小比例尺图；由于遥感数据获取的起步价较高，只有大范围的成图才能降低单位面积的成本。

2.3.6 宗地图的测绘

宗地是一系列界址坐标点构成的封闭多边形，宗地图是以宗地为单位编绘的地籍图，是地籍图的一种附图。它是在地籍测绘工作的后阶段，在对界址点坐标进行检核后，确认准确无误，并且在其他的地籍资料也正确收集完毕的情况下，依照一定的比例尺制作成的反映宗地实际位置和有关情况的一种图件。宗地图是土地证上必须附有的图件，是土地使用者的重要依据，面积是其主要属性，通常具有法律意义。宗地图样图见图 2-18。

宗地中的数据都是实量或实测得到的，精度高并且可靠。其图形与实地有严密的数学相似关系，相邻宗地图可以拼接，标识符齐全，人工和计算机都可方便地对其进行管理。通常要求宗地图的内容与分幅地籍图保持一致，主要包括本宗地号、地类号、宗地面积、界址点及界址点号、界址边长及注记；邻宗地号及邻宗地界址示意线、宗地图中的地物要素、宗地图框等信息，一些土地管理部门还需要在宗地图中提供界址点成果表。

地籍测量除了要绘制出标准地籍分幅图外，还要绘制宗地图，并生成相应的各宗地的面积量算表、各街坊界址点成果表和面积统计表、各级土地分类统计表等，为政府提供精确的统计数字。宗地图也是土地管理部门进行管理、规划的科学依据。

对于已生成的数字化地籍图，宗地图的绘制目前可采用在计算机绘图系统中对分幅地籍图进行裁剪，然后绘制界址线、生成界址点成果表、注记界址边长、宗地面积、权利人、地类号等属性。一般利用计算机来进行宗地图绘制的方法工作量大、自动化程度低，采用专门的应用软件（如 CASS 地籍地形成图软件）可实现宗地图的自动绘制，界址点成

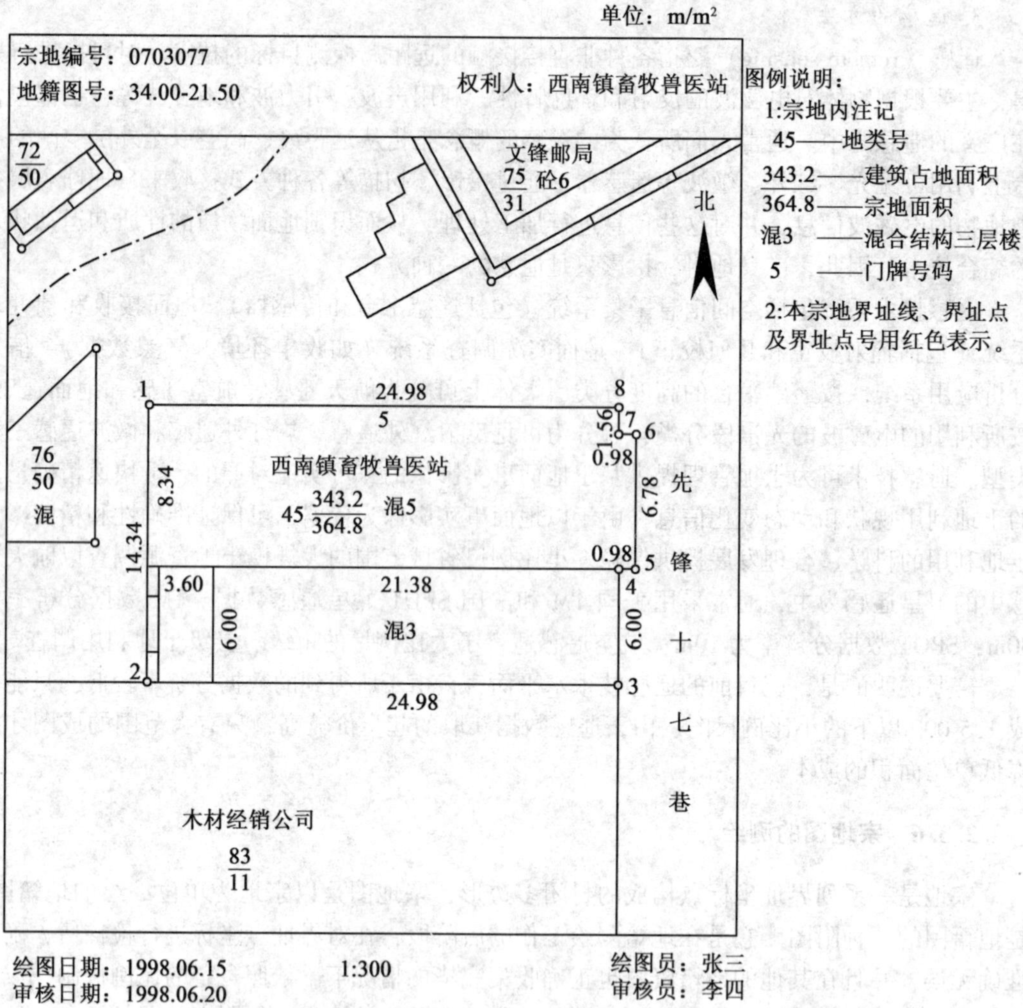

图 2-18　宗地图样图

果表、各类土地分类统计表和面积统计表的自动生成很大程度上提高了工效，且降低了劳动强度，可以产生良好的工作效果和社会效益。

2.4　地籍界址点的测量

界址点是地籍管理的重要数据，其坐标准确性直接关系到宗地的权属和使用面积的计算，影响到土地使用者的切身利益。界址点坐标的精度可根据土地经济价值和界址点的重要程度来加以选择。为确保土地权属单位之间的界限清晰，边界无争议，国内外对界址点点位精度的要求一直很高，城镇地籍调查规程规定：我国宗地界址点相对邻近图根点的点位中误差不超过5cm，原联邦德国则要求界址点精度达到2~4cm，日本Ⅰ类界址点位置中误差最大为2cm。界址点坐标对实地的界址点起着法律上的保护作用，一旦界址点标志被移动或破坏，则可根据已有的界址点坐标用测量放样的方法恢复界址点的位置。

表 2-12 列出的界址点位置误差是指界址点相对于邻近控制点的误差。

表 2-12　　日本地籍测量规范中对界址点测量精度的规定

精度等级	界址点位置限差	
	中误差/cm	最大限差/cm
甲 1	2	6
甲 2	7	20
甲 3	15	45
乙 1	25	75
乙 2	50	150
乙 3	100	300

在我国，考虑到地域之广大和经济发展不平衡，对界址点精度的要求有不同的等级，具体规定见表 2-13。

表 2-13　　《城镇地籍调查规程》中对界址点精度的规定

级别	界址点相对于邻近控制点的点位中误差/cm		相邻界址点之间的允许误差/cm	适用范围
	中误差	允许误差		
一	±5.0	±10.0	±10	地价高的地区。城镇街坊外围界址点、街坊内明显的界址点
二	±7.5	±15.0	±15	地价较高的地区，城镇街坊内部隐蔽的界址点及村庄内部界点
三	±10.0	±20.0	±20	地价一般的地区

注：界址点相对于邻近控制点的点位中误差系指采用解析法测量的界址点应满足的精度要求；界址点间距允许误差是指采用各种方法测量的界址点应满足的精度。

2.4.1　界址点坐标的测量方法

当在实地确认界址点位置并埋没了界址点标志后，通常都要求实测界址点坐标。一般可用实地测量方法，这就是解析法。对于部分隐蔽的界址点坐标，实测有困难时，也可采用图解法获取界址点坐标。

1. 极坐标法

这种方法是根据测站上的一个已知方向测定出已知方向至界址点之间的角度和量测测站点至界址点的距离来确定出界址点的位置，如图 2-19 所示。

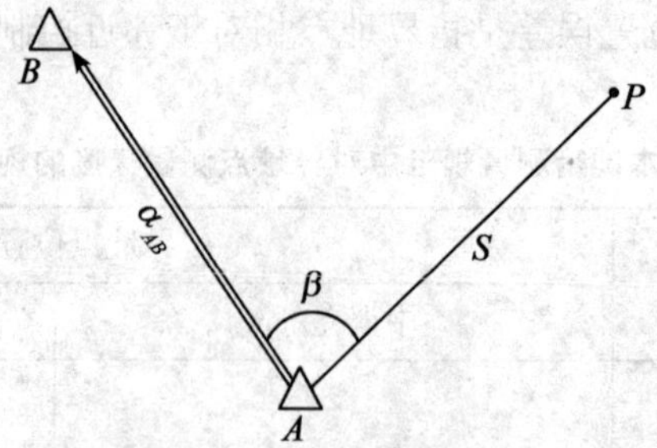

图 2-19　极坐标法图示

已知数据 $A(X_A,Y_A)$、$B(X_B,Y_B)$，观测数据 β、S，则界址点 P 的坐标 $P(X_P,Y_P)$ 为：

$$
\begin{aligned}
X_P &= X_A + S\cos(\alpha_{AB}+\beta) \\
Y_P &= Y_A + S\sin(\alpha_{AB}+\beta)
\end{aligned}
\tag{2-9}
$$

式中，$\alpha_{AB}=\arctan\dfrac{Y_B-Y_A}{X_B-X_A}$。

测定 β 角和距离 S 的仪器可以是全站型电子速测仪，也可用经纬仪配以光电测距仪或其他符合精度要求的测量设备。

2. 交会法

(1)方向交会法

方向交会法可分为前方交会、侧方交会和后方交会三种。这里仅介绍前方交会法。前方交会法的特点是在两个已知测站上对未知的界址点测量两个角度，以确定界址点的位置。如图 2-20 所示，A、B 两点为已知测站点，其坐标为 $A(X_A,Y_A)$、$B(X_B,Y_B)$，观测值为 α、β 角，P 点为界址点，其坐标计算公式如下：

$$
\begin{aligned}
X_P &= \frac{X_B\cot\alpha + X_A\cot\beta + Y_B - Y_A}{\cot\alpha+\cot\beta} \\
Y_P &= \frac{Y_B\cot\alpha + Y_A\cot\beta - X_B + X_A}{\cot\alpha+\cot\beta}
\end{aligned}
\tag{2-10}
$$

也可用极坐标法公式进行计算，此时，图 2-20 中的 $S=S_{AB}\sin\alpha/\sin(180°-\alpha-\beta)$，其中，$S_{AB}$为已知边长，将 A 点的坐标值和 β 角参数代入式(2-9)计算即可。

(2)距离交会法

距离交会法除了测量的值是距离外，其他与方向交会法完全相同。如图 2-21 所示，已知 A、B 两点为已知测站点，其坐标为 $A(X_A,Y_A)$、$B(X_B,Y_B)$，观测值为 S_1、S_2，P 点为界址点，其坐标计算公式如下：

$$
\begin{aligned}
X_P &= X_B + L(X_A-X_B) + H(Y_A-Y_B) \\
Y_P &= Y_B + L(Y_A-Y_B) + H(X_B-X_A)
\end{aligned}
\tag{2-11}
$$

式中，$L=\dfrac{S_2^2+S_{AB}^2-S_1^2}{2S_{AB}^2}$，$H=\sqrt{\dfrac{S_2^2}{S_{AB}^2}-L^2}$。

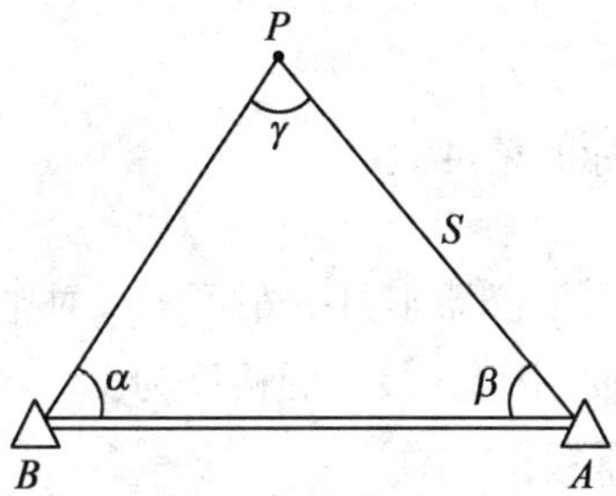

图 2-20　角度交会

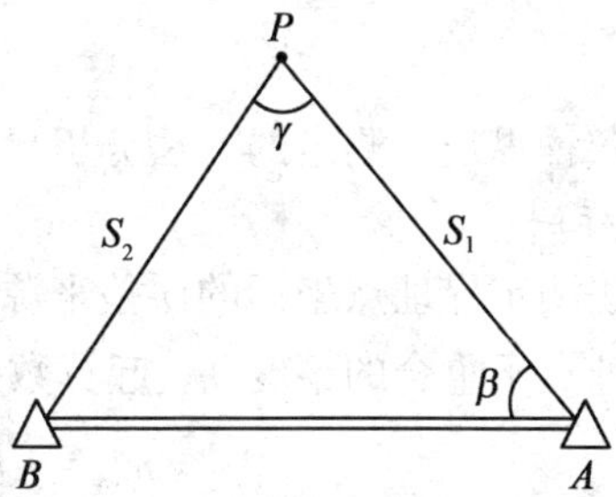

图 2-21　距离交会

以上两种交会法是没有多余观测数的，也就是说，只能在测量值没有出现粗差的情况下求出界址点的坐标。实际上在进行交会时，应有检核条件，即对同一界址点应有两组交会图形，计算出两组坐标，并比较其差值。若两组坐标的差值在允许范围以内，则取平均值作为最后界址点的坐标；或把求出的界址点坐标和邻近的其他界址点坐标反算出的边长与实量边长进行检核，其差值如在规范所允许的范围以内，则可确定所求出的界址点坐标是正确的。

界址点坐标的测量方法实际上就是地形测量中碎部点的测量方法。其主要的方式有极坐标法、截距法、交会法、直角坐标法、交点坐标计算法等，众多的定点方法可归结为方位与方位、距离与距离、方位与距离三类基本的交会定点方法以及 GPS 的 RTK 方法，它们各自都有着自己的优点和不足。在我国现阶段地籍测量中，由于新技术、新设备的广泛应用，使得极坐标法已成为测定解析界址点坐标的首选方案。然而，在老城区、商业密集区，宗地稠密，土地权属错综复杂，街坊内图根导线难以布设。由于通视条件差，街坊内部宗地难以到达，部分界址点根本无法施测，距离丈量困难。因此，定点方法的择用应根据地区情况、精度要求、技术水平、仪器设备条件、综合经济效益等多种因素区别对待，灵活选择与之相适应的技术方法，充分发挥各自的优点，做到取长补短。

2.4.2　界址点坐标精度分析

在地籍测量工作中，通常都要求界址点有较高的坐标精度，如要求城镇街坊外围明显界址点相对于邻近控制点的点位中误差为 5cm。在前面提到的界址点测定方法中，都可以用下式计算界址点坐标(X,Y)：

$$X=X_0+s\cos(\alpha_0+\beta) \qquad Y=Y_0+s\sin(\alpha_0+\beta) \tag{2-12}$$

设起算坐标 X_0、Y_0 有误差，s、α_0、β 为观测值，且相互独立，对式(2-12)全微分，运用协方差传播定律，顾及 $m_{X_0}=m_{Y_0}=\frac{\sqrt{2}}{2}m_0$，$m_{界}=\sqrt{m_X+m_Y}$，得：

$$m_{界}=\sqrt{m_0^2+\left(\frac{m_{\alpha_0}}{\rho''}s\right)^2+\left(\frac{m_\beta}{\rho}s\right)^2+m_s^2} \tag{2-13}$$

式中，$m_{界}$ 为界址点点位中误差；m_0 为起算点点位中误差；m_{α_0}为起算方位角中误差；m_β 为测角中误差；m_s 为测距中误差；$\rho=206\ 265''$。

一般我们是仅考虑 s、β 为观测值，且相互独立，这样，式(2-13)可简化为：

$$m_{界}{}^2=\left(\frac{s}{\rho}\right)^2 m_\beta{}^2+m_s{}^2 \tag{2-14}$$

下面就各种界址点测定的方法分析界址点坐标的精度。

1. 极坐标法

极坐标法测定界址点坐标的误差来源主要有测量仪器本身的精度 m_1、对中精度 m_2、棱镜中心与界址点不重合的精度 m_3、起算数据精度 m_4，因此，最后的精度为：

$$m_{界}=\sqrt{m_1^2+m_2^2+m_3^2+m_4^2} \tag{2-15}$$

(1)测量仪器本身的精度

此项误差影响又分为测角精度和测距精度的影响，由式(2-14)得：

$$m_1=\sqrt{\left(\frac{s}{\rho}\right)^2 m_\beta{}^2+m_s{}^2}$$

(2)对中精度

这里所指的对中包括测站点对中和定向点对中，它们对界址点精度的影响一般在1～2cm以内。

(3)棱镜中心与界址点不重合的精度

在具体作业过程中，对此项影响采取各种措施，则其影响可减弱到1～2cm，即 $m_s=$ 1～2cm。

(4)起始精度的影响

由式(2-13)可见，起始数据的精度为：

$$m_4=\sqrt{m_0^2+\left(\frac{m_{\alpha_0}}{\rho''}s\right)^2}$$

实际上，界址点的精度主要取决于测量仪器的精度。

2. 角度交会

角度交会如图2-21所示，其交会点的精度为：

$$m_{界}=\frac{m\cdot S_{AB}}{\rho\sin^2\gamma}\sqrt{\sin^2\alpha+\sin^2\beta} \tag{2-16}$$

式中，m 为测角精度，公式推导从略。

3. 距离交会

如图2-22所示，界址点坐标由式(2-12)算出，由于

$$\cos\beta=\frac{a^2+s_0^2-b^2}{2as_0} \tag{2-17}$$

对等式两边全微分得：

$$\begin{aligned}\sin\beta\mathrm{d}\beta&=\frac{4as_0(a\mathrm{d}a+s_0\mathrm{d}s_0-b\mathrm{d}b)-2(a^2+s_0^2-b^2)(a\mathrm{d}s_0+s_0\mathrm{d}a)}{4a^2s_0^2}\\&=\frac{1}{s_0}\mathrm{d}a-\frac{\cos\beta}{a}\mathrm{d}a+\frac{1}{a}\mathrm{d}s_0-\frac{\cos\beta}{s_0}\mathrm{d}s_0-\frac{b}{as_0}\mathrm{d}b\\&=\frac{a-s_0\cos\beta}{as_0}\mathrm{d}a+\frac{s_0-a\cos\beta}{as_0}\mathrm{d}s_0-\frac{b}{as_0}\mathrm{d}b\end{aligned}$$

丈量 a、b 两距离的中误差 $m_a=m_b$，对上式运用协方差传播定律得：

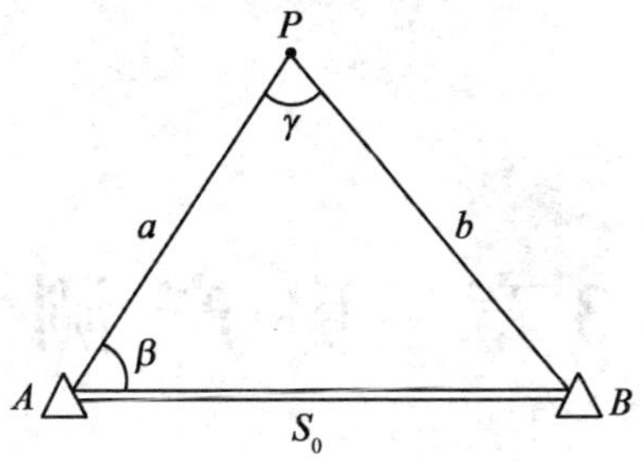

图 2-22　距离交会的角度计算

$$a^2s_0^2\sin^2\beta m_\beta^2=(a^2+b^2+s_0^2\cos^2\beta-2as_0\cos\beta)m_a^2$$
$$+(s_0^2+a^2\cos^2\beta-2as_0\cos\beta)m_{s_0}^2$$

顾及式(2-16)得：

$$a^2s_0^2\sin^2\beta m_\beta^2=(2b^2-s_0^2+s_0^2\cos^2\beta)m_a^2+(b^2-a^2+a^2\cos^2\beta)m_{s_0}^2$$

由图 2-22 有：

$$\sin\beta=\frac{b\sin\gamma}{s_0}$$

由于 $\sin^2\beta+\cos^2\beta=1$，故

$$a^2b^2\sin^2\gamma m_\beta^2=(2b^2-b^2\cos^2\gamma)m_a^2+\left(b^2-\frac{a^2b^2\sin^2\gamma}{s_0^2}\right)m_{s_0}^2$$

即

$$m_\beta^2=\frac{1+\cos^2\gamma}{a^2\sin^2\gamma}m_a^2+\left(\frac{1}{a^2\sin^2\gamma}-\frac{1}{s_0}\right)m_{s_0}^2 \tag{2-18}$$

$$m_{界}=\pm\sqrt{\left(1+\frac{1}{\sin^2\gamma}\right)m_{s_0}^2+\frac{2}{\sin^2\gamma}m_a^2} \tag{2-19}$$

距离交会主要受起始误差和测边误差的影响，并且与交会角有关，当交会角 $\gamma=90°$时，$m_{界}=\sqrt{2(m_{s_0}^2+m_a^2)}$。

2.4.3　界址点的恢复

在界址点位置上埋设了界标后，应对界标细心地加以保护。界标可能因人为的或自然的因素发生位移或遭到破坏，为保护地产拥有者或使用者的合法权益，需及时地对界标的位置进行恢复。

在某一地区进行地籍测量之后，表示界址点位置的数据一般有界址点坐标、宗地草图上界址点的点之记、地籍图、宗地图等。对一个界址点，以上数据可能都存在，也可能只存在某一种数据，可根据实地界址点位移或破坏情况和已有的界址点数据及所要求的界址点放样精度、已有的仪器设备来选择不同的界址点放样方法。

恢复界址点的放样方法一般有极坐标法、交会法、直角坐标法等。这几种方法其实也是测定界址点的方法，只不过界址点放样是测定界址点位置的反逆过程，不同的是测定界址点位置的过程是从实地搬到了图上，而恢复界址点是从图上将数据放到实地去。

第3章　房产测量

房产测量的任务就是对房屋本身以及与房屋相关的建筑物和构筑物进行测量调查和绘图工作；对土地以及土地上人为的、天然的荷载物进行测量调查和绘图工作；对房地产的权属、位置、质量、数量、利用状况等进行测定、调查和绘制成图的工作。它主要包括房产平面控制测量、房产调查、房产要素测量、房产图绘制、房产面积测算、变更测量以及成果资料的检查与验收等基本内容。

房产测量主要是采集和表述房屋和房屋用地的有关信息，为房产产权、产籍管理、房地产开发利用、交易、征收税费，以及为城镇规划建设提供数据和资料。

世界上许多国家在20世纪50~60年代已完成了房地产测量工作，有些国家甚至已将其纳入了法治轨道。国外房地产测量的产品精度一般很高，其一级界址点的精度要求大部分都定为0.02m。因此，我国在借鉴了国外经验的基础上，2000年修订的《房产测量规范》中，界址点也划分了三个不同的等级精度，其中一级界址点的精度要求也定为0.02m。另外，国外的房地产测量市场相对比较开放，并且实施房地产测量师认证制度和监督制度，这样使其房地产测量市场呈有序化、成熟化、法治化发展。例如，美国的房地产测量工作有比较规范的生产、分发与服务模式，其测绘信息中心负责维护其相关的网络站点，接收和处理用户的订货，答复用户的各类问题，并负责各类社会宣传和教育活动。所有产品信息都可以在其网络站点上获取，其中，部分数字化产品可以直接通过网络下载。

我国的房地产测量工作起步较晚，仅在20世纪80年代中期经济较发达的地区开展了这项工作的试点。随后，全国各大城市也相继开展了这项工作，并且取得了一定的进展。在此基础上，国家各有关部门也相应地出台了有关房地产测量的有关技术标准和施测单位的相应的资质等一系列政策，以确保房地产测量的严肃性、统一性。近十几年来，随着房屋的商品化和房地产市场的形成，我国的房地产业有了飞速的发展，特别是《房产测量规范》的颁布实施，规范和繁荣了我国的房地产测量市场。

3.1　房产控制测量

房产平面控制测量是房产测绘中一项十分重要的工作。房产平面控制测量属于房产基础测绘，其目的是为整个房产测绘工作提供一个准确的控制框架和定位基准，并控制误差累积。它的作用主要有如下三点：一是为房产要素测量提供起算数据；二是为房产分幅、分丘图测绘提供测量控制和起算数据；三是为房产分幅、分丘图变更测量和修测补测提供起算数据。

房产平面控制网在布设前，需要了解测区的地理位置、形状、大小、测量成果使用的精度要求、完成任务的期限以及生产上对控制点位置、密度的要求等。一般布设一个主控制网作为骨干，然后分区分期逐步有计划地进行加密。在布设控制网时，其范围应考虑城镇发展的远景规划，适当覆盖已纳入城市规划的区域，避免将来因控制范围不够而重新布设控制网。

3.1.1 一般规定

1. 布设原则

房产平面控制点的布设应遵循从整体到局部、从高级到低级、分级布网的原则，也可以越级布网。

我国城镇地区的房产图采用 1∶500 或 1∶1 000 两种比例尺，房产平面控制网的布设必须有足够的精度和密度，以满足 1∶500 比例尺房产分幅图测绘的需要。

目前，全国范围内已有一、二等平面控制网，大部分城市也已建成了二、三、四等平面控制网。如果已有的平面控制网符合《房产测量规范》的规格和精度要求，那么，可在已有的成果基础上布设低等级的平面控制点。新布设的控制网点应与已有的控制网点相区别，采用不同的式样和编号。

2. 房产平面控制点的内容

由于房产图一般不注记高程，控制测量只需建立平面控制系统。房产平面控制点包括二、三、四等平面控制点和一、二、三级平面控制点。房产平面控制点均应埋设固定标志。

3. 房产平面控制点的密度

建筑物密集区的控制点平均间距在 100mm（图上），建筑物稀疏区的控制点平均间距在 200mm（图上）。

4. 房产平面控制测量的方法及技术要求

房产平面控制测量可选用三角测量、三边测量、导线测量、GPS 定位测量等方法。各等级三角网的主要技术指标应符合表 2-1 的规定；各等级三边网的主要技术指标应符合表 2-2 的规定；各等级测距导线的主要技术指标应符合表 2-3 的规定；各等级 GPS 静态相对定位测量的主要技术要求应符合表 2-4 和表 3-1 的规定。

表 3-1 各等级 GPS 静态相对定位测量的主要技术规定（2）

等级	卫星高度角/（°）	有效观测卫星总数	时段中任一卫星有效观测时间/min	观测时段数	观测时段长度/min	数据采样间隔/s	点位几何图形强度因子（PDOP）
二等	≥15	≥6	≥20	≥2	≥90	15~60	≤6
三等	≥15	≥4	≥5	≥2	≥10	15~60	≤6
四等	≥15	≥4	≥5	≥2	≥10	15~60	≤8
一级	≥15	≥4		≥1		15~60	≤8
二级	≥15	≥4		≥1		15~60	≤8
三级	≥15	≥4		≥1		15~60	≤8

GPS 网应布设成三角网形或导线网形，或构成其他独立检核条件可以检核的图形。

GPS 网点与原有控制网的高级点重合应不少于 3 个。当重合点不足 3 个时，应与原控制网的高级点进行联测，重合点与联测点的总数不得少于 3 个。

导线测量是一、二、三级房产平面控制测量最常用的方法。导线测量的布设和观测简单易行，精度保证、设备需要比较普遍，观测速度快，所以受到普遍的采用，尤其是在建筑物或树木密集区的城市地区，导线测量起到了其他方法无法代替的作用。

为保证房产平面控制网的精度，在利用导线测量方法布设房产平面控制网时，应注意以下问题：

（1）导线应布设成直伸导线，并构成网形。导线一般沿道路布设，尽量布设成直伸导线，并使边长相差不太大，导线一定要布设成网形，不布或少布单导线，控制测量中不允许布设支导线。对邻近的高级点或同级点应尽量联测，以参加导线网平差。

（2）导线布设成结点网时，结点与结点、结点与高级点间的附合导线长度不能超过国家标准《房产测量规定》导线长度的 0.7 倍。

（3）导线平差前，对外业观测成果的质量进行分析和检核。

（4）平差计算中应进行精度估算，估算内容包括测角中误差、最弱边长中误差、最弱方位角中误差、最弱相邻点相对点位中误差等。

5. 利用的已有控制成果

在进行房产控制测量前，为了测量成果统一和节省费用，应充分收集测区已有的控制成果和资料，按 GB/T 17986.1-2000 中的规定和要求进行分析和比较，凡符合规范要求的已有控制点成果都应充分利用；对达不到该规范要求的控制网点，也应尽量利用其点位，并对有关点进行联测。房产测绘人员应到有关测绘管理部门及业务单位收集有关资料，如原有的地形图（比例尺为 1∶500~1∶50 000）、测区已有的控制成果等，并到测区踏勘，了解现状及控制点的完好情况，为确定布网方案、设计和施测做好一切准备工作。

在使用有关资料前，首先进行必要的实地测量和检查，对各项主要精度数据要认真复核：原有起算数据的来源、等级、质量情况、投影带和投影面的选择，要尽量投影到城镇平均高程面上，以保证城市各种工作需要的实量长度与控制测量计算长度变形值不大于 2.5cm/km。并结合实地测量数据对其精度进行综合分析评定，确定是否能满足房产测绘的需要。对符合《房产测量规范》要求的已有控制点成果，在使用中应注意实际点位是否有移动，点位和成果是否对应，特别要警惕标石毁坏后再重新埋设标石的现象。

若已有的等级控制网点不符合《房产测量规范》的技术、精度要求，则可选择一个高级点作为整个测区的起算点，选择该点至另一高级点间的方向作为该测区的起算方向，建立房产平面控制网。

3.1.2 实施步骤

1. 设计方案

根据控制成果的使用要求和已收集到的测量资料及拥有的仪器设备、技术力量等条件，确定布设控制网的方案。如是在国家水平控制网的基础上加密还是布设独立网；测量方法是三角测量，还是三边测量、导线测量或 GPS 相对定位测量；是一次全面布设还是分区分期布设；是采用 3°带，还是 1.5°带投影等。

图上设计宜在 1∶10 000 或 1∶25 000 的地形图上进行。首先展绘已知点、网；按照已定的布网方案从图上判断点与点之间是否彼此通视，由各点组成的图形能满足规范所规定的精度和其他要求，布点位置也应能满足使用要求。图上选点后，需到实地确定是否切实可行。

2. 编写技术设计书

编写技术设计书的目的在于拟定房产平面控制测量的实施计划，从整体规划上、技术上、组织上作出说明，其要点是：

（1）概况内容。包括目的和任务、测区的地理位置、地形地貌的基本特征、测区原有的成果情况及利用的可能性和利用方案。

（2）设计方案及其说明。平面控制网的等级、图形、密度、坐标与方位起算依据、控制网的图上设计及精度估计。

（3）作业方法。作业的原则、方法和要求，觇标类型及埋设标石的规格，编码规则，提出标志建造和委托保管的要求，提出测角、测边仪器的检验，边长、角度观测，外业成果的记录方法，成果检验和质量评估的办法和要求等。

各种图表设计：工程进度表、工作量统计表、主要设备、物资配给表、控制网设计图以及其他各种辅助图表等。

3. 造标埋石

确定了控制点的位置以后，需着手进行造标埋石工作，埋设的标石作为点的标志，建造的觇标作为观测时照准的目标。

4. 外业观测

待所建造的觇标和埋设的标石稳定后，即可开展外业测量工作。测量时，必须保证所使用仪器的精度符合规范要求，并必须通过相关机构的检验。

观测过程中，一定要严格遵守观测规则和操作规程。在观测过程中和观测工作完成后，必须进行全面的外业检查，以检查外业观测工作是否符合规范要求。只有全部外业工作都符合要求之后，观测工作才算完成。

（1）水平角观测

水平角观测使用 DJ_1、DJ_2、DJ_6 三个等级系列的光学经纬仪或电子经纬仪，其在室外试验条件下的一测回水平方向标准差分别不超过±1″、±2″、±6″。

水平角观测一般采用方向观测法，各项限差不超过表 3-2 的规定。

表 3-2　　水平角观测限差

经纬仪型号	半测回归零差 /（″）	一测回内 2C 互差 /（″）	同一方向值各测回互差 /（″）
DJ_1	6	9	6
DJ_2	8	13	9
DJ_6	18	30	24

(2) 距离测量

光电测距仪的精度等级按制造厂家给定的 1km 的测距中误差 m_0 的绝对值划分为两级，I 级：$|m_0| \leqslant 5\text{mm}$，II 级：$5\text{mm} < |m_0| \leqslant 10\text{mm}$。光电测距的各项限差不得超过表 3-3 的规定。光电测距时，应测定气象数据。二、三、四等边的温度测记至 0.2℃，气压测记至 0.5hPa；一、二、三级边的温度测记至 1℃，气压测记至 1hPa。

表 3-3　　**光电测距限差**

仪器精度等级	一测回读数较差/mm	单程读数差/mm	往返测或不同时段观测结果较差
I	5	7	$2(a+b\times D)$
II	10	15	

注：a、b 为光电测距仪的标称精度指标，a 为固定误差(mm)；b 为比例误差(mm)；D 为测距边长(m)。

3.1.3　成果的检验和整理

观测过程中，一定要严格遵守观测规则和操作规程。在观测过程中和观测工作完成后，必须进行全面的外业检查，以检查外业观测工作是否符合规范要求。只有全部外业工作都符合要求之后，观测工作才算完成。

1. 三角测量的检验

一般情况下，测角中误差按式(3-1)计算：

$$m_\beta = \pm\sqrt{\frac{[WW]}{3n}} \tag{3-1}$$

式中，W 为三角形闭合差(″)；n 为三角形个数。

三角网极条件、边条件和方位角条件自由项的限差分别按式(3-2)、式(3-3)、式(3-4)计算：

$$W_{极} = \pm\frac{2m_\beta}{\rho''}\sqrt{\sum\cot^2\beta} \tag{3-2}$$

$$W_{边} = \pm 2\sqrt{\left(\frac{m_\beta}{\rho''}\right)^2\sum\cot^2\beta + \left(\frac{m_{D_1}}{D_1}\right)^2 + \left(\frac{m_{D_2}}{D_2}\right)^2} \tag{3-3}$$

$$W_{方} = \pm 2\sqrt{nm_\beta^2 + m_{\alpha_1}^2 + m_{\alpha_2}^2} \tag{3-4}$$

式中，m_β 为相应等级规定的测角中误差(″)；β 为传距角；m_{D_1}/D_1、m_{D_2}/D_2 为导线两端起算边边长相对中误差；m_{α_1}、m_{α_2} 为导线两端起算方位角中误差(″)；n 为方位角推算路线的测站数；$\rho''=206\ 265''$。

2. 三边测量的检验

用光电测距仪往返观测或不同时段观测时，距离测量的单位权中误差按式(3-5)计算：

$$\mu = \sqrt{\frac{[pdd]}{2n}} \tag{3-5}$$

根据μ及p_i估算任一边的实际测距中误差,按式(3-6)计算:

$$m_{D_1}=\pm\mu\sqrt{\frac{1}{p_i}} \tag{3-6}$$

上两式中,d为往返测距离的较差(m);n为测距边数;p为距离测量的先验权,$p_i=1/\delta_{D_i}^2$,δ_{D_i}为测距的先验中误差,可以按测距仪的标称精度计算;μ为距离测量的单位权中误差。

三边网中,观测一个角度的观测值与由测距边计算的角值较差的检验可采用以下两种方法分别计算。

(1)根据各边平均测距中误差检核,按式(3-7)计算限差:

$$W_{允}=\pm2\sqrt{\left(\frac{m_D}{h_0}\rho''\right)^2(\cos^2\alpha+\cos^2\beta+1)+m_\beta^2} \tag{3-7}$$

(2)根据各边的平均测距相对中误差检核,按式(3-8)计算限差:

$$W_{允}=\pm2\sqrt{2\left(\frac{m_D}{h_0}\rho''\right)^2(\cot^2\alpha+\cot^2\beta+\cot\alpha\cot\beta)+m_\beta^2} \tag{3-8}$$

式中,m_D为观测边的平均测距中误差(m);h_0为观测角顶点至对边垂线长度(m);α、β为三角形中观测角以外的另两个角度;m_β为相应等级规定的测角中误差(″);m_D/D为各边的平均测距相对中误差;$\rho''=206\ 265''$。

三边网角条件包括圆角条件与组合角条件,自由项的检核按式(3-9)计算限差:

$$W_{角}=2m_D\sqrt{[aa]} \tag{3-9}$$

式中,m_D为观测边的平均测距中误差(m);a为圆角条件与组合条件方程式的系数。

3. 导线测量的检验

按左右角观测的三、四等导线测量的测角中误差按式(3-10)计算。

$$m_\beta=\sqrt{\frac{[\Delta\Delta]}{2n}} \tag{3-10}$$

式中,Δ为测站圆周角闭合差(″);n为测站圆周角闭合差的个数。

以导线方位角闭合差计算测角中误差按式(3-11)计算:

$$m_\beta=\sqrt{\frac{1}{N}\left[\frac{f_\beta^2}{n}\right]} \tag{3-11}$$

式中,f_β为附合导线或闭合导线环的方位角闭合差(″);n为计算f_β的测站数;N为附合导线或闭合导线环的个数。

4. GPS 静态相对定位测量成果的检验

(1)同步观测成果的检核

三边同步环的闭合差的限差按式(3-12)计算:

$$
\begin{aligned}
W_X &= \sum_1^n \Delta X \leqslant \frac{\sqrt{3}}{5}\sigma \\
W_Y &= \sum_1^n \Delta Y \leqslant \frac{\sqrt{3}}{5}\sigma \\
W_Z &= \sum_1^n \Delta Z \leqslant \frac{\sqrt{3}}{5}\sigma \\
W &= \sqrt{W_X^2 + W_Y^2 + W_Z^2} \leqslant \frac{\sqrt{3}}{5}\sigma
\end{aligned} \tag{3-12}
$$

多环同步闭合差的限差按式(3-13)计算：

$$
\begin{aligned}
W_X &= \frac{\sqrt{n}}{5}\sigma \\
W_Y &= \frac{\sqrt{n}}{5}\sigma \\
W_Z &= \frac{\sqrt{n}}{5}\sigma \\
W &= \sqrt{W_X^2 + W_Y^2 + W_Z^2} \leqslant \frac{\sqrt{3n}}{5}\sigma
\end{aligned} \tag{3-13}
$$

式中，W_X、W_Y、W_Z 为各坐标分量的闭合差；σ 为相应等级规定的精度(按平均边长计算)；n 为闭合环的边数。

(2) 不同时段观测成果的检核

同一边任何两个时段的成果互差应小于接收机标称精度的 $2\sqrt{2}$ 倍。

若干个独立观测边组成闭合环时，各坐标差分量闭合差应符合式(3-14)的规定：

$$
\begin{aligned}
W_X &= \sum_1^n \Delta X \leqslant 3\sigma\sqrt{n} \\
W_Y &= \sum_1^n \Delta Y \leqslant 3\sigma\sqrt{n} \\
W_Z &= \sum_1^n \Delta Z \leqslant 3\sigma\sqrt{n}
\end{aligned} \tag{3-14}
$$

式中，W_X、W_Y、W_Z 为各坐标分量的闭合差；σ 为相应等级规定的精度(按平均边长计算)；n 为闭合环的边数。

5. 平差计算

二、三、四等和一、二、三级平面控制网都应分级进行统一平差或联合整体平差。平差后，应进行精度评定。

6. 计算取位

平差计算和数据处理的数字取位应符合表 3-4 的规定。

表 3-4 **平差计算和数据处理的数字取位**

等级	水平角观测方向值及各项改正数/ (″)	边长观测值及各项改正数/m	边长与坐标/m	方位角/ (″)
二等	0.01	0.000 1	0.001	0.01
三、四等	0.1	0.001	0.001	0.1
一、二、三级	1	0.001	0.001	1

3.2 房产图的测绘

房产图是房产产权、产籍管理的重要资料，也是编辑房产平面分幅图、分丘图和分户图的基础，一般选用 1∶500 比例尺。按房产管理的需要，可分为分幅平面图（简称分幅图)、房产分丘平面图（简称分丘图）和房屋分户平面图（简称分户图)。

房产图上应测绘的内容有各等级控制点、行政境界、房屋、房屋附属设施和房屋围护物以及与房地产有关的地形要素和注记。其中，行政境界包括区、县的境界线，境界线跨越图幅时，应在内外图廓内的界端注出行政区名称。房屋包括一般房屋和架空房屋，房屋附属设置包括柱廊、檐廊、挑廊、架空通廊、阳台、门廊、门顶、门廊和室外楼梯及与房屋相连的台阶，房屋围护物包括围墙、栅栏、篱笆和铁丝网。与房产有关的地形要素包括铁路、道路、桥梁、水系、城墙、亭、塔、烟囱以及停车场、游泳池、检阅台、站台、球场、花圃、草地等。

房产图可采用实地测量或利用已有的地籍图、地形图编绘成图方法，其各自成图精度应满足：①采用实测方法所成基础图上的地形、地物点相对于邻近控制点的点位中误差不大于图上 0.15mm；②采用编绘方法所成基础图上的地物点相对于邻近控制点的点位中误差不大于图上 0.16mm。

在进行房产图的测量过程中，需要进行房产调查。房产调查首先对所调查区域进行分区，然后依据调查结果以每个房屋产权用地单元设丘。当同一房屋产权用地单元内能够区分不同用地类别地块时，要将不同的用地类别地块分别设丘。如同一企业内的办公区、住宅区、学校、医院等区域要设不同的丘；以外部道路、河流等公共用地分隔的两个区域也要设不同的丘。房产调查分房屋用地调查和房屋调查两部分，前者以丘为单位调查，调查内容包括用地坐落、产权性质、使用权主、使用人、用地单位所有制性质、使用权来源、四至、界标、用地用途分类等基本情况；后者以每幢房屋为单位调查，调查内容包括房屋坐落、产权人、产别、层数、所在层次、建筑结构、建成年份、用途、墙体归属、权源、产权纠纷等基本情况。调查时，应先从被调查单位查阅有关资料，如房屋修建竣工图、现状平面图、房产统计表、房产证、土地使用证等，然后实地逐项对照落实。房屋用地范围界线以土地管理部门签发的土地使用证上注明的范围为准，当无土地使用证或土地使用证上标定的用地范围在实地没有明显界标物时，以用地单位现有的无争议用地边界为准。房产调查一般是使用 1∶500 房产基础图蓝图作为调查草图，并将外业调查有关内容记录于调查记录本上。在房产调查时，应注意楼房不同层次的分层界线、楼内大厅、地下室、房屋附属物设置及其表示方法，调查的同时勘丈房屋尺寸，将勘丈结果标注于调查草图上。

3.2.1 房产分幅图

房产分幅图是将调查、勘丈、计算结果清绘于 1∶500 房产基础图上，为编辑房产平面分幅图、房产平面分丘图提供完整资料的原始图件。房产平面分幅图的房产要素和房产编号包括房产区号、房产分区号、丘号、支丘号、分区界线、丘界址线、门牌号、房屋幢号、房产权号、产别、结构、层数、房屋附属设施、用地用途分类等数字、文字及符号注记。图上还应表示房产平面分丘图上的内容，分丘图上除了表示分幅图上的内容外，还应表示房屋权界线、界址点位及编号、相邻界址点间距离、房屋建成年代、房屋边长、丘用地面积、建筑面积、墙体归属、四至关系、相邻丘号以及与房产有关的地籍地形要素和注记等基本内容。分幅图采用 50cm×50cm 的正方形进行分幅。在建筑物密集区，一般采用 1∶500 的比例尺，其他区域的分幅图可以采用 1∶1 000 的比例尺。

分幅图编号以高斯-克吕格坐标的整公里格网为编号区，由编号区代码加分幅图代码（见图 3-1）组成，编号区的代码以该公里格网西南角的横纵坐标公里值表示。编号形式如下：

分幅图的编号：	编号区代号	分幅图代码
完整编号：	* * * * * * * * *（9 位）	* *（2 位）
简略编号：	* * * *（4 位）	* *（2 位）

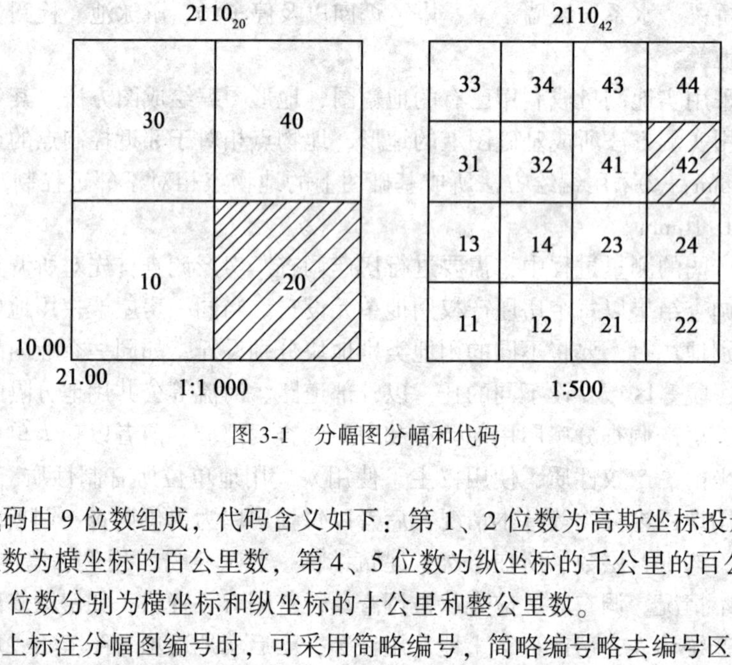

图 3-1 分幅图分幅和代码

编号区代码由 9 位数组成，代码含义如下：第 1、2 位数为高斯坐标投影带的带号或代号，第 3 位数为横坐标的百公里数，第 4、5 位数为纵坐标的千公里的百公里数，第 6、7 位和第 8、9 位数分别为横坐标和纵坐标的十公里和整公里数。

在分幅图上标注分幅图编号时，可采用简略编号，简略编号略去编号区代码中的百公里和百公里以前的数值。

分幅图的测绘范围包括城市、县城、建制镇的建成区和建成区以外的工矿企事业等单位及其毗连居民点。分幅图采用 50cm×50cm 正方形分幅（见图 3-2）。

3.2.2 房产分丘图

分丘图是分幅图的局部图，是绘制房屋产权证附图的基本图。根据丘的大小，分丘图的比例尺可以在1∶100~1∶1 000之间选用。分丘图上除了表示分幅图的内容外，还应表示房屋权界线、界址点点号、窑洞使用范围、挑廊、阳台、建成年份、用地面积、建筑面积、墙体归属和四至关系等各项房产要素（见图3-3）。

丘是指地表上一块有界空间地块。一个地块只属于一个产权单元时，称独立丘；一个地块属于几个产权单元时，称组合丘。

根据国家标准《房产测量规定》中“丘”的定义，它只有一个条件，即为有边界封闭实体。房产测量的“丘”是为满足房产测绘和管理需要的集合体。划定“丘”的首要原则是：有固定界标的按固定界标划分，没有固定界标的按自然界线划分。即已有界址点的必须按界址点走向划分“丘”，否则按自然界线划分，一般以一个单元或一个门牌或一个院落的房屋用地划，当面积过小或权属混杂时，则可划成组合丘。自然界线包括围墙、栅栏、篱笆、铁丝网、柱、河、渠等，可按这些自然界线包围的地块划丘。丘界线不应穿越行政境界线。

丘的编号按省、市、市辖区（县）、房屋区、房管分区、丘六级编码组成。丘的编码格式及位数如表3-5所示。

表3-5 丘号编码格式

省代码	市代码	县代码	区代码	分区代码	丘代码
2（位）	2（位）	2（位）	2（位）	2（位）	4（位）
01-99	01-99	01-99	01-99	01-99	0001-9999

丘的编号从南至北、从西至东以反S形顺序编列。

幢是指一座独立的包括不同结构和不同层次的房屋。各丘内的独立房屋均要编幢号，幢号以丘为单位，自进大门起，从左至右、从前到后，用数字1，2，…的顺序按S形编号。幢号注在房屋轮廓线内的左下角，并加括号表示。

3.2.3 房产分户图

分户图是在分丘图基础上绘制的细部图，以一户产权人为单位，表示房屋权属范围的细部图，以明确毗邻房屋的权利界线供核发房屋所有权证的附图使用。分户图的主要表示内容包括房屋权界线、四面墙体的归属和楼梯、走道等部位以及门牌号、所在层次、户号、室号、房屋建筑面积和房屋边长等。在绘制分户图时，应使房屋主要边线与图框边线平行，按房屋方向横放或竖放，并在适当位置绘指北方向符号。其比例尺一般为1∶200，当房屋过大或过小，比例尺可以适当放大或缩小。分户图上房屋的丘号、幢号应与分丘图上的编号一致。房屋边长应实际丈量，注记取至0.01m，注在图上相应位置（见图3-4）。

分户图表示的主要内容包括房屋权界线、四面墙体的归属和楼梯、走道等部位以及门牌号、所在层次、户号、室号、房屋建筑面积和房屋边长等。

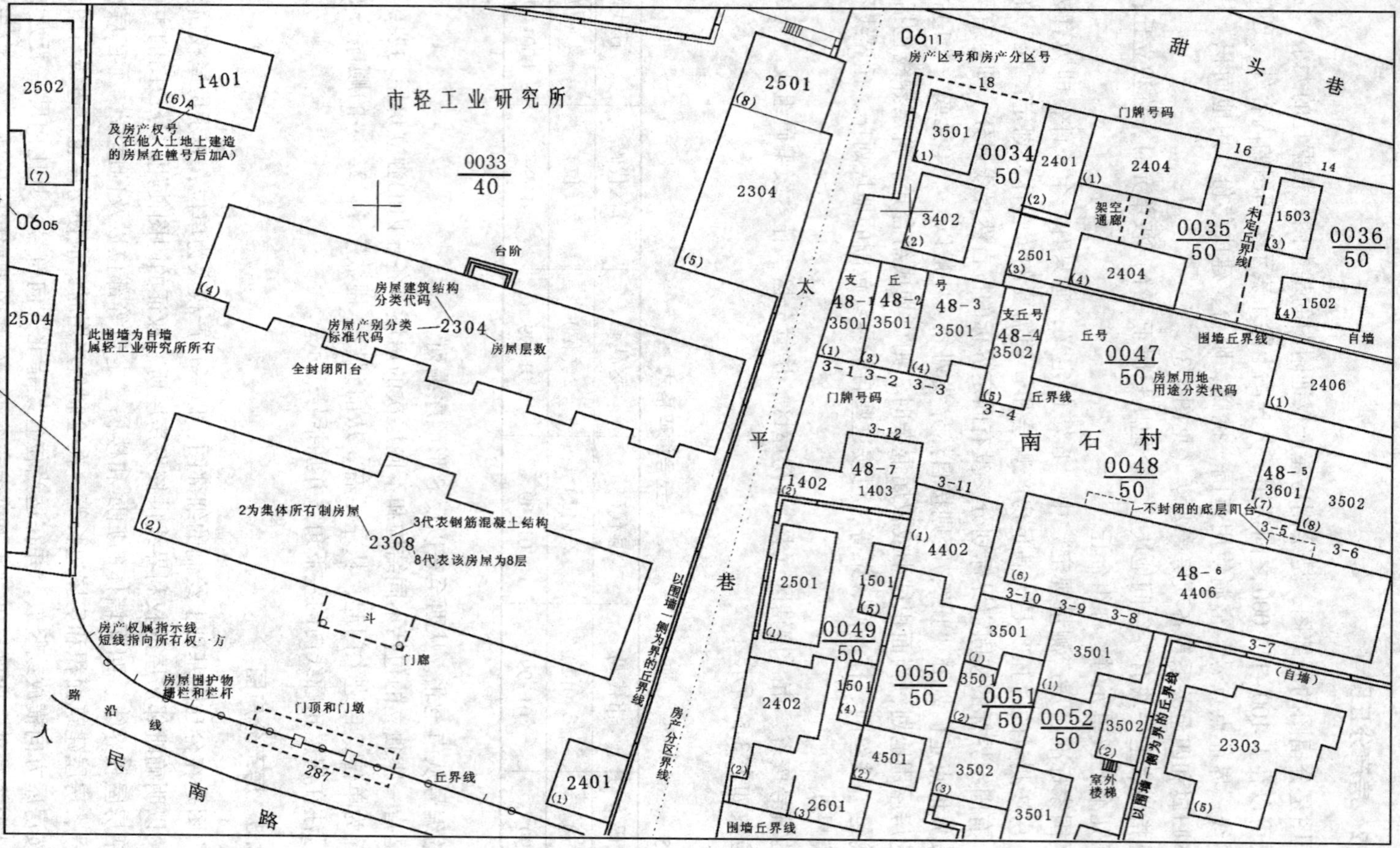

甜　头　巷
0611
房产区号和房产分区号
市轻工业研究所
0033
40
1401
(6)A
及房产权号
（在他人土地上建造的房屋在幢号后加A）
房产区号
和房产分区号
0605
2502
(7)
2504
此围墙为自墙
属轻工业研究所所有
以围墙侧
为界的丘界线
（粗线代表权属界线）
台阶
房屋建筑结构
分类代码
房屋产别分类
标准代码
2304
房屋层数
全封闭阳台
2为集体所有制房屋
2308
3代表钢筋混凝土结构
8代表该房屋为8层
门廊
房产权属指示线
短线指向所有权一方
房屋围护物
栅栏和栏杆
门顶和门墩
287
丘界线
路　沿　线
人　民　南　路
2401
2501
(8)
2304
(5)
太　平　巷
以围墙一侧为界的丘界线
房产分区界线
3501
0034
50
2401
2404
门牌号码
18
16
14
3402
架空
通廊
0035
50
未定丘界线
1503
0036
50
1502
2501
2404
支　丘　号
48-1
48-2
48-3
3501
3501
3501
支丘号
48-4
3502
丘号
0047
50
房屋用地
用途分类代码
围墙丘界线
自墙
2406
3-1　3-2　3-3
门牌号码
3-4
丘界线
南　石　村
0048
50
3-12
48-7
1403
1402
3-11
不封闭的底层阳台
48-5
3601
3502
3-5
3-6
48-6
4406
2501
1501
0049
50
4402
3-10　3-9　3-8
3501
3501
3-7
（自墙）
1501
0050
50
3501
0051
50
0052
50
3502
2303
2402
4501
3502
室外
楼梯
以围墙一侧为界的丘界线
2601
3501
围墙丘界线

图 3-2　房产分幅图

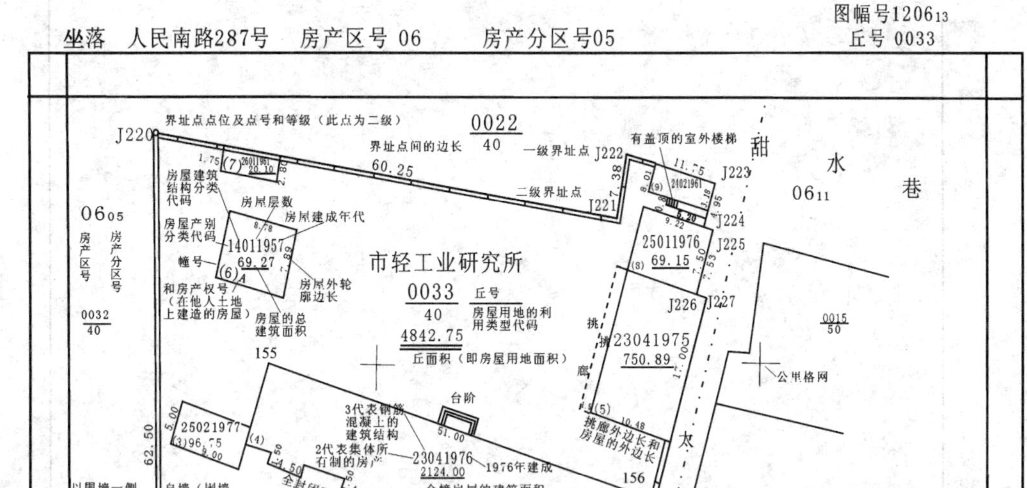

图幅号1206₁₃
坐落 人民南路287号 房产区号 06 房产分区号05
丘号 0033
××市房地产管理局
界址点点位及点号和等级（此点为二级）
0022
40
界址点间的边长
60.25
一级界址点
二级界址点
有盖顶的室外楼梯
甜
水
巷
房屋建筑结构分类代码
房屋层数
房屋建成年代
房屋产别分类代码
14011957
69.27
幢号
和房产权号（在他人土地上建造的房屋）
房屋的总建筑面积
房屋外轮廓边长
市轻工业研究所
0033
丘号
40
房屋用地的利用类型代码
4842.75
丘面积（即房屋用地面积）
25011976
69.15
23041975
750.89
挑廊外边长和房屋的外边长
公里格网
0032
40
0015
50
台阶
3代表钢筋混凝土的建筑结构
2代表集体所有制的房产
23041976
2124.00
1976年建成
全幢房屋的建筑面积
全封闭阳台及阳台的外边长（外墙-外墙的距离）
25021977
96.75
以围墙一侧为界的丘界线（粗线代表权属界限）
自墙（围墙属轻工业研究所所有）
0048
50
丘号
房屋用地的利用类别代码50为住宅用地（图上标注为一级代码）
房屋的外边长
全封闭阳台及外边长
房屋建筑结构的分类代码为3
房屋产别的分类标准代码为2
房屋的层数为8
23081982
5104.05
房屋的建筑年代为1982
全幢房屋的总建筑面积
界址点的等级为一级
丘界线
不封闭阳台及不封闭阳台的外边长
门廊及门廊外边长的
以围墙一侧为界的丘界限（粗线代表权属界限）
0060
50
门顶和门墩
界址点号及界址点边长
门牌号码
此处界址点为一级
24011979
42.19
界址点的点位、等级及点号J213为一级界址点
人
民
南
路
房产分区界线
06₀₅
06₀₄
06₁₁
1:500
2000年9月平板仪测图
××市独立坐标系
2000年2月房产图图式

图 3-3 房产分丘图

分户图示例

丘号	0048-6	结构	混合	套内建筑面积，m^2	61.10
幢号	6	层数	06	共有分摊面积，m^2	7.56
户号	17	层次	5	产权面积，m^2	68.66
坐落	太平巷3-8号1单元501室				

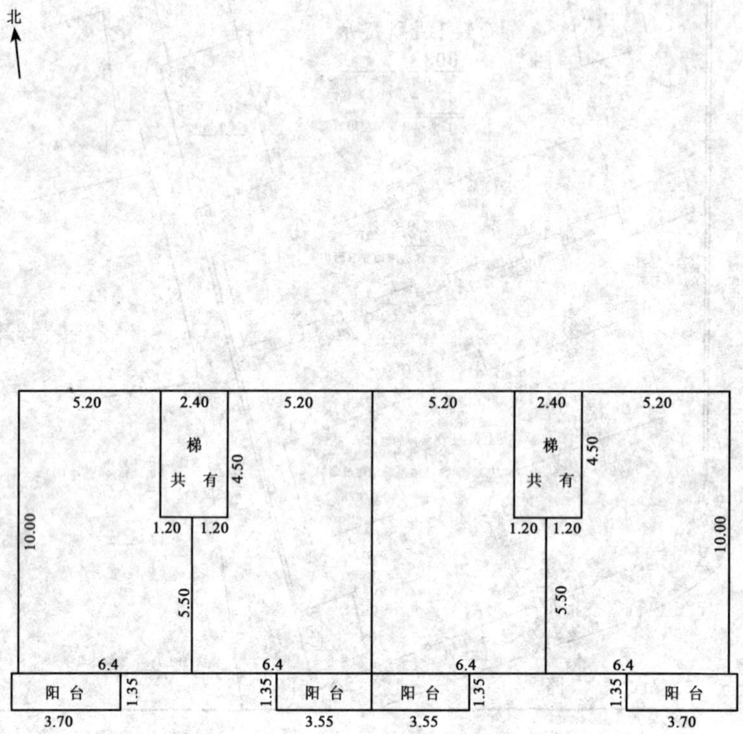

××市房地产管理局

1998年10月20日

图 3-4　房产分户图

房屋产权面积包括套内建筑面积和共有分摊面积，标注在分户图框内。本户所有丘号、户号、幢号、结构、层数、层次标注在分户图框内。楼梯、走道等共有部位需在范围内加简注。

3.2.4 房产要素测量

1. 界址测量

房产界址点的精度分三级，各级界址点相对于邻近控制点的点位误差和间距超过 50m 的相邻界址点的间距误差不超过表 3-6 的规定；间距未超过 50m 的界址点间的间距误差限差不应超过式(3-15)的计算结果。

表 3-6 **房产界址点的精度要求/m**

界址点等级	界址点相对于邻近控制点的点位误差和相邻界址点间的间距误差	
	限差	中误差
一	±0.04	±0.02
二	±0.10	±0.05
三	±0.20	±0.10

$$\Delta D = m_j + 0.02 m_j D \tag{3-15}$$

式中，m_j 表示相应等级界址点的点位中误差(m)；D 表示相邻界址点间的距离(m)；ΔD 表示界址点坐标计算的边长与实际边长较差的限差(m)。

界址点的编号以高斯投影的整公里格网为编号区，每个编号区的代码为该公里格网西南角的横纵坐标公里值表示。点的编号在一个编号区内从 1 至 99999 连续编号。

编号区代码	类别代码	点的编号
9 位	1 位	5 位

编号区的代码由 9 位数组成，第 1、2 位为带号，第 3 位为横坐标的百公里数，第 4、5 位数为纵坐标的千公里数和百公里数，第 6、7 位和第 8、9 位分别为横坐标和纵坐标的十公里和整公里数。

类别代码用 1 位数表示，其中，3 表示界址点。例如，某界址点的坐标为 Y=38 375 025.366、X=4 565 068.789，其点的编号可编为 383457565　3　00278。

2. 境界测量

行政境界测量包括国界线以及国内各级行政区划界。测绘国界线时，应根据边界条约或有关的正式文件精确确定，国界线上的界桩应按坐标值展绘，注出编号，并尽量注出高程。国内各级行政区界应根据勘界协议、文件准确测绘，各级行政区划界上的界桩、界碑应按其坐标值展绘。

3. 房屋及其附属设施测量

房屋应逐幢测绘，不同产别、不同建筑结构、不同层数的房屋应分别测量。独立成幢房屋以房屋四面墙体外测为界测量；毗连房屋四面墙体，在房屋所有人指界下，区分自有、共有或借墙，以墙体所有权范围为界测量。每幢房屋除按本规范要求的精度测定其平面位置外，应分幢分户丈量作图。丈量房屋以勒脚以上墙角为准；测绘房屋以外墙水平投影为准。

房屋附属设施测量，柱廊以柱外围为准测量；檐廊以外轮廓投影、架空通廊以外轮廓水平投影测量；门廊以柱或围护物外围为准，独立柱的门廊按顶盖投影位置测量；挑廊以外轮廓投影测量。阳台以地板水平投影为准；门墩以墩外围为准；门顶以顶盖投影为准测量；室外楼梯和台阶以外围水平投影为准。

房角点测量指对建筑物角点测量，其点的编号方法除点的类别代码外，其余均与界址点相同，房角点的类别代码为 4。

房角点测量不要求在墙角上都设置标志，可以房屋外墙勒脚以上 100±20cm 处墙角为测点。房角点测量一般采用极坐标法、正交法测量。对正规的矩形建筑物，可直接测定三个房角点坐标，另一个房角点的坐标可通过计算求出。

其他建筑物、构筑物测量是指不属于房屋、不计算房屋建筑面积的独立地物以及工矿专用或公用的贮水池、油库、地下人防干支线等。

独立地物的测量应根据地物的几何图形测定其定位点。亭以柱外围为准；塔、烟囱、罐以底部外围轮廓为准；水井以中心为准。构筑物按需要测量。

共有部位测量前，须对共有部位进行认定。认定时，可参照购房协议、房屋买卖合同中设定的共有部位，经实地调查后予以确认。

4. 陆地交通、水域测量

陆地交通测量是指铁路、道路桥梁测量。铁路以轨距外为准；道路以路沿为准；桥梁以桥头和桥身为准进行测量。

水域测量是反映河流、湖泊、水库、沟渠、水塘的测量。河流、湖泊、水库等水域以岸边线为准；沟渠、池塘以坡顶为准进行测量。

5. 其他相关地物测量

其他相关地物是指天桥、站台、阶梯路、游泳池、消火栓、检台、碑以及地下构筑物等。

消火栓、碑不测其外围轮廓，以符号中心定位。天桥、阶梯路依比例绘出，取其水平投影位置。站台、游泳池均依边线测绘，内加简注。地下铁道、过街地道等不测出其地下物的位置，只表示出入口位置。

3.3 地籍测量与房产测量的关系

3.3.1 房产图、地籍图与地形图的比较

房产图是房产产权、产籍管理的重要资料。《房产测量规范》有这样的简述：“按房产管理的需要可分为房产分幅平面图、房产分丘平面图和房屋分户平面图。”

房产分幅图是全面反映房屋及其用地的位置和权属等状况的基本图，是测绘分丘图和分户图的基础资料，它反映房屋的位置关系、建筑图图形、行政境界、权利种类、房屋式样、房屋结构、产权性质、坐落、层次、街道门牌、河流地类等，并以产权宗地位置为单位编立丘号；分丘图是分幅图的局部图，是绘制房屋产权证附图的基本图。它着重表示房屋权界线、界址点点号、挑廊、阳台、建成年份、用地面积、建筑面积、墙体归属和四至

关系等各项房地产要素；分户图是以一户产权人为单位，表示房屋权属范围的细部图，也是专供房地产登记机关发证发给产权人的一种权证附图，它详细标绘权利主体所在哪一层、哪一单位、哪一套，并用红线彩绘其权利范围。通过如上的分析，房产图的特点也就显而易见。

（1）房产图是平面图，只要求平面位置准确，不表示高程，不绘等高线；

（2）房产图对房屋及与房屋、房产有关的要素，要求比其他图形要详细得多，不单要表示结构、性质，还要表示出层次、用途及建成年份等；

（3）房产图对房屋及房屋的权界线和用地界线等要求特别认真，精度要求比较高，图上主要地物点的点位中误差不超过图上 0.5mm，次要地物点的点位中误差不超过图上 0.5mm；

（4）房产图的主要内容应包括测量控制点、界址点、房屋权利界线、用地界线、附属设施、围护物、产别、结构、用途、用地分类、建筑面积、用地面积、房产编号以及各种名称和数字注记等；

（5）为了能清楚地表示出所需内容，房产图的比例尺均为大比例尺，一般为1∶1 000、1∶500 甚至更大比例尺（比例尺的大小主要根据测区内房屋的稠密程度而定）；

（6）房产图的变化较快，除了城镇新建筑的不断发展和扩大外，其间城区的房屋及土地使用情况也在不断变化，如房屋发生买卖、交换、继承、新建、拆除等，这些变更对房产图来讲就是变化，都要及时修改补测，以不断完善其使用价值；

（7）同时，与房地产管理有关的地形要素包括铁路、道路、桥梁和城墙等地物均应测绘，而亭、塔、烟囱、罐以及水井、停车场、球场、花圃、草地等根据需要表示。

地籍图表示的内容由地籍要素和必要的地形要素两部分组成。即以地籍要素为主，辅以与地籍要素有关的地形要素，以便图面主次分明、清晰易读。其中，地籍要素包括行政境界、土地权属界线、界址点及编号、土地编号、房产情况、土地利用类别、土地等级、土地面积等，必要的地形要素包括测量控制点、房屋、道路、水系以及与地籍有关的必要地物和地理名称，一般地籍图采用的比例尺为1∶500、1∶1 000、1∶2 000。

地形图是指按一定的技术规范、符号系统等比例尺测绘显示地物平面位置、地面高程和地表形态。它的主要内容包括地物和地貌两大类。地物指的是地球表面各种自然物体和人工建（构）筑物，如森林、河流、街道、房屋、桥梁等；地貌指的是地球表面高低起伏的形态，如高山、丘陵、平面、洼地等。地形图的比例尺也一般采用1∶500 或更小的比例尺。

通过对上述三种图的内容及特点的比较得知，房产图是为房屋产权产籍管理、房地产开发利用、征收税费以及城镇规划建设提供测量数据和资料，它与地形图、地籍图有着许多的相同之处，即包括控制点测量、细部测绘等，但由于服务的对象不同，内容和要求也就有所不同，因而可以认为，房产图、地籍图和地形图是基于同一类基础图的不同表现形式，也就是在同一幅底图上各自增加不同的属性项，而这对于办公自动化以及数字制图高度发达的今天，在计算机中添加属性数据以及再分类、再处理已经是一项日常的工作。城市的基础测绘应该是由政府主管部门牵头，土地管理、房产管理、路政、水利、交通和市政建设等部门共同担当的一项基础性工作，这样既能有效地避免政府重复的资金投入、重复的基础测绘，又能保证信息的共享，也能保证基础测绘中的统一性（即统一的作业要求、统一的测量精度、统一的成图质量、统一的成果管理）和唯一性。

不动产测量有别于一般的地形测量，主要有以下几方面：

(1) 对房屋用地界址点及相关地物点的点位精度要求较高。

(2) 不动产测量是在权属调查的基础上进行的，所以调查表和测量草图的质量直接关系到房产测量的质量，丈量精度要求高。

(3) 不动产测量是为“土地产权，房籍管理，房地产开发，征收税费”等服务的，有一定的法律性，这就要求测量成果必须达到权界清楚、面积准确这一要求。

3.3.2 房产图、地籍图与地形图的共性

通过第2章、第3章的学习，我们可以发现房产图、地籍图与地形图的测绘有许多共同之处，归纳起来有以下内容：

(1) 控制测量的等级要求、方法手段基本相同甚至一致；

(2) 碎部测量成图所使用的仪器、方法手段基本相同；

(3) 三种图中可能有相同或类似的地形、地物、房屋道路等。

实际上，目前城市中的房产图和地籍图都是基于地形图而成图的。特别是那些已将规划部门、土地部门和房产部门合并为一个部门的城市，可以很方便地将城市的地形图编辑成房产图或地籍图，也可以直接测绘成现代地籍图（多用途地籍图），供各个不同专业和用途的人员使用。因此，只要掌握了基本的测量方法，再加上了解和熟悉房地产行业的特殊要求就可以很好地胜任不动产测量工作了。

3.4 面积的计算

3.4.1 土地面积的计算

土地面积的计算是地籍测量中一项很重要的必不可少的工作内容，也是界址点测量的作用之一。通过土地面积量算，可为调整土地利用结构、合理分配土地、收取土地费（税）、制定国民经济计划、农业区划以及土地利用规划等提供数据基础。

面积量算一般是一种多层次的水平面积测算。例如，一个行政管辖区的总面积、各宗地面积、各种利用分类面积等。面积量算的方法比较多，但概括起来有两种，即解析法面积测算（简称解析法）与图解法面积测算（简称图解法）。

根据实测的数值计算面积的方法称解析法面积测算。它包括几何图形法和坐标法，这是城镇普遍采取的面积测算方法。所谓几何图形法，是根据实地测量有关的边、角元素进行面积计算的方法。将规则图形分割成简单的矩形、梯形或三角形等简单的几何图形分别计算面积，并相加得到所需面积的数据。计算面积的边长量至厘米。不具备采用坐标法面积计算的小城镇可采用此法。所谓坐标法，通常是指对一个不规则的几何地块，测出该地块边界转折点的坐标值，然后用坐标法面积计算公式计算出地块的面积。

从图纸上测算面积的方法称图解法面积测算。它包括几何要素与坐标测算法、膜片法、求积仪法、沙维奇法、光电求积法以及电算法等。其共同特点是可以很快地得到图形的面积，没有复杂的计算；但面积测算的精度比解析法低。目前此法主要用于土地利用调查。

面积测算方法的选择主要由面积测算的精度要求决定，目前由于整个测量技术水平的发展，地籍图已基本上是数字化图，计算机软件、硬件的水准越来越高，图解法已基本淘汰了，所以解析法已成为面积量算的主要方法（甚至是唯一方法），因此，这里主要介绍解析法的基本原理和方法。

1. 面积的计算

通常，一个地块是一个由界址点形成的任意多边形，其范围可以是一个宗地或一个特定的地块。坐标法是指按地块边界的拐点坐标（界址点坐标）计算地块面积的方法。其坐标可以在野外直接实测得到，也可以是从已有的地图上图解得到，面积的精度取决于坐标的精度。

当地块很不规则，甚至某些地段为曲线时，可以增加拐点，测量其坐标。曲线上加密点愈多，就愈接近曲线，计算出的面积愈接近实际面积。

如图 3-5 所示，已知多边形 $ABCDE$ 各顶点的坐标分别为（X_A，Y_A）、（X_B，Y_B）、（X_C，Y_C）、（X_D，Y_D）、（X_E，Y_E），则多边形 $ABCDE$ 的面积为：

$$
\begin{aligned}
S=S_{ABCDE}&=S_{A_0ABCC_0}-S_{A_0AEDCC_0}=S_{A_0ABB_0}+S_{B_0BCC_0}-(S_{CC_0D_0D}+S_{DD_0E_0E}+S_{EE_0A_0A})\\
&=(X_A+X_B)(Y_B-Y_A)/2+(X_B+X_C)(Y_C-Y_B)/2\\
&\quad+(X_C+X_D)(Y_D-Y_C)/2+(X_D+X_E)(Y_E-Y_D)/2\\
&\quad+(X_E+X_A)(Y_A-Y_E)/2
\end{aligned}
$$

化为一般形式为：

$$
\begin{aligned}
S&=\frac{1}{2}\sum_{i=1}^{n}(X_i+X_{i+1})(Y_{i+1}-Y_i)\\
&=\frac{1}{2}\sum_{i=1}^{n}(Y_i+Y_{i+1})(X_{i+1}-X_i)\\
&=\frac{1}{2}\sum_{i=1}^{n}X_i(Y_{i+1}-Y_{i-1})\\
&=\frac{1}{2}\sum_{i=1}^{n}Y_i(X_{i-1}-X_{i+1})
\end{aligned}
\tag{3-16}
$$

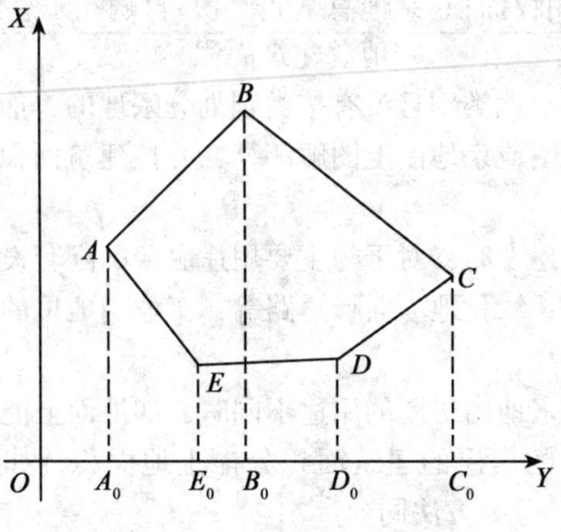

图 3-5　坐标法面积计算图示

式中，X_i、Y_i 为地块拐点坐标。当 $i-1=0$ 时，$X_0=X_n$；当 $i+1=n+1$ 时，$X_{n+1}=X_1$。

坐标法的面积计算的实质就是数学中的积分原理，*ABCDE* 的封闭线若是曲线，则细分的程度越高，面积计算的误差就越小。目前，面积的计算一般都是在计算机中用相应的软件实现的，如在 AutoCAD 中就可用其自带的面积量算器进行宗地的面积量算。

2. 土地面积的汇总统计

控制面积和碎部面积测算工作结束之后，要对测算的原始资料加以整理、汇总。整理、汇总后的面积才能为土地登记、土地统计和土地规划等土地管理工作提供基础数据，为社会提供服务。

面积汇总统计取决于社会对资料的需求。汇总工作可分两个阶段进行，第一阶段为村、乡、县土地总面积的汇总，它是第二阶段的控制基础；第二阶段为村、乡、县分类面积汇总，在宗地面积测算之后，按权属单位及行政单位汇总统计分类土地面积，它是第一阶段工作的继续。两个阶段的工作可以交叉进行，但两者汇总统计结果应相互校核，在出现较大误差时，应分析原因，及时处理。

3. 土地面积的分摊

在土地面积计算时，往往会遇到分摊的问题，当各权利人在获得房地产时已签订了合约，明确各权利人应拥有的房地产份额或面积，登记时，则按合约明确的份额或面积计算各权利人的用地面积；如果原没有明确各权利人的用地面积，则以各权利人拥有的房屋建筑面积按比例分摊土地面积。分摊时，先分摊基底面积，然后再分摊公共面积。下面给出几种常见的土地面积分摊方法：

分摊基底面积（建筑占地面积）的计算式为：

$$\text{分摊基底面积}=\frac{\text{本栋基底面积}}{\text{本栋建筑面积}}\times\text{权利人建筑面积}$$

分摊共用面积的计算式为：

$$\text{分摊共用面积}=\frac{\text{共用使用权面积}-\text{宗地总基底面积}}{\text{宗地总建筑面积}}\times\text{权利人建筑面积}$$

当共用使用权宗地中部分权利人拥有自购花园时，则在计算分摊共用面积时须使用下式：

$$\text{分摊共用面积}=\frac{\text{共用使用权面积}-\text{宗地总基底面积}-\text{自购花园总面积}}{\text{宗地总建筑面积}}\times\text{权利人的建筑面积}$$

一宗地中若具有不同土地类别且没有按类别划分宗地的，如需计算土地分类面积，可以从地形图、房地产现状图或宗地图上图解测算，并按建筑面积分摊，各类用地面积之和应等于总用地面积。

当一宗地按用途批准建设时，对于为主要用途服务的配套设施用地可不分类计算。例如，住宅用地里的小花园、绿化地、通行道路等，工业用地里的道路、绿化地、职工食堂及单身宿舍等。

当只有一个权利人的宗地内房屋的用途不同时，如地面上能划清界线，则按上述方法处理，否则，按不同用途的房屋的建筑面积分摊土地面积，如综合性大楼（多为商业、办公、住宅混合型大楼），分摊方法同前。

3.4.2 房产面积的计算

1. 一般规定

面积测算系指水平面积测算。它分为房屋面积和用地面积测算两类，其中，房屋面积测算包括房屋建筑面积、共有建筑面积、产权面积、使用面积等测算。

房屋的建筑面积系指房屋外墙（柱）勒脚以上各层的外围水平投影面积，包括阳台、挑廊、地下室、室外楼梯等，且具备有上盖，结构牢固，层高 2.20m 以上（含 2.20m）的永久性建筑。

房屋使用面积系指房屋户内全部可供使用的空间面积，按房屋的内墙面水平投影计算。

房屋的产权面积系指产权主依法拥有房屋所有权的房屋建筑面积。房屋产权面积由直辖市、市、县房地产行政主管部门登记确权认定。

房屋共有建筑面积系指各产权主共同占有或共同使用的建筑面积。

各类面积测算必须独立测算两次，其较差应在规定的限差以内，取中数作为最后结果。量距应使用经检定合格的卷尺或其他能达到相应精度的仪器和工具。面积以 m^2 为单位，取至 $0.01m^2$。

2. 计算全部建筑面积的范围

（1）永久性结构的单层房屋按一层计算建筑面积；多层房屋按各层建筑面积的总和计算。

（2）房屋内的夹层、插层、技术层及其梯间、电梯间等其高度在 2.20m 以上部分计算建筑面积。

（3）穿过房屋的通道，房屋内的门厅、大厅均按一层计算面积。门厅、大厅内的回廊部分，层高在 2.20m 以上的，按其水平投影面积计算。

（4）楼梯间、电梯（观光梯）井、提物井、垃圾道、管道井等均按房屋自然层计算面积。

（5）房屋天面上属永久性建筑，层高在 2.20m 以上的楼梯间、水箱间、电梯机房就及斜面结构屋顶高度在 2.20m 以上的部位，按其外围水平投影面积计算。

（6）挑楼、全封闭的阳台按其外围水平投影面积计算。

（7）属永久性结构有上盖的室外楼梯，按各层水平投影面积计算。

（8）与房屋相连的有柱走廊、两房屋间有上盖的柱的走廊，均按其柱的外围投影面积计算。

（9）房屋间永久性的封闭的架空廊道，按外围水平投影面积计算。

（10）地下室、半地下室及其相应入口，层高在 2.20m 以上的，按其外墙（不包括采光井、防潮层及保护墙）外围水平投影面积计算。

（11）有柱或有维护结构的门廊、门斗，按其柱或外围结构的外围投影面积计算。

（12）玻璃幕墙等作为房屋外墙的，按其外围投影面积计算。

（13）属永久性建筑的车棚、货棚等，按柱的外围投影面积计算。

（14）依坡地建筑的房屋，利用吊脚做架空层，有维护结构的，按其高度在 2.20m 以上部位的外围水平面积计算。

（15）有伸缩棚的房屋，若其与室内相同的，伸缩缝计算建筑面积。

3. 计算一半建筑面积的范围

（1）与房屋相连、有上盖无柱的走廊、檐廊，按其维护结构外围水平投影面积的一半计算。

（2）独立柱、单排柱的门廊、车棚、货棚等属永久性建筑的，按其上盖的水平投影面积的一半计算。

（3）未封闭的阳台、挑廊，按其维护结构水平投影面积的一半计算。

（4）无顶盖的室外楼梯，按各层水平投影面积的一半计算。

（5）有顶盖不封闭的永久性的架空通廊，按外围水平投影面积的一半计算。

4. 不计算建筑面积的范围

（1）层高小于2. 20m以下的夹层、插层、技术层和层高小于2. 20m的地下室和半地下室。

（2）突出房屋墙面的构件、配件、装饰柱、装饰性的玻璃幕墙、垛、勒脚、台阶、无柱雨篷等。

（3）房屋间无上盖的架空通廊。

（4）房屋的天面、挑台、天面上的花园、泳池。

（5）建筑物内的操作平台、上料平台及利用建筑物的空间安置箱、罐的平台。

（6）骑楼、过街桥的底层用作道路街巷通行的部分。

（7）利用引桥、高架路、高架桥、路面作为顶盖建造的房屋。

（8）活动房屋、临时房屋、简易房屋。

（9）独立烟窗、亭、塔、罐、池、地下人防干、支线。

（10）与房屋室内不相同的房屋间伸缩缝。

5. 房产面积的分摊

商品房销售面积差异往往来源于开发商的自身行为，最常见的原因之一就是开发商在商品房建设过程中对房屋设计进行了变更。有的开发商为了牟取暴利，不仅擅自变更规划设计，甚至重复计算共有面积，人为地增大分摊系数。这样，在进行产权登记时，商品房买卖合同约定的面积就很可能与房管部门审核确认的面积发生差异。

共有建筑面积范围及功能的确认，以规划等相关部门批准的建筑施工图为依据；经规划及相关部门验收合格的房屋，对共有建筑面积范围及功能的确认，以房屋实际状况为准；商业层、车库层内无间隔墙的权属单元，其内部通道等设施的设置如符合消防要求，该层共有建筑面积方可确认。

共有建筑面积的所有权与使用权是这样规定的：房屋共有建筑后，不划分各户分摊面积的具体部位，共有建筑面积一经分摊，未经合法程序，任何人不得侵占或改变其原设计的使用功能；列入分摊的共有建筑面积的所有权，由参与共有建筑面积分摊的各产权人共同所有。简单地说，分摊的面积只有数量上的表示，而无位置上的表示。

共有建筑面积由以下几个方面组成：

（1）共有建筑面积包括幢内电梯井、管道井、公共厕所、垃圾道、楼梯间、屋顶梯间、配电间、屋顶水箱间、水泵房、电梯机房、智能监控室、消防设施房、消防通道、公共门厅、过道、地下室、值班警卫室、技术设备层等为本幢房屋服务的公共用房和管理用房的建筑面积，以水平投影面积计算。

（2）共有建筑面积还包括各产权单元与公共建筑之间的分隔墙以及外墙墙体水平投影面积一半的建筑面积。

（3）山墙剔除标准墙厚一半后剩余的面积。

整幢建筑物的建筑面积扣除整幢建筑物各套套内建筑面积之和，并扣除已作为独立使用的地下室、车棚、车库、为多幢服务的警卫室、管理用房以及人防工程等建筑面积，即为整幢建筑物的共有建筑面积。

共有共用面积包括共有的房屋建筑面积和共用的房屋用地面积。共有共用面积的处理原则有两条：一是产权各方有合法权属分割文件或协议的，按文件或协议规定执行；二是无产权分割文件或协议的，可按相关房屋的建筑面积按比例进行分摊；三是房屋共有建筑面积分摊以幢为单位，仅限于本幢房屋内的仅为本幢服务的共有建筑面积；四是整栋房屋在销售和产权转移、分割中只能采用一种分摊方法。

共有共用面积按比例分摊的计算公式按相关建筑面积进行共有或共用面积分摊，公式为：

$$\delta S_i = K \cdot S_i$$

$$K = \frac{\sum \delta S_i}{\sum S_i} \tag{3-17}$$

式中，K 为面积的分摊系数；S_i 为各单元参加分摊的建筑面积，单位 m^2；δS_i 为各单元参加分摊所得的分摊面积，单位 m^2；$\sum \delta S_i$ 为需要分摊的分摊面积总和，单位 m^2；$\sum S_i$ 为参加分摊的各单元建筑面积总和，单位 m^2。

用文字的形式可表述为：

$$\text{单元应该分摊的面积} = \frac{\text{应该分摊的总面积}}{\text{建筑面积总和}} \times \text{单元的建筑面积}$$

共有建筑面积的分摊方法有住宅楼共有建筑面积的分摊方法、商住楼共有建筑面积的分摊方法和多功能综合楼共有建筑面积的分摊方法。

住宅楼共有建筑面积的分摊。住宅楼以幢为单元，依照式（3-17）所述的方法和计算公式，根据各套房屋的套内建筑面积求得各套房屋分摊的共有建筑分摊面积。

商住楼共有建筑面积的分摊。首先根据住宅和商业等的不同使用功能按各自的建筑面积将全幢的共有建筑面积分摊成住宅和商业两部分，即住宅部分分摊得到的全幢共有建筑面积和商业部分分摊得到的全幢共有建筑面积。然后，住宅和商业部分将所得的分摊面积再各自进行分摊。

住宅部分：将分摊得到的幢共有建筑面积，加上住宅部分本身的共有建筑面积，依照式（3-17）所述的方法和公式，按各套的建筑面积分摊计算各套房屋的分摊面积。

商业部分：将分摊得到的幢共有建筑面积，加上本身的共有建筑面积，按各层套内的建筑面积依比例分摊至各层，作为各层共有建筑面积的一部分，加至各层的共有建筑面积中，得到各层总的共有建筑面积，然后再根据层内各套房屋的套内建筑面积按比例分摊至各套，求出各套房屋分摊得到的共有建筑面积。

多功能综合楼共有建筑面积的分摊。多功能综合楼共有建筑面积按照各自的功能，参照商住楼的分摊计算方法进行分摊。

3.5 面积测量的精度

面积测量的精度直接关系到产权人的实际经济利益，面积是不动产使用价值和交易价格的基础，但由于误差的客观存在性，在不动产测量中产生误差是不可避免的，故不动产交易中约定的面积与实际的面积之间必然会存在一定的差异。

近年来，随着城市人口的不断增长及城市经济的快速发展，城市房地产的价格不断地攀升，房地产已经成为了广受关注的数额巨大的个人财富，房地产产权（包括所有权和使用权）也已作为一种商品而进入市场。房地产面积实质上已经成为衡量房屋价值的一个重要标志。因此，房地产面积误差的大小即意味着产权人的经济得失，关系到产权人的直接经济利益，有时还会引发矛盾和冲突，进而诉之于法律。例如，北京、上海等经济发达地区的商品房房价一般在 5 000 元/m^2 左右，繁华中心地段或某些高档房屋的价格有许多均在 1 万元/m^2 以上。如按照限差为 2 倍中误差计算 $m_s=\pm(0.08\sqrt{S}+0.006S)$（GB/T17986.1-2000《房产测量规范第一单元：房产测量规定》），则 100m^2 的商品房屋的建筑面积允许不超过±1.4m^2，这对房屋产权人而言，就意味着上万元经济的得与失，这一般很难让人接受。因此，改善不动产测量的技术方法和提高不动产测量精度和限差标准是保证产权登记最基本数据准确性的基础，经产权登记确认下来的测量成果也才能更好地维护产权人的根本利益。

另一方面，以计算机技术为核心的现代信息技术也对传统不动产测量中的档案保存模式及成图方式等提出了挑战。在新的形势下，数字化、信息化已经成了房产测量发展的必然趋势，这同时也势必对房产测量的准确性、现实性、技术性提出了更高的要求。

3.5.1 不动产测量的精度指标

衡量精度指标是采用一种（或几种）具体数字来描述和反映测量误差分布的离散程度。衡量精度的指标很多，我们只介绍实际工作中几种常用的衡量测绘成果质量和可靠程度的定量性指标。

1. 方差与中误差

设有随机变量 X，其数学期望为 $E(X)$，方差为 $D(X)$，方差的定义为：

$$D(X)=\sigma_X{}^2=E[(X-E(X))^2]=\int_{-\infty}^{+\infty}(X-E(X))^2 f(x)\,\mathrm{d}x \tag{3-18}$$

在相同观测条件下，一组误差平方和的平均值就是方差。因此，对于离散型的误差：

$$\sigma_X{}^2=\lim_{n\to\infty}\frac{[\Delta\Delta]}{n} \tag{3-19}$$

方差的平方根称为标准差，即中误差：

$$\sigma=\lim_{n\to\infty}\sqrt{\frac{[\Delta\Delta]}{n}} \tag{3-20}$$

2. 允许误差

偶然误差所允许的最大值称为允许误差。在实际工作中，常采用中误差的 2~3 倍作为允许误差。允许误差通常又称极限误差，测量规范中一般以此作为限差。

按正态分布的公式，可计算误差出现在 1 倍、2 倍和 3 倍标准差内的概率分别为：

$$P(-\sigma<\Delta<+\sigma)\approx 68.3\%$$
$$P(-2\sigma<\Delta<+2\sigma)\approx 95.5\%$$
$$P(-3\sigma<\Delta<+3\sigma)\approx 99.7\%$$

测量的精度以中误差作为评定精度的标准，如果以 2 倍中误差作为限差，则出现错误的可能性不到 5%（显著水平为 $\alpha=0.05$）；如果以 3 倍中误差作为限差，则出现错误的可能性不到 1%（显著水平为 $\alpha=0.01$）。

3. 相对误差

对于有些观测结果，有时单靠中误差还不能完全表达观测结果的好坏。例如，分别丈量了 1 000m 和 80m 两段距离，测量中误差均为 2cm，显然两者的精度相同，但前者测量的难度要大得多。因此，需采用另一种办法衡量精度，通常采用相对中误差，它是中误差与观测值之比。相对误差一般无单位，在测量中，一般将分子化为 1，即$\frac{m}{L}=\frac{1}{N}$。如上述两段距离，前者的相对中误差为$\frac{1}{50\ 000}$，而后者则为$\frac{1}{4\ 000}$。

4. 点位中误差

在平面测量中，点的平面位置是用一对平面直角坐标值来确定的，为此，需进行一系列观测，才能求出该点的坐标。由于观测误差的影响，求得的坐标值(x,y)与其真值坐标(X,Y)之间必然存在误差$(\Delta x,\Delta y)$，如图 3-6 所示，因此，待定点 P 的精度为：

$$\sigma_P=\sqrt{\sigma_X{}^2+\sigma_Y{}^2} \tag{3-21}$$

点位精度都是相对某一点的相对位置精度，相对于起算点，则称相对于起算点的点位中误差；相对于待定点，则称相对点位中误差。

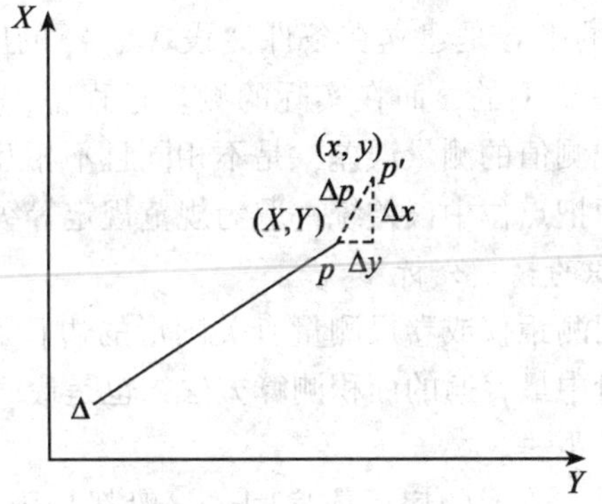

图 3-6　待定点点位中误差

3.5.2　不动产面积测量的精度

一般情况下，面积是无法通过直接测量而获取的，对于不规则的形状，通常是测定界址点，然后再通过其坐标计算面积；对于规则的形状，通常是测定其边长，然后再计算面积。界址点的精度要求及分析在第 2 章和本章第 2 节中已有论述，这里主要讨论使用不同的测量方法进行面积计算所能达到的精度。

1. 坐标解析法测算面积的精度分析

式(3-16)已经给出了坐标解析法的面积计算公式,对式(3-16)进行全微分,得:

$$\begin{aligned}2\mathrm{d}S=&(x_n-x_2)\mathrm{d}y_1+(x_1-x_3)\mathrm{d}y_2+\cdots+(x_{n-1}-x_1)\mathrm{d}y_n\\&+(y_2-y_n)\mathrm{d}x_1+(y_3-y_1)\mathrm{d}x_2+\cdots+(y_1-y_{n-1})\mathrm{d}x_n\end{aligned}\tag{3-22}$$

设界址点 X_i、Y_i 的中误差 m_{X_i}、m_{Y_i} 相互独立,并设所有界址点精度相同,且 $m_{X_i}=m_{Y_i}$,则根据协方差传播律可得:

$$m_j^2=m_{X_i}^2+m_{Y_i}^2=2m_{X_i}^2=2m_{Y_i}^2\tag{3-23}$$

即得:

$$\begin{aligned}4m_S^2=&(x_n-x_2)^2m_{Y_1}^2+(x_1-x_3)^2m_{Y_2}^2+\cdots+(x_{n-1}-x_1)^2m_{Y_n}^2\\&+(y_2-y_n)^2m_{X_1}^2+(y_3-y_1)^2m_{X_2}^2+\cdots+(y_1-y_{n-1})^2m_{X_n}^2\end{aligned}\tag{3-24}$$

将式(3-23)代入上式,得

$$\begin{aligned}2\times4m_S^2=&[(x_n-x_2)^2+(y_2-y_n)^2]m_j^2+[(x_1-x_3)^2+(y_3-y_1)^2]m_j^2\\&+\cdots+[(x_{n-1}-x_1)^2+(y_1-y_{n-1})^2]m_j^2\end{aligned}\tag{3-25}$$

设 D 为界址点点间距离,则

$$8m_S^2=(D_{n,2}^2+D_{1,3}^2+\cdots+D_{1,n}^2)m_j^2\tag{3-26}$$

因此,坐标解析法的面积中误差一般按下式计算:

$$m_S=m_j\sqrt{\frac{1}{8}\sum_{i=1}^{n}D_{i-1,i+1}^2}\tag{3-27}$$

式中,m_S 为面积中误差(m^2);m_j 为相应等级界址点规定的点位中误差(m^2);$D_{i-1,i+1}$ 为多边形中 $i-1$ 点至 $i+1$ 点的距离(m)。

从式(3-27)可以看出,坐标解析法的面积中误差与界址点和图形的形状相关。需要特别指出的是,由于式(3-27)的推导是建立在条件“设 X_i、Y_i 的中误差 m_{X_i}、m_{Y_i} 相互独立,所有界址点精度相同”的基础上的，而在实际的测量过程中，实测界址点坐标误差来源于各测站的角度及距离等观测值的测量误差，是不相同且不相互独立的，只是我们在一般的计算过程中忽略不计，而把点位中误差统一取为规范规定等级的相应值。

2. 实地量距法测算面积的精度分析

实地量距法是在实地用测距仪或卷尺测量有关图形的边长而计算出其图形的面积的。实地量距法是目前房产测量中最普遍的面积测算方法，也是最简便的方法。在测算房屋面积时，大部分是采用实地量距法。

对于规则图形，如矩形、方形的房屋或房间，一般都是用卷尺或测距仪直接量取边长，计算出面积；对于不规则图形，可将其分解成几个简单的几何图形，分别计算出这些图形的面积，用加减法计算出其总面积。

实地量距法的精度与误差限制按表 3-7 的规定计算，其精度等级使用范围由城市的房地产行政主管部门根据当地的实际情况决定。

由于在实地量距法中，房屋面积是通过测量面积图形的几何要素（如边长）计算而得到的，因此，面积测算的中误差一般受面积计算的函数形式的综合影响。下面将对实地量距法的精度进行具体分析。

表 3-7　**房产面积的精度要求/m^2**

房产面积精度等级	限　差	中误差
一	$0.02\sqrt{S}+0.0006S$	$0.01\sqrt{S}+0.0003S$
二	$0.04\sqrt{S}+0.002S$	$0.02\sqrt{S}+0.001S$
三	$0.08\sqrt{S}+0.006S$	$0.04\sqrt{S}+0.003S$

注：S 为房产面积（m^2）。

（1）边长测量误差

房屋面积是由房屋的边长计算而来的，房屋边长测量精度的精确度决定着房屋面积的准确性。房屋边长的测定普遍采用测距仪或卷尺，那么也就产生了测量误差。

边长的测量误差主要分为固定误差和比例误差。固定误差对于每一条测量的边，无论其长度如何，其误差总为一个固定值。可以说，固定误差与边的长度无关，而比例误差恰恰相反，其误差的大小与边长成正比，边长越长，误差越大。其表达式为：

$$m_D = m + nD \tag{3-28}$$

式中，m_D 为边长中误差(m)；m 为固定误差(mm)；n 为比例误差系数(10^{-16})；D 为测距边长(m)。

在房屋边长测量过程中，边长不宜过长，并且一般应要求独立测量两次取中数作为结果，以提高测边精度。

(2)面积测算精度公式

①矩形面积精度公式

矩形面积见图 3-7，其公式为：

$$S = ab \tag{3-29}$$

式中，a、b 为矩形边长(m)。

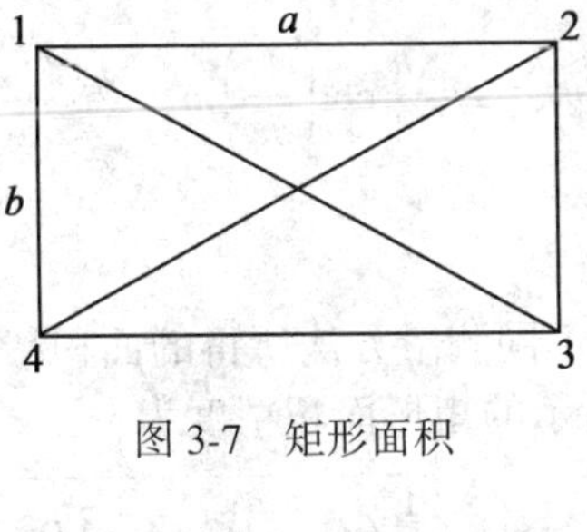

图 3-7　矩形面积

设 m_a、m_b 为其中误差，则矩形面积的中误差 m_S 为：

$$m_S = \sqrt{b^2 m_a^2 + a^2 m_b^2} = S\sqrt{\left(\frac{m_a}{a}\right)^2 + \left(\frac{m_b}{b}\right)^2} \tag{3-30}$$

②三角形面积精度公式

三角形面积公式为：

$$S=\frac{1}{2}ah \tag{3-31}$$

式中，a、h 为三角形的底边和高(m)。设 m_a、m_h 为其中误差，则三角形面积的中误差 m_S 为：

$$m_S=\sqrt{\frac{h^2m_a^2}{4}+\frac{a^2m_h^2}{4}}=S\sqrt{\left(\frac{m_a}{a}\right)^2+\left(\frac{m_h}{h}\right)^2} \tag{3-32}$$

如果以三边计算三角形的面积，其公式为：

$$S=\sqrt{p(p-a)(p-b)(p-c)} \tag{3-33}$$

式中，a、b、c 为三边长；p 为三角形的半周长。则三角形的面积中误差为：

$$m_S=\frac{abc\sqrt{m_a^2\cos^2A+m_b^2\cos^2B+m_c^2\cos^2C}}{4S} \tag{3-34}$$

式中，m_a、m_b、m_c 分别为边长 a、b、c 的中误差；$\cos A$、$\cos B$、$\cos C$ 可根据余弦定理分别计算，即 $\cos A=\frac{b^2+c^2-a^2}{2bc}$，$\cos \mathrm{B}=\frac{a^2+c^2-b^2}{2ac}$，$\cos C=\frac{a^2+b^2-c^2}{2ab}$。

③梯形面积精度公式

梯形面积公式为：

$$S=\frac{1}{2}(a+b)h \tag{3-35}$$

式中，a、b、h 为梯形的上、下底边和高(m)。设 m_a、m_b、m_h 为其中误差，则梯形面积的中误差 m_S 为：

$$m_S=\sqrt{\frac{(a+b)^2m_h^2}{4}+\frac{h^2(m_a^2+m_b^2)}{4}}=S\sqrt{\left(\frac{m_h}{h}\right)^2+\frac{m_a^2+m_b^2}{(a+b)^2}} \tag{3-36}$$

④正多边形面积精度公式

正多边形面积公式为：

$$S=\frac{n}{4}\cot\left(\frac{\pi}{n}\right)a^2 \tag{3-37}$$

式中，n 为正多边形的边数；a 为正多边形的边长(m)。设 m_a 为其中误差，则正多边形面积的中误差 m_S 为：

$$m_S=2a\frac{n}{4}\cot\left(\frac{\pi}{n}\right)m_a=2S\frac{m_a}{a} \tag{3-38}$$

3.5.3 面积测量精度分析

现以常见的矩形为例，比较不同测量方法所得的面积精度结果。

由式(3-27)可导出图 3-6 所示的矩形面积精度为：

$$m_S=m_j\sqrt{\frac{1}{8}(D_{13}^2+D_{24}^2+D_{31}^2+D_{42}^2)} \tag{3-39}$$

由于 $D_{13}=D_{31}$，$D_{24}=D_{42}$，D_{13} 和 D_{24} 为矩形的对角线长度，a、b 为矩形两相邻边的长度，将 $D_{13}^2=D_{24}^2=a^2+b^2$ 代入上式得：

$$m_S=m_j\sqrt{\frac{1}{4}(D_{13}^2+D_{24}^2)}=m_j\sqrt{\frac{1}{2}(a^2+b^2)} \tag{3-40}$$

设 $k=\frac{b}{a}$,则 $b=ka$,矩形面积 $S=ab=ka^2$,代入式(3-40),得:

$$m_S=m_j\sqrt{\frac{1}{2}(k^2+1)a^2}=m_j\sqrt{\frac{k^2+1}{2k}S}=m_j\sqrt{S}\sqrt{\frac{k^2+1}{2k}}\geqslant m_j\sqrt{S} \tag{3-41}$$

由式(3-41)可知,在界址点精度 m_j 和面积 S 都相同的条件下,如果实测矩形边长 a、b 不同,也就说矩形的形状不相同,即图形系数 $\sqrt{(k^2+1)/2k}$ 不相同,那么最后面积测算精度 m_S 也会不一样。

分别取不同的 a、b(单位:m)值,按式(3-40)分别求其中误差(以 m_j 为基准),见表 3-8。

表 3-8 **取不同 a、b 值时的面积精度(以 m_j 为基准)**

b \ a	10	5	4	2	1
10	**10.0**	7.9	7.6	7.2	7.1
20	15.8	**14.6**	14.4	14.2	14.2
25	19.0	18.0	**17.9**	17.7	17.7
50	36.1	35.5	35.5	**35.4**	35.4
100	71.1	70.8	70.8	70.7	**70.7**

从表 3-8 对角线上的数据可以看出,在面积相同的情况下(如 $S=100\text{m}^2$),面积测量的精度与界址点所包围的图形形状有关。当 $k=1$,即 $a=b$ 时,矩形面积精度 m_S 最高,也就是说,当图形系数 $\sqrt{(k^2+1)/2k}$ 越小,测得面积的精度就越高。

由式(3-41)同样可知,在界址点精度 m_j 相同的条件下,面积 S 越大,面积测算的精度 m_S 越低。

利用式(3-41)可以进一步求得面积的相对中误差为:

$$\frac{m_S}{S}=\sqrt{\frac{k^2+1}{2k}}\frac{m_j\sqrt{S}}{S}=\sqrt{\frac{k^2+1}{2k}}\frac{m_j}{\sqrt{S}}\geqslant\frac{m_j}{\sqrt{S}} \tag{3-42}$$

假设 $k=1$,即 $a=b$,则得:

$$\frac{m_S}{S}=\frac{m_j}{\sqrt{S}} \tag{3-43}$$

从上式不难发现,在界址点精度 m_j 不变时,面积相对中误差与面积的大小有关,面积 S 越大,其面积相对中误差越小,相对精度越高。

在测算规则图形面积时,一般应注意尽量使分解的图形系数较小。如图 3-8 所示,我们可以分别采用图 3-8(a)和图 3-8(b)两种方法分解测算该图形的面积,其中图 3-8(a)分割后的两个矩形边长相当,差别不大(分别为 5×4 和 7×8);图 3-8(b)两矩形边长差别相对较大(分别为 4×12 和 4×7)。假设仪器精度标称为($5\text{mm}+5\times10^{-16}$),经计算,它们的面积测量精度列于表 3-9。

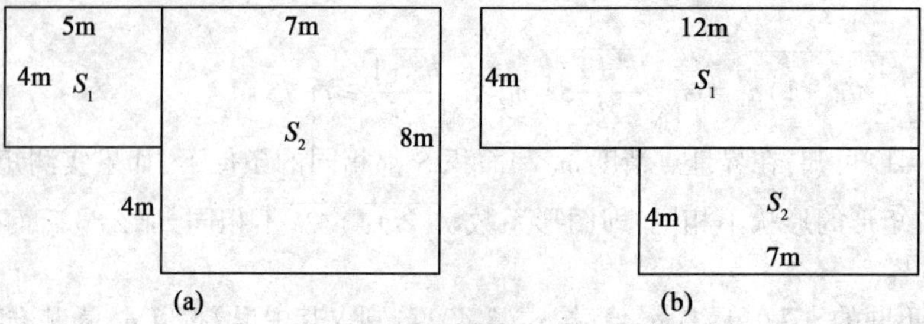

图 3-8　矩形的两种分解

表 3-9　**按不同分解所得面积的测量精度 /m^2**

	S_1	m_{S_1}	S_2	m_{S_2}	$S_总$	$m_{S_总}$
图 3-8(a)	20	0.032	56	0.053	76	0.058
图 3-8(b)	48	0.064	28	0.040	76	0.072

从表 3-9 的结果我们很容易看出,最后总面积的精度图 3-8(a) 的方法更优。

3.5.4　面积测量精度的问题讨论

从前面的讨论可见,坐标解析法测算面积的精度取决于界址点坐标的精度,实地量距法的精度取决于量距的精度。但是,这两种方法获取面积的精度并不一定吻合,仍以常见的矩形为例。

我们已经推导出了坐标解析法求矩形面积中误差的公式,为了方便讨论,将式(3-41)取等号,即

$$m_S = m_j\sqrt{S} \tag{3-44}$$

将国家标准《房产测量规范》中规定的房屋界址点和房角点精度三个等级的点位中误差 m_j 分别代入上式，得到相应等级的面积中误差分别为：一级 $0.02\sqrt{S}$；二级 $0.05\sqrt{S}$；三级 $0.10\sqrt{S}$。

再设实地测量矩形边长 a、b 的相对精度分别为 $1/N_a$、$1/N_b$，则房屋面积中误差为：

$$m_S = \sqrt{b^2\left(\frac{a}{N_a}\right)^2 + a^2\left(\frac{b}{N_b}\right)^2} = S\sqrt{\left(\frac{1}{N_a^2} + \frac{1}{N_b^2}\right)} \geqslant S\sqrt{\frac{2}{N_aN_b}} \tag{3-45}$$

假设 $a = b$,令 $1/N_a = 1/N_b = 1/N$,同样将式(3-45) 取等号,即

$$m_S = \sqrt{2}\,\frac{S}{N} \tag{3-46}$$

因为钢尺量距一般方法的精度为$\frac{1}{1\,000} \sim \frac{1}{4\,000}$,精密方法的精度则可以达到$\frac{1}{10\,000} \sim \frac{1}{40\,000}$,代入式(3-46) 即可得到矩形实地量距法的中误差范围大致在 $0.001\,4S \sim 0.000\,35S$

和 $0.00014S \sim 0.000035S$ 之间。

考虑测量房屋的实际情况和可操作性，现在作如下取舍，即一级 $N=10000$；二级 $N=5000$； 三级 $N=3000$。将坐标解析法、实地量距法和规范规定的面积精度按不同的面积计算所得的精度结果列于表 3-10。

表 3-10　　**面积精度的计算结果 /m^2**

房屋面积	坐标解析法			实地量距法			规范规定精度		
	一	二	三	一	二	三	一	二	三
	$0.02\sqrt{S}$	$0.05\sqrt{S}$	$0.10\sqrt{S}$	$\frac{1.41S}{10000}$	$\frac{1.41S}{5000}$	$\frac{1.41S}{3000}$	$0.01\sqrt{S}+0.0003S$	$0.02\sqrt{S}+0.001S$	$0.04\sqrt{S}+0.003S$
50	0.14	0.35	0.71	0.007 05	0.014 1	0.023 5	0.085 7	0.191 4	0.432 8
100	0.20	0.50	1.00	0.014 1	0.028 2	0.047 0	0.130 0	0.300 0	0.700 0
200	0.28	0.71	1.41	0.028 2	0.056 4	0.094 0	0.201 4	0.482 8	1.165 7
300	0.35	0.87	1.73	0.042 3	0.084 6	0.141 0	0.263 2	0.646 4	1.592 8
400	0.40	1.00	2.00	0.056 4	0.112 8	0.188 0	0.320 0	0.800 0	2.000
900	0.60	1.50	3.00	0.126 9	0.253 8	0.423 0	0.570 0	1.500 0	3.900 0
1 200	0.69	1.73	3.46	0.169 2	0.338 4	0.564 0	0.706 4	1.892 8	4.985 6

从表 3-10 我们可以看出，坐标解析法和实地量距法两种方法对于相同的面积，精度均不同，实地量距法的精度明显优于坐标解析法。

坐标解析法按照界址点点位中误差算得的面积精度与规范规定的精度不吻合。具体来说，当界址点点位中误差和规范规定的面积中误差都取一级时，只有当面积大于 1 111.11m^2 时，按界址点测量的精度才能使面积的精度达到要求；都取二级时，面积大于 900m^2；都取三级时，面积大于 400 m^2 时，才能使面积的精度达到要求。也就是说，《房产测量规范》中，对界址点点位中误差的等级划分与面积中误差的等级划分存在矛盾。

由以上的讨论可以发现，计算面积的精度要求公式(如一级为 $0.01\sqrt{S}+0.0003S$)，其合理性存在问题。实际上，这个计算面积的精度要求公式的来源不明确，我们认为，如果要确定面积的精度要求，应该先确定面积测量方法的精度。或者说，先确定了面积的精度要求，然后再要求面积测量方法的精度。当然，也可以从面积测量方法的精度入手，求得面积的精度。

例 1　有一矩形房屋，其长为 100m，宽为 50m，若长和宽的丈量精度为 2cm，求所计算面积的精度。

解：设长为 a，宽为 b，面积为 S，则

$$S=ab$$

按协方差传播律，有：

$$\mathrm{d}S=b\mathrm{d}a+a\mathrm{d}b$$

$$m_S{}^2=b^2m_a{}^2+a^2m_b{}^2$$

由于

$$m_a = m_b = m = 2\text{cm}$$

故

$$m_S{}^2 = (b^2 + a^2)m^2 = 5\text{m}^4$$

$$m_S = 2.2\text{m}^2$$

这就是说，按 2cm 的量距精度，该房屋的面积精度可达到 2.2m²。

例 2 有一矩形房屋，其长为 100m，宽为 50m，若要求所计算面积的相对精度为 1/1 000，求量距应达到的精度。

解：设长为 a，宽为 b，面积为 S，则

$$S = ab = 5\ 000\text{m}^2$$

面积的中误差为：

$$m_S = 5\ 000 \times 1/1\ 000\text{m}^2 = 5\text{m}^2$$

由于

$$m_S{}^2 = b^2 m_a{}^2 + a^2 m_b{}^2,\ m_a = m_b = m$$

故

$$m = \frac{m_S}{\sqrt{a^2 + b^2}} = 4.5\text{cm}$$

例 3 有一房屋，甲单位所计算的面积为 S_1，精度为 m_1，乙单位所计算的面积为 S_2，精度为 m_2，求两次所计算面积的极限误差为多少？

解：设 $S = S_1 - S_2$，则

$$m_S{}^2 = m_1{}^2 + m_2{}^2$$

$$m_S = \pm\sqrt{m_1{}^2 + m_2{}^2}$$

故

$$\Delta_{限} = 2m_S$$

以上三个计算实例可供有关人员参考。在实际工作中，应该根据规范规定和实际需要灵活而又有原则地处理各种精度的问题。

第4章　不动产产权产籍管理

4.1　不动产产权产籍管理概述

4.1.1　产权与产籍的概念

产权最早由西方产权学派提出。虽然其关于产权的定义很多，但核心思想强调的还是产权可以减少不确定性，通过关于责权利关系的界定，明确受益和受损的权利，阻止他人对财产权利的侵犯。

产权概念在我国使用过程中常常被等同于财产所有权。所谓财产所有权，《民法通则》有明确规定，是指所有人依法对自己的财产享有的占有、使用、收益和处分的权利。《辞海》释文原文中指出，产权，财产所有权，一般指不动产，如土地、矿山、厂房设备、房屋等的所有权。然而，很多情况下，财产所有权并不能涵盖产权的全部内容，例如，知识产权中的知识并非完全属于财产，其所有权当然也不完全属于财产所有权，知识虽有某些财产性质，但它既非动产，也非不动产；再如，上游造纸厂向河流排污，下游受到影响的居民是否有权要求赔偿，其中涉及的排污权问题也不是所有权。鉴于此，另一种观点将产权视为经营权或他物权，认为产权是由所有权派生出的并受所有权制约的财产权。由于出发点和立足点不同，决定其产权定义与第一种观点迥然不同，但该定义对产权的阐释仍然具有片面性。为此，第三种观点认为产权等同于财产权，既包括所有权，还包括经营权等他物权。

由于第三种观点囊括前两种观点的内容，其关于产权概念的阐释涉及的范围和领域更加广泛，同时相对西方产权学派宽泛而抽象的产权界定而言，其产权界定在实际应用中更具可操作性，因此是目前产权定义的主流观点。从法律上看，财产权是具有物质内容或直接体现经济利益的权利，具体包括物权、债权和知识产权等内容。其中，物权是指在法律规定范围内，对待定物直接管理和支配，享有利益并排斥他人干涉的权利，人们经常提及的所有权就是最重要的物权。债权是指依据合同或者法律规定在特定当事人之间产生的一种特定权利、义务关系，当事人某一方有权要求他方做出一定行为或者不做出一定行为。知识产权是人身权和财产权的统一体，是人们享有的在科技、文化等领域里创造的精神财富的权利。知识产权属于无形财产，能够看到的只是知识产权的载体，知识产权具体又包括著作权（版权）、专利权、商标专利权、发现权等。

产籍，顾名思义，可以理解为有关财产的簿册。其中，籍在古语中的应用相当广泛，意指专供记录者使用的簿册。例如，用来记录收支往来情况的账册称为簿籍；用来记录人口信息的簿册称为户籍；用来记载土地信息的簿册称为地籍等。同时，籍还含有依附土地空间之义，例如，籍贯、原籍、寄籍、外籍等词汇中的“籍”均有地点的意思，而军籍、学籍中的“籍”则含有辖属的意思。另外，古语中的籍作为簿册，不是单本独册，而是多种或多套簿册组合。因此，产籍的完整定义可以理解为主管单位或部门记录财产的存在、所属、时间特征以及财产与财产、产权人与产权人之间关系的资料汇总。产籍资料需要分卷归宗，按照不同类别标志排列有序，方便存档和查阅。产籍作为有效管理财产的凭证，以财产登记为基础，目前，我国实施登记管理的财产项目很多，既有土地、房屋等不动产，也有车、船等动产，还有的属于危险品财产，如枪支、家养犬，也需要进行财产登记造册和管理。

4.1.2 不动产产权与产籍

不动产是指土地、房屋、建筑物以及附着或蕴含于其上的其他物，实践中最常见和最重要的不动产就是地产和房产。不动产产权是围绕土地、房屋等不动产形成的所有权、使用权和他项权利的组合，其中所有权是基础，使用权是核心，他项权利是补充。从法律意义上讲，按照责权对等的原则，不动产权利人享有不动产权利的同时，也承担着相应的不动产义务。例如，土地使用者和房屋所有者要依法进行产权登记；房屋出租者要承担房屋修缮养护责任；土地转让者要依法缴纳有关税费等。同时，要进行不动产的有效管理，建立不动产产籍至关重要，收集、整理和汇总不动产产权相关的产籍资料是不动产管理的重要基础，而最常见的不动产产籍包括以土地为载体的地籍和以房屋为载体的房籍。

1. 不动产所有权

不动产所有权是所有者对其所有的不动产享有的占有、使用、收益和处分的权利，权利具有严格的排他性。在我国，实行社会主义土地公有制，其中，城市市区土地属于国家所有；农村和城市郊区的土地除由法律规定属于国家所有的以外，属于农民集体所有；宅基地和自留地、自留山属于农民集体所有。同时，土地所有权不能买卖，其转移的唯一形式是国家征收，且国家土地征收是单向的土地所有权转移，前提是公共利益需要，国家需要支付一定补偿给予集体土地所有者。房屋是附属于土地的不动产，虽然我国土地实行公有，但房屋既可以国民私有，也可以国家和集体公有，还可以企业法人或三资企业所有。房屋所有者依法可以行使完整的占有、使用、收益和处分房屋并排除他人干涉的权利。由于房屋与土地紧密依附，房屋所有者必须与其占地范围内的土地使用者保持一致，房随地走，地随房走，房屋所有权和土地使用权必须同时转移。

2. 不动产使用权

不动产使用权是不动产所有权派生出的一种权利，是对不动产享有的占有、使用、收益和部分处置的权利。在我国，国有土地可以由个人或单位使用，但集体土地使用者资格有着严格限制，集体土地只能是兴办乡镇企业、村民建设住宅和乡（镇）村进行公共设施和公益事业建设，或者是乡镇企业因破产兼并、入股联营等原因造成的土地使用权转移。由于土地所有权不能买卖，一般土地使用权是有期限限制的，有偿取得的国有土地使用权，使用年限住宅用地最高 70 年，工业用地最高是 50 年，商服和旅游用地最高为 40 年；承包集体土地使用权，耕地承包期 30 年，草地承包期 30~50 年，林地承包期 30~70 年等。房屋使用权的取得一般没有限制，无论公房或私房，都可以经由房屋租赁等形式取得房屋使用权，使用期限由当事人协商确定，一般不超过房屋自然寿命或土地使用年限。

3. 不动产他项权利

不动产他项权利是指在他人所有房屋和土地上设定的限制物权，具体包括典权、地上权、地役权、永佃权和抵押权等。

（1）典权

不动产典权是典权人以支付典金为代价，对出典人的不动产行使占有、使用、收益以及对承典不动产行使一定程度处分的权利。其中，典权人必须支付典金，占有承典的不动产，对承典的不动产享有占有、使用和收益权，同时可以处置典权，如转典、抵押等。出典人在约定期限届满时，有权用原典价赎回出典的不动产。典权和典当不同，典权标的物是土地或房屋等不动产，典当标的物是动产，必须交付抵押物；典权属于用益物权，占有标的物可以加以使用和收益，典当反映建立在质押基础上的借贷关系，占有典当标的物是为收回典当金担保，属于担保物权；典权中承典人不支付不动产租金，出典人不支付典金利息，典当中的承典人在收回典当金的同时，有权获得典当金的利息。

（2）地上权

所谓地上权，是指利用他人土地营造建筑物、其他工作物及竹木并对其营造的建筑物、其他工作物及竹木取得所有权的用益物权。追溯历史，地上权的产生是阻止土地所有权对地上物附合的需要，其中，地上物指的就是地上建筑物及其附着物等。因为早在罗马时代，就有地上物属于土地的格言，房屋附合于土地就属于土地所有人，而不属于房屋所有权人，由此带来的弊病显而易见，在此背景下，地上权制度也因此应运而生。因为地上权的实现是要以土地所有权的转让为前提的，而在我国禁止土地所有权转让，因而没有法定地上权的存在。但是，在土地所有权可以流转的国家或地区，地上权仍然是非常重要的，地上权的界定能够长期有效地稳定土地用益关系，解决通过土地租赁等方式难以解决的问题。

（3）地役权

地役权是指因自己所有或使用的土地受环境所限而必须使用他人土地的权利。受到便利的土地称为需役地，给予他方以便利的土地称为供役地或承役地。地役权包括在供役地上通行、灌溉、排水等权利。地役权与地上权不同，地上权是在他人土地上建筑和种植竹木等并取得地上物所有权的权利，而地役权是利用他人土地提高自身土地效益的权利。地上权的特点表现为：首先，地役权不能离开需役地独立存在，地役权随需役地所有权产生或消灭；其次，地役权可以有偿取得，也可以无偿取得，地役权不能与需役地分离而转让。

（4）永佃权

永佃权是通过按年向土地所有者缴纳租金而长期或永久使用土地等不动产获取收益的权利。永佃权是封建土地私有制的产物，由于地主拥有的土地所有权可能频繁变化，为保证耕种者的权利相对稳定，永佃权应运而生。永佃权的设立有助于稳固土地使用关系，促进耕种者对土地的长期投资，保护土地耕种者的合法权益。同时，永佃权与地上权有明显区别，永佃权是以支付佃租为代价，以在他人土地上进行耕作或放牧为目的；地上权是以支付租金为代价，以在他人土地上建筑房屋等不动产并享有地上物所有权，且可以从中获利为目的。

（5）抵押权

抵押权是指抵押人通过不转移占有方式以其合法的不动产向抵押权人提供债务履行担保的权利。抵押行为发生后，一旦抵押人在抵押到期后不能还本付息，抵押权人享有依法以抵押不动产拍卖所得价款优先受偿的权利。用以抵押的不动产可以是债务人所有，也可以是第三人所有，设定这一权利的债务人或第三人是抵押人，债权人是抵押权人。不动产抵押不转移不动产的占有，用于设定抵押权的标的物仍然由债务人或第三人行使占有、使用、收益和处分的权利。不动产抵押权的特点是：抵押权以债权的存在为前提，不能脱离债权债务关系独立存在；抵押过程中，抵押标的物不转移占有；抵押权人对抵押不动产享有物上请求权，用以抵制非法侵害抵押不动产的行为；抵押权具有追及效力和优先受偿的效力。

4. 地籍

地籍是地产产籍，是指记载土地位置、界址、数量、质量、权属和用途及其动态变化的簿册。地籍具有空间性、法律性、精确性和连续性的特点。地籍的空间性是由土地的空间特点所决定的。在一定的空间范围内，地界的变动必然带来土地使用面积的改变；各种地类界线的变动也一定会带来各地类面积的增减变化，所以地籍内容不仅需要记载在地籍簿册上，同时还应标绘在地籍图上，并力求做到图册与簿册相一致。地籍的法律性是指地籍图上界址点、界址线的位置和地籍簿上的权属记载及其面积的登记都应有依据，甚至有关凭证也是地籍的必要组成部分。地籍的法律性体现了地籍图册资料的可靠性。地籍的精确性是指地籍资料的获取一般要通过实地调查获得，同时还要运用先进的测绘科技手段，否则就会使地籍数据失真。地籍是一种动态现象，为反映地籍资料的现势性，必须对地籍资料经常更新，保持资料记载和数据统计的连续性。

5. 房籍

房籍是房屋产籍，是房屋的产权档案、地籍图纸以及账册、表卡等反映产权现状和历史情况的资料簿册，是国家主管部门对房屋及其产权进行登记管理和登记之后形成的各种文件资料的总称。房产产籍通过图形、文字、原始证据等反映房屋产权状况、房屋及其使用国有土地的情况，产籍一般由图纸、档案、卡片、账册组成，简称为图、档、卡、册。由于房屋总是必须附着于土地之上，因此，房屋产籍不同于地籍，它以房屋和土地并重，房产和地产一体化为基本特征，其内容相较地籍资料更加丰富，具体反映房地产权属及来源、坐落、用地面积、房地权界、房屋建筑面积、房屋结构、层数、用途、建筑时间等基本状况。同样，由于房地产状况随着时间和城市建设等时常发生变化，房屋产籍资料也必须经常进行更新。

4.1.3 不动产产权与产籍管理

管理是管理者在一定的环境条件下，为有效地实现既定目标，运用一定的方式所进行的一项综合性活动。其中，产权管理是国家依照法律规定进行不动产产权确认和变更，并对由此发生的各种产权关系进行调处和协调的过程，如产权调查、确认、登记等活动，都属于产权管理的范畴。产籍管理是国家为取得系统完整的不动产产籍资料而进行的调查、测量、登记、统计和信息管理等活动的总和。

1. 产权管理与产籍管理的区别

产权管理是政府行政行为，不动产产权管理是国土和建设部门代表国家行使政府职能，涉及面广，政策性强，管理内容直接关系广大群众利益，产权登记和发证是不动产产权确认的法律凭证，对于产权归属产生明确的法律效力。产籍管理是政府内部行政管理工作，管理的直接对象是产籍资料，尽管产籍资料在产权管理过程中形成，但产籍管理不与产权当事人发生直接关系，同时具有技术性和专业性较强的特点。

2. 产权管理与产籍管理的联系

产权管理是产籍管理的基础，产籍管理是产权管理的依据，二者紧密联系，互为补充，成为不动产产权产籍管理不可分割的重要内容。产权管理为保障不动产权利主体合法权益，需要及时进行不动产权属审查和确认，并依法登记和发放权利证明，只有通过上述工作，才能形成一系列有关不动产情况的产籍资料。因此，没有产权管理，就不可能有全面完整的产籍资料，产籍管理工作也无从谈起。而产籍资料记录的产权来源及其演变过程等信息，是产权管理中进行产权审核确认和调处纠纷的重要依据，因此，没有产籍资料，产权管理也无法进行。产权管理和产籍管理是相互交织和有机结合的两项工作，相互促进，缺一不可。

3. 不动产产权产籍管理的内容

不动产产权产籍管理是国家就土地和房屋等不动产所有权、使用权和他项权利的取得、转移、变更和灭失等产权运动及其产生的产权档案、产籍图纸、账册、表卡等反映产权现状和历史情况的文件资料的管理。不动产产权产籍管理的内容丰富，具体可归纳为调查、登记、统计、档案管理和产籍信息系统五个方面。同时，按照管理对象不同，不动产产权产籍管理又可分为土地产权产籍管理和房屋产权产籍管理两个方面。前者管理的对象是土地，管理的主体是国家土地行政主管部门；后者管理的对象是房屋，但由于房屋依附在土地之上，因而管理的对象实际是房屋及其占用范围内的土地，管理的主体是国家建设行政主管部门。

4.2 土地产权产籍管理

4.2.1 土地产权制度

人的任何活动都具有强烈的社会属性，人们之间的相互关系需要一定规范约束和指导，正是这种正式和非正式的规范形成制度的雏形，制度可以理解为一系列规则和规范的总称。土地制度是有关土地的一切制度，具体可归纳为土地所有、土地使用、土地管理和利用技术四个方面，其中，土地所有和土地使用方面的制度共同组成土地产权制度的内容。

1. 土地所有权制度

土地所有权制度是指人们在一定的社会制度下拥有土地的经济形式，土地所有权制度是土地产权制度的核心，也是土地关系的基础。人类社会初期，采集和渔猎生存方式完全依赖大自然的恩赐，没有固定的生产和生活场所，更谈不上土地开发利用。进入轮牧时期，随着各部落土地利用范围的形成，出现土地所有制萌芽，随后，人类社会进化过程中相继出现原始社会土地公有制、奴隶社会君主土地所有制、封建社会地主土地所有制、资本主义社会土地私有制和社会主义社会土地公有制等土地所有制形式。按土地所有性质不同，上述众多土地所有制形式的实质可分别归入两种土地所有制类型：土地公有制和土地私有制。尽管制度类型不同，但并非决然对立，同一社会制度下，两种土地所有制类型可能同时存在。例如，美国是资本主义社会制度，但其土地既有私人所有，也有联邦政府所有，还有州和地方政府所有，甚至还保留印第安事务局托管的印第安人保留地。中华人民共和国成立初期的广大农村，也曾按照耕者有其田的原则实行过农民土地私有制，并对当时的农业发展产生重要积极的影响。

目前，我国实行的是土地社会主义公有制，具体分为全民所有和劳动群众集体所有两种形式。全民所有就是国家所有，国有土地所有权由国务院代表国家行使；劳动群众集体所有土地分属于村农民集体、村内农民集体和乡（镇）农民集体所有，并分别由村集体经济组织或村民委员会、村内农村集体经济组织或村民小组、乡（镇）农村集体经济组织经营、管理。国有土地包括城市市区全部土地以及市区以外规定属于国家所有的土地；集体土地包括农村和城市郊区不属于国家所有的全部土地，宅基地和自留地、自留山都属于农民集体所有。集体土地所有权国家在查清权属的基础上，通过颁发土地所有权证书，载明土地位置、四至、面积、地形、周围状况、土地质量等级和土地价格等信息，给予法律保护。土地所有权不能买卖，任何单位和个人不得侵占、买卖或者以其他形式非法转让土地。土地所有权转移唯一的途径是国家因公共利益征收集体土地，一旦集体土地变为国有，所有权性质不再变更。

2. 土地使用权制度

土地使用权制度是人们在一定社会制度下使用土地的经济形式，土地使用权制度是土地产权制度的重要内容。土地所有权是不能买卖的，单位或个人使用土地只是取得土地使用权。目前，城市土地使用权的取得分为有偿和无偿两种形式，也就是通常所说的“双轨制”，而农村土地使用权的取得以承包经营为主，宅基地、乡镇企业用地和公共设施用地等普遍实行无偿使用，但也存在出让和租赁等有偿使用的试点。

(1) 城市土地使用权制度

城市土地与农村土地不同，用途上以建设开发为主，归属于国家所有。在土地国有前提下，土地所有权与使用权分离，国家采取诸如拍卖、招标、挂牌和协议等方式将有限期土地使用权出让给土地使用者，或通过无偿划拨方式将土地使用权拨给土地使用者。有偿获得的土地使用权在土地使用期限内可以转让、出租、抵押或用于其他经济活动，其合法权益受到国家法律保护；土地使用权期满，土地连同地上建筑物由国家无偿收回，需要继续使用的，依法申请和经过批准，期限可以延长，同时根据届时的市场情况补缴地价款。

(2) 农村土地使用权制度

农村土地除宅基地、乡镇企业用地和农村公共设施和公益事业等建设用地外，采取农村集体经济组织内部的家庭承包方式，不宜采取家庭承包方式的荒山、荒沟、荒丘、荒滩等农村土地，可以采取招标、拍卖、公开协商等方式承包。依法取得的土地承包经营权可以依法采取转包、出租、互换、转让或者其他方式流转。农村集体非农建设用地的使用采取无偿方式供地，使用者资格有明确规定，必须是集体成员或乡镇企业等，但通过入股和联营等兴办企业或企业破产和兼并等情形造成土地使用权向集体以外的单位或个人转移的除外。在符合规划的前提下，村庄、集镇、建制镇中的农民集体所有建设用地使用权可以依法流转。

4.2.2 土地征收制度

1. 土地征收的概念

土地征收是指国家根据公共利益需要而行使公共权力，以补偿为条件，强制地取得集体土地所有权，集体土地所有权因征收而消灭。土地征用是指国家因公用事业的需要，以补偿为条件，对集体土地所有权以外的其他权利予以利用，待特定公用事业目的完成时，仍将土地归还土地所有者。长期以来，我国土地征收和土地征用的概念使用是混淆的，直到2005年《中华人民共和国宪法》第十条第三款由“国家为了公共利益的需要，可以依照法律规定对土地实行征用”修改为“国家为了公共利益的需要，可以依照法律规定对土地实行征收或者征用并给予补偿”，两者概念的区别才得到澄清。目前，土地征收是国家新增建设用地的主要手段，土地征用的情况则相对较少。土地征收的特点表现为：其属于国家强制行为，而不是基于市场或契约的行为；征收的前提是公共利益需要，土地征收必须给予原土地所有者适当的补偿。土地征收与土地征用的区别在于：土地征用针对的是土地所有权以外的权利，土地被征用，土地所有者的土地所有权不会终止，但其土地的他项权利处于不能行使的状态。

2. 土地征收的程序

（1）拟定征收土地方案

征收土地利用总体规划确定的城市建设用地区内的土地，由市、县人民政府根据土地利用计划和城市建设用地需求拟定征收土地方案，征收土地利用总体规划确定的城市建设用地区外的土地，由市、县人民政府土地行政主管部门根据建设单位或建设主管部门的建设用地申请拟定征收土地方案。征收土地方案内容包括征收土地的目的、用途、范围、地类、面积、地上附着物种类和数量、土地补偿和地上附着物及青苗补偿标准、劳动力安置途径、原土地所有者和使用者等内容。

（2）审查报批

征收土地方案拟定后，由市、县人民政府土地行政主管部门审查，报有批准权限的人民政府批准。其中，由国务院批准的征收土地有基本农田；基本农田以外的耕地超过35公顷；其他土地超过70公顷。征收上述规定以外的土地，由省、自治区、直辖市人民政府批准，并报国务院备案。征收农用地的，应当依照法律规定先行办理农用地转用审批。其中，经国务院批准农用地转用的，同时办理征地审批手续，不再另行办理征地审批；经省、自治区、直辖市人民政府在征地批准权限内批准农用地转用的，同时办理征地审批手续，不再另行办理征地审批，超过征地批准权限的，应当依照法律规定，由国务院另行办理征地审批。

（3）征地方案的公告

征收土地方案经依法批准后，由被征收土地所在地的市、县人民政府组织实施，并将批准征地机关、批准文号、征收土地的用途、范围、面积以及征地补偿标准、农业人员安置办法和办理征地补偿的期限等在被征收土地所在地的乡（镇）、村予以公告。被征收土地的所有权人、使用权人应当在公告规定的期限内，持土地权属证书到公告指定的人民政府土地行政主管部门办理征地补偿登记。市、县人民政府土地行政主管部门根据经批准的征收土地方案会同有关部门拟订征地补偿、安置方案，在被征收土地所在地的乡（镇）、村予以公告，听取被征收土地的农村集体经济组织和农民的意见。对补偿标准有争议的，由县级以上地方人民政府协调；协调不成的，由批准征收土地的人民政府裁决。征地补偿、安置争议不影响征收土地方案的实施。征收土地的各项费用应当自征地补偿、安置方案批准之日起3个月内全额支付。

（4）征地方案的实施

征地补偿、安置方案报市、县人民政府批准后，由市、县人民政府土地行政主管部门组织实施。土地补偿费归农村集体经济组织所有；地上附着物及青苗补偿费归地上附着物及青苗的所有者所有。征收土地的安置补助费必须专款专用，不得挪作他用。需要安置的人员由农村集体经济组织安置的，安置补助费支付给农村集体经济组织，由农村集体经济组织管理和使用；由其他单位安置的，安置补助费支付给安置单位；不需要统一安置的，安置补助费发放给被安置人员个人或者征得被安置人员同意后，用于支付被安置人员的保险费用。市、县和乡（镇）人民政府应当加强对安置补助费使用情况的监督。

3. 土地征收的补偿、安置问题

征收土地的，按照被征收土地的原用途给予补偿。征收耕地的补偿费用包括土地补偿费、安置补助费以及地上附着物和青苗的补偿费。其中，征收耕地的土地补偿费是耕地被征收前3年平均年产值的6~10倍，每个农业人口的安置补助费是耕地被征收前3年平均年产值的4~6倍，安置人口按照被征收的耕地数量除以征地前被征收单位平均每人占有耕地的数量计算。土地补偿费和安置补助费尚不能使需要安置的农民保持原有生活水平的，经省、自治区、直辖市人民政府批准，可以增加安置补助费。每公顷被征收耕地的安置补助费最高不得超过被征收前3年平均年产值的15倍。土地补偿费和安置补助费的总和不得超过土地被征收前3年平均年产值的30倍。被征收土地上的附着物和青苗的补偿标准，由省、自治区、直辖市规定。征收城市郊区的菜地，用地单位应当按照国家有关规定缴纳新菜地开发建设基金。

国务院根据社会、经济发展水平，在特殊情况下，可以提高征收耕地的土地补偿费和安置补助费的标准。征收其他土地的土地补偿费和安置补助费标准，由省、自治区、直辖市参照征收耕地的土地补偿费和安置补助费的标准规定。

4.2.3 土地权属纠纷

1. 土地权属纠纷的原因

土地权属纠纷是指关于土地所有权、使用权和他项权利的争议。权属纠纷按照原因不同可分为两种情况：一是依法取得的土地所有权或使用权受到侵害时引起的权属纠纷；二是对现有土地权属界线发生争议引起的权属纠纷。由于土地产权主体众多，涉及面广，纠纷情况复杂，对于土地权属纠纷问题必须认真妥善解决。

土地权属纠纷的原因可归纳为以下几点：一是土地权属紊乱，地界无明显标志；二是由于政策上的变化以及在土地问题上“一平二调”和“吃大锅饭”造成产权不清的历史问题；三是行政区划变更、社队归并和插花地的调整等造成的权属不清；四是水利建设、围湖造田、更改河道、开荒、土地平整等铲除原有地界，又无新的用地协议；五是征地审批手续不完备、界址不清或一地多征引起的纠纷；六是历史上存在的地权争议延续至今；七是土地所有权或使用权受到侵害；八是土地隐形交易，土地使用权非法转移等。

2. 土地权属纠纷的调处

(1) 当事人之间协商解决

协商解决是指土地权属纠纷发生后，由当事人在自愿、互谅的基础上，按照有关法律规定，在不损害他人权益的前提下，直接进行磋商，自行解决纠纷的办法。协商解决后，当事人双方应签订协议。该协议由当事人自愿执行，没有法律约束力。如当事人一方后悔，拒绝执行，另一方可以诉请人民政府土地管理部门进行调处。

(2) 人民政府调处解决

当事人协商无法解决的，可由人民政府进行调处解决。其中，单位之间的争议需由县级以上人民政府处理；个人之间、个人与单位之间的争议由乡级或县级以上人民政府处理。当事人对有关人民政府的处理决定不服的，可以自接到处理决定通知之日起 30 日内向人民法院起诉。在土地所有权和使用权争议解决前，任何一方不得改变土地利用现状。人民政府土地管理部门受理土地纠纷，一般采用调解和裁决两种方式调处。

调解是通过第三方的调停促使纠纷当事人和解的一种方式。土地权属纠纷可由土地行政主管部门行政调解。其一般程序是：受理纠纷当事人申诉；土地纠纷的调查；土地行政主管部门参与调解；签订调解协议书；协议书送达后，当事人均应自觉遵守。

行政裁决是有关机构以第三者身份依法公正地就权属纠纷问题做出的处理决定。行政裁决与调解不同，调解必须在双方自愿基础上进行，而裁决则完全是第三者行为。调解过程中，任何一方当事人不愿接受调解，调解即行终止，而当事人一旦申请裁决，则仲裁机构有权依法做出裁决，裁决一旦生效，双方必须遵守。裁决的一般程序是：首先是裁决申请，一般由当事人在调解无效后采用书面形式提出；然后是再次调解，再次调解是行政仲裁前的必要程序；最后在再次调解不成功的情况下，书面通知纠纷当事人和有关人员到场进行裁决，裁决书内容包括申诉双方姓名、地址或代理人、代表人姓名、职务、申诉理由和争议事实及要求、裁决认定的事实及其理由和适用法律、裁决结果和裁决费用负担、不服裁决的起诉期限等。

土地权属纠纷解决完毕，当事人要根据调解协议、处理决定或判决结果到土地管理机关申请登记，换取新的土地证。在土地争议解决之前，土地管理机关有权确定临时处置办法，合理使用和保护有争议的土地，争议各方均需服从，不得荒废土地；不准破坏土地及其附着物；不得修建永久性建筑物；不得聚众闹事；不得强行占地等。

4.2.4 土地调查

土地调查的任务是为土地管理提供基础资料，具体包括地籍调查、土地利用现状调查和土地条件调查。其中，地籍调查是指依照国家的规定，通过权属调查和地籍测量查清宗地的权属、界址、面积、用途和位置等情况，形成数据、图件、表册等调查资料，为土地注册登记、核发证书提供依据的一项技术性工作；土地利用现状调查是指为查清现状土地的数量和分布而进行的土地资源调查；土地条件调查是指对土地的自然条件和经济条件的调查，并根据调查结果进行土地质量评定和土地分等定级。

1. 地籍调查

地籍调查是土地登记发证的前期准备工作，其目的是通过地籍测量获得宗地界址点的平面位置、宗地形状和面积，通过权属调查核实宗地的权属和确认宗地界址的实地位置，掌握土地利用状况。地籍调查的具体内容可归纳为四个方面：一是查清宗地位置、界线、形状和四至；二是查清宗地权属状况；三是查清宗地面积和质量等级；四是查清宗地的利用类型。其中，查清权属状况是地籍调查的重点。

（1）地籍调查的基本单元

地籍调查的基本单元是宗地，所谓宗地，是由权属界址线所封闭的地块或独立权属地段。一个单位使用的土地被分割为互不相连的若干地块，则每个地块称为一宗地；反之，某个地块被若干单位共同使用，则其也是一宗地，通常称为共用宗；对于同属一个单位的特大宗地，若不同用途的土地面积较大，且地类界线清楚，可按照地类界线划分为若干宗地。地籍调查中，需要进行宗地编号，宗地编号一般按照行政区、街道（或图幅）以及宗地三级进行，较大的行政区域可按照行政区、街道、街坊和宗地四级编号。《城镇地籍调查规程》规定：宗地号在地籍图上统一自左向右，自上向下，由“1”号开始顺序编号。若某宗地分散在多个图幅中，称为破宗，破宗宗地号在有关图幅的左上边一幅图中编号，但在其他有关图幅的破宗宗地上要注记该图图幅号及宗地号。

（2）地籍调查的基本程序

①准备工作

准备工作包括组织准备、资料准备和物质准备三方面，工作程序见图 4-1。

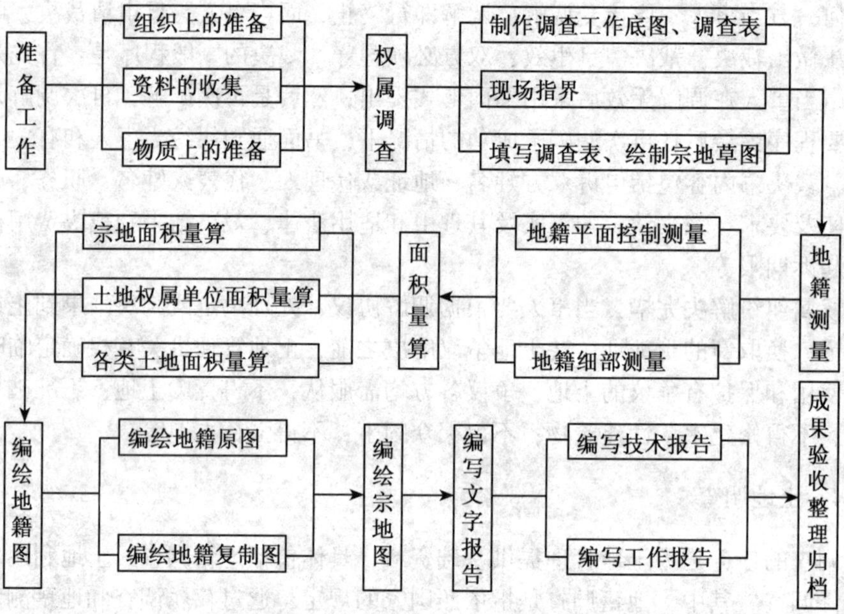

图 4-1　地籍调查工作程序

组织准备要拟定地籍调查计划，明确地籍调查任务、范围、方法、时间、步骤和人员及预算经费。人员要进行技术培训，调查前进行调查试点，以提高调查人员的技术水平和责任心。

资料准备包括图件资料和权利证明资料。其中，图件资料是指测量控制网成果、地籍原图、近期大比例尺地形图、航片平面图、土地利用现状图等；权利证明资料包括征地、划拨、出让、出租和转让土地案卷及红线图；土地调查、土地清查和房屋普查资料；土地利用总体规划和城市规划资料；权属来源证明文件等。

物质准备需要印制统一的调查表格和簿册，如地籍调查表、土地分类面积统计表、面积量算汇总表、测量记录、计算簿册等。需要准备必需的调查仪器和工具，如测绘仪器、面积量测仪器、计算器、皮尺、卡规、坐标格网尺、三角尺、直尺、点圆规、复式比例尺、小笔尖、薄膜、原图纸以及生活、交通工具和劳保用品等。

②权属调查

权属调查是以宗地为基本单位，调查宗地的位置、境界、权属、权源、利用类型、有无地权纠纷等。权属调查前，要准备调查底图和调查表，其中，调查底图采用地籍图或大比例尺地形图复制图，调查表的内容包括宗地号及所在的图幅号；土地位置、权属性质、宗地四至；土地使用者名称；单位所有制性质及主管部门；土地使用单位（者）、法人代表姓名、身份证号码、电话号码；指界授权委托代理人姓名、身份证号码、电话号码；批准用途、实际用途及使用期限；宗地草图；界址调查记录；地籍调查记事及调查员意见，地籍细部测量记事；调查结果审核等内容。权属调查中，确认权属需要本宗地和相邻宗地使用者亲自到现场指界。有关当事人指界有争议的，应由当事人双方协商解决，协商不能解决的，由人民政府处理。权属调查结果应现场记录在地籍调查表上，并绘出宗地草图。

③地籍测量

地籍测量是在权属调查的基础上，借助测量仪器，通过科学的方法在一定区域内测量每宗土地的权属界线、位置、地形及地类界线等的技术性工作。地籍测量包括地籍平面控制测量和细部测量，其中，控制测量是通过控制网的布设、观测和计算来确定控制点位置的工作；细部测量是以控制点为基础，测定地物地貌的平面位置和高程，并将其绘制成图的工作。

④面积量算

面积小于 $100m^2$ 的宗地采取实地丈量法测算；已有界址点实测坐标的宗地，面积按实测数据计算。量算面积的常用方法有解析法、图解法、求积仪法、方格法等。面积量算后，应得出宗地、各权属单位土地和各类土地的面积。

⑤编绘地籍图

地籍图分为地籍原图和地籍复制图，其中，地籍原图是在土地权属调查和地籍测量基础上直接编制而成的；地籍复制图是在地籍原图的基础上复制或编制而成的各种地籍图。目前，地籍复制图主要有土地权属单位地籍图、宅基地地籍图和县、市、乡（镇）地籍图等。

地籍图的主要内容包括各级行政界线、地籍平面控制点、国有土地所有权和使用权界线、集体土地所有权界线、宗地界址点及界址线、宗地编号和面积、地类界线和地类号、单位名称、河流、湖泊名称。其中，城镇地籍图还应表示街道、街坊、宗地编号和必要的建筑物、构筑物等。地籍图的比例尺一般是：市区 1∶500～1∶1 000、村庄 1∶1 000～1∶2 000、城市郊区 1∶2 000～1∶5 000、一般农区 1∶10 000。

⑥编绘宗地图

宗地图是土地证书和宗地档案的附图，通常从地籍图或实测宗地图上蒙绘，如宗地过大或过小，在绘制上可以调整成图比例尺。宗地图的主要内容包括本宗地号、地类号、宗地面积、界址点、界址点号、界址边长、宗地使用者名称、相邻宗地的宗地号、使用者名称或相邻地物、必需的建筑物和构筑物等。

⑦编写文字报告

地籍调查文字报告包括技术报告和工作报告两部分，技术报告主要包括地籍调查的技术路线、采用的技术手段、方法及成果精确分析等。工作报告主要包括地籍调查工作进展、人员构成、取得的经验、应用前景、存在的问题等。

⑧成果验收、整理、归档

依据地籍调查成果验收标准逐一进行验收，对不符合要求的责令返工，直至达到验收的标准，然后将主要成果资料连同地籍调查过程中填写的地籍调查表、调查底图和原始记录等进行整理归档。

（3）地籍调查的成果资料

地籍调查工作成果包括地籍原图和分幅接合表、宗地图、土地权属单位及地籍图、宗地面积、权属单位土地面积和各类用地面积、地籍控制测量和细部测量结果、调查文字报告等。

（4）地籍调查中城镇土地分类

根据土地管理的需要，我国城镇地籍调查曾采用过三种不同的分类：城镇土地分类、全国土地分类和土地利用现状分类。其中，城镇土地分类是按照1989年9月颁布的《城镇地籍调查规程》，将城镇土地划分为10个一级类、24个二级类。一级类分别是商业金融业用地、工业仓储用地、市政用地、公共建筑用地、住宅用地、交通用地、特殊用地、水域用地、农用地和其他用地。二级类的划分为：商业金融业用地分为商业服务业、旅游业和金融保险业用地；工业仓储用地分为工业和仓储用地；市政用地分为市政公用设施和绿化用地；公共建筑用地分为文体娱、机关和宣传、科研和设计、教育、医卫用地；交通用地分为铁路、民用机场、港口码头和其他交通用地；特殊用地分为军事设施、涉外、宗教和监狱用地；农用地分为水田、菜地、旱地和园地。城镇土地分类自1989年发布，一直沿用到2001年12月。全国土地分类是按照2002年施行的《土地分类（试行）》，将城乡土地划分为3个一级类、15个二级类和71个三级类。一级类分别是农用地、建设用地和未利用地；二级类分别是耕地、园地、林地、牧草地、其他农用地、商服用地、工矿仓储用地、公共设施用地、公共建筑用地、住宅用地、交通运输用地、水利设施用地、特殊用地、未利用土地和其他土地；三级类是在二级类的基础上进行的进一步划分。针对全国城镇和村庄地籍调查尚未全面完成的现实情况，国土资源部在《土地分类（试行）》的基础上又制定《全国土地分类（过渡期间适用）》。该分类同样采用三级分类，且在农用地和未利用地部分与全国《土地分类（试行）》完全相同，但在建设用地部分进行适当归并，将商服用地、工矿仓储用地、公共设施用地、公共建筑用地、住宅用地、特殊用地6个二级类和交通运输用地中的三级类街巷，合并为居民点及工矿用地，作为二级类，其下划分城市、建制镇、农村居民点、独立工矿、盐田和特殊用地6个三级类。2007年7月1日起，我国开始第二次全国土地调查，通过采用土地综合分类方法，根据土地利用现状和覆盖特征，重新对城乡土地进行统一分类，制定《土地利用现状分类》。该分类采取二级分类体系，一级类12个，二级类57个，土地利用现状分类的地类编码和含义见表4-1。第二次全国土地调查同时规定，各省可根据本省的具体情况，在全国统一的二级地类基础上，根据从属关系续分三级类。

表 4-1　　　　**城镇土地分类及含义**

一级类		二级类		含　义
编码	名称	编码	名称	
01	耕地			指种植农作物的土地，包括熟地，新开发、复垦、整理地，休闲地（含轮歇地、轮作地）；以种植农作物（含蔬菜）为主，间有零星果树、桑树或其他树木的土地；平均每年能保证收获一季的已垦滩地和海涂。耕地中包括南方宽度<1.0 米、北方宽度<2.0 米固定的沟、渠、路和地坎（埂）；临时种植药材、草皮、花卉、苗木等的耕地，以及其他临时改变用途的耕地。
		011	水田	指用于种植水稻、莲藕等水生农作物的耕地。包括实行水生、旱生农作物轮种的耕地。
		012	水浇地	指有水源保证和灌溉设施，在一般年景能正常灌溉，种植旱生农作物的耕地。包括种植蔬菜等的非工厂化的大棚用地。
		013	旱地	指无灌溉设施，主要靠天然降水种植旱生农作物的耕地，包括没有灌溉设施，仅靠引洪淤灌的耕地。
02	园地			指种植以采集果、叶、根、茎、汁等为主的集约经营的多年生木本和草本作物，覆盖度大于 50%或每亩株数大于合理株数 70%的土地。包括用于育苗的土地。
		021	果园	指种植果树的园地。
		022	茶园	指种植茶树的园地。
		023	其他园地	指种植桑树、橡胶、可可、咖啡、油棕、胡椒、药材等其他多年生作物的园地。
03	林地			指生长乔木、竹类、灌木的土地，及沿海生长红树林的土地。包括迹地，不包括居民点内部的绿化林木用地，铁路、公路征地范围内的林木，以及河流、沟渠的护堤林。
		031	有林地	指树木郁闭度≥0.2 的乔木林地，包括红树林地和竹林地。
		032	灌木林地	指灌木覆盖度≥40%的林地。
		033	其他林地	包括疏林地（指树木郁闭度≥0.1、<0.2 的林地）、未成林地、迹地、苗圃等林地。
04	草地			指生长草本植物为主的土地。
		041	天然牧草地	指以天然草本植物为主，用于放牧或割草的草地。
		042	人工牧草地	指人工种植牧草的草地。
		043	其他草地	指树木郁闭度<0.1，表层为土质，生长草本植物为主，不用于畜牧业的草地。

续表

一级类		二级类		含 义
编码	名称	编码	名称	
5	商服用地			指主要用于商业、服务业的土地。
		051	批发零售用地	指主要用于商品批发、零售的用地。包括商场、商店、超市、各类批发（零售）市场，加油站等及其附属的小型仓库、车间、工场等的用地。
		052	住宿餐饮用地	指主要用于提供住宿、餐饮服务的用地。包括宾馆、酒店、饭店、旅馆、招待所、度假村、餐厅、酒吧等。
		053	商务金融用地	指企业、服务业等办公用地，以及经营性的办公场所用地。包括写字楼、商业性办公场所、金融活动场所和企业厂区外独立的办公场所等用地。
		054	其他商服用地	指上述用地以外的其他商业、服务业用地。包括洗车场、洗染店、废旧物资回收站、维修网点、照相馆、理发美容店、洗浴场所等用地。
06	工矿仓储用地			指主要用于工业生产、物资存放场所的土地。
		061	工业用地	指工业生产及直接为工业生产服务的附属设施用地。
		062	采矿用地	指采矿、采石、采砂（沙）场，盐田，砖瓦窑等地面生产用地及尾矿堆放地。
		063	仓储用地	指用于物资储备、中转的场所用地。
07	住宅用地			指主要用于人们生活居住的房基地及其附属设施的土地。
		071	城镇住宅用地	指城镇用于生活居住的各类房屋用地及其附属设施用地。包括普通住宅、公寓、别墅等用地。
		072	农村宅基地	指农村用于生活居住的宅基地。
08	公共管理与公共服务用地			指用于机关团体、新闻出版、科教文卫、风景名胜、公共设施等的土地。
		081	机关团体用地	指用于党政机关、社会团体、群众自治组织等的用地。
		082	新闻出版用地	指用于广播电台、电视台、电影厂、报社、杂志社、通讯社、出版社等的用地。
		083	科教用地	指用于各类教育，独立的科研、勘测、设计、技术推广、科普等的用地。
		084	医卫慈善用地	指用于医疗保健、卫生防疫、急救康复、医检药检、福利救助等的用地。

续表

一级类		二级类		含　　义
编码	名称	编码	名称	
08	公共管理与公共服务用地	085	文体娱乐用地	指用于各类文化、体育、娱乐及公共广场等的用地。
		086	公共设施用地	指用于城乡基础设施的用地。包括给排水、供电、供热、供气、邮政、电信、消防、环卫、公用设施维修等用地。
		087	公园与绿地	指城镇、村庄内部的公园、动物园、植物园、街心花园和用于休憩及美化环境的绿化用地。
		088	风景名胜设施用地	指风景名胜（包括名胜古迹、旅游景点、革命遗址等）景点及管理机构的建筑用地。景区内的其他用地按现状归入相应地类。
09	特殊用地			指用于军事设施、涉外、宗教、监教、殡葬等的土地。
		091	军事设施用地	指直接用于军事目的的设施用地。
		092	使领馆用地	指用于外国政府及国际组织驻华使领馆、办事处等的用地。
		093	监教场所用地	指用于监狱、看守所、劳改场、劳教所、戒毒所等的建筑用地。
		094	宗教用地	指专门用于宗教活动的庙宇、寺院、道观、教堂等宗教自用地。
		095	殡葬用地	指陵园、墓地、殡葬场所用地。
10	交通运输用地			指用于运输通行的地面线路、场站等的土地。包括民用机场、港口、码头、地面运输管道和各种道路用地。
		101	铁路用地	指用于铁道线路、轻轨、场站的用地。包括设计内的路堤、路堑、道沟、桥梁、林木等用地。
		102	公路用地	指用于国道、省道、县道和乡道的用地。包括设计内的路堤、路堑、道沟、桥梁、汽车停靠站、林木及直接为其服务的附属用地。
		103	街巷用地	指用于城镇、村庄内部公用道路（含立交桥）及行道树的用地。包括公共停车场，汽车客货运输站点及停车场等用地。
		104	农村道路	指公路用地以外的南方宽度≥1.0米、北方宽度≥2.0米的村间、田间道路（含机耕道）。
		105	机场用地	指用于民用机场的用地。
		106	港口码头用地	指用于人工修建的客运、货运、捕捞及工作船舶停靠的场所及其附属建筑物的用地，不包括常水位以下部分。
		107	管道运输用地	指用于运输煤炭、石油、天然气等管道及其相应附属设施的地上部分用地。

续表

一级类		二级类		含　义
编码	名称	编码	名称	
11	水域及水利设施用地			指陆地水域，海涂，沟渠、水工建筑物等用地。不包括滞洪区和已垦滩涂中的耕地、园地、林地、居民点、道路等用地。
		111	河流水面	指天然形成或人工开挖河流常水位岸线之间的水面，不包括被堤坝拦截后形成的水库水面。
		112	湖泊水面	指天然形成的积水区常水位岸线所围成的水面。
		113	水库水面	指人工拦截汇集而成的总库容≥10 万立方米的水库正常蓄水位岸线所围成的水面。
		114	坑塘水面	指人工开挖或天然形成的蓄水量<10 万立方米的坑塘常水位岸线所围成的水面。
		115	沿海滩涂	指沿海大潮高潮位与低潮位之间的潮浸地带。包括海岛的沿海滩涂。不包括已利用的滩涂。
		116	内陆滩涂	指河流、湖泊常水位至洪水位间的滩地；时令湖、河洪水位以下的滩地；水库、坑塘的正常蓄水位与洪水位间的滩地。包括海岛的内陆滩地。不包括已利用的滩地。
		117	沟渠	指人工修建，南方宽度≥1.0 米、北方宽度≥2.0 米用于引、排、灌的渠道，包括渠槽、渠堤、取土坑、护堤林。
		118	水工建筑用地	指人工修建的闸、坝、堤路林、水电厂房、扬水站等常水位岸线以上的建筑物用地。
		119	冰川及永久积雪	指表层被冰雪常年覆盖的土地。
12	其他土地			指上述地类以外的其他类型的土地。
		121	空闲地	指城镇、村庄、工矿内部尚未利用的土地。
		122	设施农用地	指直接用于经营性养殖的畜禽舍、工厂化作物栽培或水产养殖的生产设施用地及其相应附属用地，农村宅基地以外的晾晒场等农业设施用地。
		123	田坎	主要指耕地中南方宽度≥1.0 米、北方宽度≥2.0 米的地坎。
		124	盐碱地	指表层盐碱聚集，生长天然耐盐植物的土地。
		125	沼泽地	指经常积水或渍水，一般生长沼生、湿生植物的土地。
		126	沙地	指表层为沙覆盖、基本无植被的土地。不包括滩涂中的沙地。
		127	裸地	指表层为土质，基本无植被覆盖的土地；或表层为岩石、石砾，其覆盖面积≥70%的土地。

2. 土地利用现状调查

（1）土地利用现状调查的内容

土地利用现状调查是以县为单位，查清各类土地利用分类面积及其分布和利用状况，自下而上逐级汇总为省级和全国的土地总面积及土地利用分类面积。土地利用现状调查的基本单元是图斑，所谓图斑，是指行政村内被二级地类界线所封闭的地块。土地利用现状调查的具体内容包括：查清各类土地权属界线和村以上各级行政辖区范围界线；查清各地类及其分布，并量算各类土地面积；按土地权属单位和行政区范围，分别汇总各地类面积及土地总面积；编制分幅土地权属界线图和县、乡两级土地利用现状图；调查、分析土地权属和土地利用中的问题，总结经验，提出合理利用土地的建议。

（2）土地利用现状调查的程序（见图 4-2）

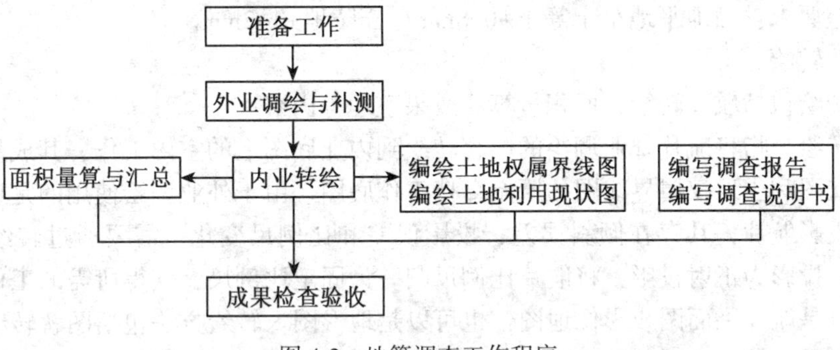

图 4-2　地籍调查工作程序

①准备工作

组织准备上，要成立调查领导工作小组，组建专业的调查队伍，建立调查规章制度等。调查前，要组织编写调查任务书，报上级主管部门批准。任务书内容包括调查区域基本情况、调查所需土建资料和技术条件、调查工作的实施步骤和方法、调查的时间安排和经费预算。调查前，需要收集的资料包括近期地形图、航摄像片或影像平面图、与调查区域有关的行政区划、地质地貌、水利、交通、土壤、气象和农林牧等方面的图件和文献资料；调查区域的社会经济资料，如人口、劳动力、生产和经济状况等；有关图件和证明文件、技术规程以及政策文件等。另外，还必须准备测绘、计算、量算、航片转绘工具及各种手簿等以及调查所需的生活、交通和劳保用品。

②外业调绘与补测

外业调绘包括境界与土地权属界的调绘、地类调绘、线状地物调绘。

境界与土地权属界的调绘中，境界是国界及各级行政区划界线；土地权属界是各用地单位的土地所有权界和土地使用权界。国界遵照国家标准，行政区划界和土地权属界由相邻单位共同确认，界线有争议的，应填写争议原由书，并将当事人各自确认的界线标注在图上。

地类调绘时，要赴实地对照航片进行判读和调绘，并填写外业手簿。外业调绘要确保地类线的封闭，并以实线表示。调绘中，图上小于 1.5mm 的弯曲线可简化合并，最小上图面积的小图斑可综合取舍，作零星地物处理，实丈其面积计入手簿，待面积量算时从大图斑中扣除。地形图上最小图斑面积：居民点为$4mm^2$，耕地和园地为$6mm^2$，其他地类为$15mm^2$。当地类界与线状地物或土地权属界、行政界重合时，可省略不绘。调绘地类图斑以地块为单位统一编号，能清晰判读的地类界线的位移不应超过1mm。

线状地物调绘中，线状地物是指河流、铁路、公路以及固定的沟、渠、路等。线状地物的宽度北方不小于2m，南方不小于1m，都要进行调绘并实地丈量宽度，丈量精确到0.1m。对宽度变化较大的线状地物，应分段丈量；较大的河流可直接在地形图上量取其宽度，不需外业实量。实量沟、渠、路、堤等并列的或附近的线状宽度，同时要查明线状地物的归属。调绘的线状地物应编号，实量宽度及归属填写在外业调查手簿中。

补测地物是保证现状图现势性的基础，就地物地貌发生变化的地段进行的重新测量。如果地物地貌变化范围在1/3时，应进行地物的补测。补测一般采用单张航摄像测图或平板仪测图，补测方法有距离交会法、直角坐标法、极坐标法等。补测地物点与明显地物点位置中误差要求：山地平地小于等于±0.8mm、丘陵地±1.2mm。

③内业转绘

内业转绘包括航片转绘、面积量算和成果整理等内容。

航片转绘是指将航片外业调绘的内容转绘到内业底图上的室内工作，其成果是编制土地利用现状图和土地权属界线图的原始存档工作底图。由于外业调绘使用的是单张未经纠正的中心投影航片，其存在倾斜误差、投影误差和比例尺变化，需要通过转绘来消除误差，变中心投影为正射投影，将航片比例尺归一为固定比例尺，获得所需的工作底图。转绘底图可以是航片平面图或影像地图，也可以是地形图。转绘方法包括图解转绘法和仪器转绘法两大类。其中，图解转绘是根据航片和地形图上已知同名地物点，利用直尺、圆规等作图工具，通过图解来进行转绘；仪器转绘是将航片外业调绘、补测的内容通过仪器转绘到内业底图上。

面积量算的基本原理是运用几何学原理和微积分原理计算面积，面积量算方法可分为直接计算面积法和图上量算面积法。其中，直接计算面积法是依据实地测量所得的数据，利用解析法直接计算图形面积；图上量算面积法是在编绘合格的土地利用现状图工作底图上，按照《土地利用现状调查技术规程》的精度要求，利用某种方法量算图形面积。为保证面积量算的精度，应遵循“图幅控制，分级量算，按比例平差，逐级汇总的原则”，即以图幅理论面积作为控制，逐幅先量算本幅图起控制作用的各土地使用单位的面积（如县、乡、村等分区面积），再量算其内部的碎步面积（地类和地块），自上而下分级量算，最后在量算面积之和与理论控制面积的误差（闭合差）处于容许误差范围内时，根据各级的面积大小，按比例平差，平差后的面积再自下而上逐级汇总。

成果整理包括图件编绘和报告编写等内容。

土地利用现状调查的图件成果是土地利用现状图和土地权属界线图，土地利用现状图又分为分幅土地利用现状图和行政区域的土地利用现状图（岛图），分幅土地利用现状图是在航片转绘和面积量算的基础上，利用聚酯薄膜经过透绘、整饰编制而成；行政区域土地利用现状图分为乡、县两级，在分幅土地利用现状图的基础上编制而成。土地利用现状图的比例尺一般与调查底图比例尺一致，农区是1∶1万，重点林区是1∶2.5万，一般林区是1∶5万，牧区是1∶5万或1∶10万，县级图除面积较大或形状狭长的县用1∶10万外，通常为1∶5万。土地利用现状图反映的内容有各级行政界、各地类界及符号、线状地物、必要的地貌要素等，图上等高线尽量少绘，以保持图面清晰，平原地区适当注记高程点，丘陵地区只绘计曲线。土地权属界线图以土地利用现状图为依据，重点突出土地权属关系，用界址拐点、权属界址线相应的地物图式符号及注记表示土地权属的合法性。

土地利用现状调查乡级要编写调查说明书，县级要编写调查报告，乡级说明书内容主要是说明全乡概况、各类土地面积及分布、土地利用特征及问题、土地权属问题等；县级调查报告内容包括全县自然社会经济概况、调查工作情况、调查成果及质量分析、土地合理开发利用和整治保护的途径及建议等。

④检查验收

土地利用现状调查成果实行省、县、作业组三级检查和省、县两级验收制度。检查验收的程序首先是作业组自检和互检，然后是县级检查验收，最后是省级检查验收。检查验收内容分为6项，即外业成果、航片转绘成果、面积量算成果、图件成果、调查报告和档案材料整理，成果评价是通过计算质量合格率进行，凡质量合格率在80%以上为合格，否则为不合格，总合格率按各项合格率与其所占权重的乘积之和计算。

（3）土地利用现状分类

根据土地管理需要，我国土地利用现状调查中同样采用过三种不同的分类：一是根据1984年颁布的《土地利用现状调查技术规程》，采取两级分类，将土地划分为8个一级类和46个二级类，其中，8个一级类分别是耕地、园地、林地、牧草地、居民点及工矿用地、交通用地、水域及未利用土地。该分类与《城镇地籍调查规程》中的城镇土地分类相对应，并一直沿用到2001年12月；二是2002年在全国试行的《土地分类（试行）》和《全国土地分类（过渡期间适用）》；三是2007年第二次全国土地调查颁布的《土地利用现状分类》，将土地划分为12个一级类，57个二级类，详见表4-1。第二次全国土地调查规定，开展农村土地调查时，对《土地利用现状分类》中的商服用地、工矿仓储用地、住宅用地、公共管理与公共服务用地、特殊用地五个一级类和街巷用地、空闲地两个二级类进行归并，形成城镇村及工矿用地一个一级类，并将其划分为城市、建制镇、村庄、采矿用地、风景名胜及特殊用地五个二级类，详见表4-2。

3. 土地条件调查

（1）土地条件调查的内容

土地条件调查的目的是摸清土地质量和分布，因而又称为土地质量调查。土地条件调查的成果是制定各项计划、规划和土地政策的重要基础，有利于城乡土地资源的优化配置，满足农业区划和促进农业生产的需要，同时为土地分等定级和土地估价提供可靠资料，为因地制宜地合理利用土地资源提供依据。土地条件调查可分为土地自然条件调查和土地社会经济条件调查，前者调查的内容是气候、地形、地貌、土壤、水资源和植被等自然条件，后者调查的内容是城乡土地的区位、交通、投入产出等社会经济条件，见表4-3。

（2）土地条件调查工作的程序

土地条件调查工作的程序如图4-3所示。准备工作主要是确定调查对象、目的和范围，制定技术规程，收集分析有关资料，组建专业调查队伍；外业调查方式可根据情况选择，例如，气候可以赴野外实地观测，地质地貌可以采取路线补充调查，河流湖泊可采取取样分析，土壤调查可进行剖面挖掘和观察等，而社会经济条件调查则主要采取走访和问卷方式进行；资料整理过程中，涉及大量一手资料的，要注意归纳分类，去粗取精，去伪存真；基础图件整理要充分利用地形图、影像地图、土地利用现状图、土壤图、土地类型图等，通过清绘，编制土地条件调查底图；土地条件调查的成果包括土地条件调查项目、土地条件调查成果图和相应的调查报告。

表 4-2　　　　　　　　　　**城镇村及工矿用地**

一级类		二级类		含　义
编码	名称	编码	名称	
20	城镇村及工矿用地			指城乡居民点、独立居民点以及居民点以外的工矿、国防、名胜古迹等企事业单位用地，包括其内部交通、绿化用地。
		201	城市	指城市居民点以及与城市连片的和区政府、县级市政府所在地镇级辖区内的商服、住宅、工业、仓储、机关、学校等单位用地。
		202	建制镇	指建制镇居民点以及辖区内的商服、住宅、工业、仓储、学校等企事业单位用地。
		203	村庄	指农村居民点以及所属的商服、住宅、工矿、工业、仓储、学校等用地。
		204	采矿用地	指采矿、采石、采砂（沙）场、盐田、砖瓦窑等地面生产用地及尾矿堆放地。
		205	风景名胜及特殊用地	指城镇村用地以外用于军事设施、涉外、宗教、监教、殡葬等的土地，以及风景名胜（包括名胜古迹、旅游景点、革命遗址等）景点及管理机构的建筑用地。

注：开展农村土地调查时，对《土地利用现状分类》中 05、06、07、08、09 一级类和 103、121 二级类按表 A2 进行归并。

表 4-3　　　　　　　　　　**土地条件调查的内容**

自然条件调查内容		社会经济条件调查内容	
气候条件	太阳辐射 降水 土温 气温 作物三基点温度 农业界限温度 积温	城市土地	城市规划 繁华程度、区位 交通、运输条件 基础设施条件 环境条件 公建设施状况 人口状况

续表

自然条件调查内容		社会经济条件调查内容	
地形地貌条件	山地 丘陵 平原 高原 盆地	农用土地	地理位置 交通、运输条件 耕作制度 土地经济效果指标 土地经济分析指标 土地经济分析效果指标
土壤条件	土壤类型 土壤剖面 pH 值 土壤养分状况 盐碱土		
水资源条件	地表水 地下水 水质		
植被条件	植被类型 森林覆盖率 产草量、载畜量		

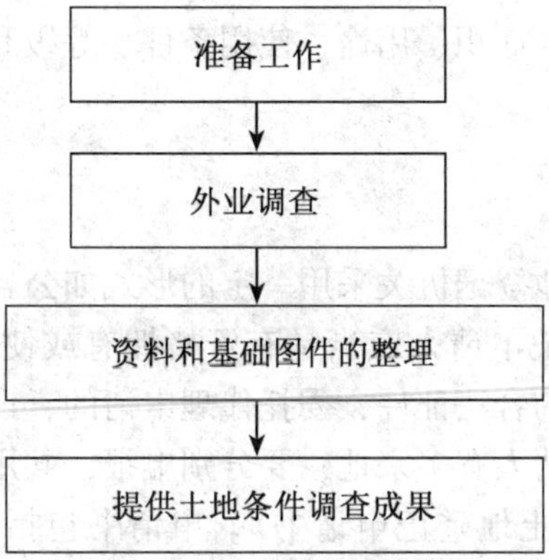

图 4-3　土地条件调查工作的程序

4.2.5　土地登记

土地登记是国家依照法定程序将土地的权属关系、用途、面积、使用条件、等级、价值等情况记录于专门的簿册，以确定土地权属，加强政府对于土地的有效管理，保护权利人对于土地的合法权益。土地登记的对象有国有土地使用权、集体土地所有权、集体土地使用权和土地他项权利等。

1. 土地登记的分类

按照时间和任务不同，土地登记分为初始土地登记和变更土地登记。初始土地登记又称为土地总登记，是土地登记机关在同一时间内对一定范围（一般是县或市）内全部宗地土地所有权和使用权及他项权利进行集中统一的登记。初始登记一般是在统治者取得政权后通过立法对国内土地实行的第一次登记或重新登记，也有在国家政策、法律有重大调整后，或者出于统治者的其他需要，对全部土地进行的重新登记。变更土地登记又称为日常土地登记，是对已经进行初始土地登记的任一宗地的土地所有权、使用权和他项权利及相关内容发生变化而进行的相应的变更登记。土地初始登记是土地变更登记的基础，土地变更登记是土地初始登记的延续，通过土地变更登记，可以保持土地登记内容的现势性和法律效用。

2. 土地登记的内容

（1）土地权属性质和来源

土地权属性质是指登记的土地是国有还是集体所有，是登记的所有权，还是使用权或他项权利。按照土地权属性质不同，可以分为国有土地使用权、集体土地所有权、集体土地使用权和土地他项权利。土地权属来源是指土地所有者或使用者初始取得土地的方式，例如，是继受取得，还是市场交易获得，是否存在相应的权源证明材料等。

（2）土地权利主体

按照土地权利性质不同，土地权利主体可分为国有土地使用者、集体土地所有者、集体土地使用者和土地他项权利者，权利主体可以是国家和农村集体，也可以是单位或个人。

（3）土地权利客体

登记土地的坐落、界址、面积、用途、使用条件、等级和价格等。

3. 土地登记的程序

（1）初始土地登记的程序

①土地登记申请

初始土地登记开始，土地登记机关采用一定的形式如公告、通知等，说明申请登记的范围、对象和地点。土地登记申请人应当是有资格拥有或使用土地的单位或个人，申请时，应提交证明申请人身份的合法证件，委托代理申请的，还必须提交授权委托书。受理申请以宗地为单位，一个申请人有多宗地，要分别申报，共用宗地由共用人申报。土地登记申请人应当按规定填写《土地登记申请书》。申请书包括四方面内容：一是申请人情况，如申请人名称（姓名）、单位法人代表姓名、住所、上级主管单位等；二是申请登记的土地状况，如土地坐落、土地产权性质、土地面积、土地用途、土地等级等；三是宗地范围界线草图（注明相邻单位名称）；四是产权来源及产权证明材料等。土地登记机关应当对申请人的资格、申请书的完整性和规范性、产权证明文件的有效性等进行初步审查，确定是否需要补充申请材料或驳回申请。

②地籍调查

地籍调查是由土地管理机关对申请登记的土地采取实地调查、核实、测量、定界、成图等措施，查清土地的位置、产权性质、界线、面积、用途及土地产权人的有关情况，以便进行土地登记。地籍调查分为权属调查和地籍测量两个部分。

③审核批准

土地登记的审核批准是县级以上人民政府根据土地管理部门的调查结果和审核意见决定对申请登记的土地产权是否准予登记的法律程序。土地登记审核内容为：一是产权来源是否合法；二是权属界址是否清楚；三是土地面积是否准确；四是土地利用是否合理；五是土地价格是否客观；六是登记资料是否齐全，如地籍图上各地籍要素是否齐全清晰等。审核后，审核结果应进行公告，公告期满无异议的，可报人民政府批准。

④注册登记和颁发证书

土地注册登记是将经人民政府批准登记的土地产权及有关内容正式填写在土地登记卡（簿）上，使之具有法律效力，同时填写土地归户卡（册）和土地证书。土地归户卡依照土地登记卡填写。所谓归户，就是把产权人作为主项，把由其拥有或使用的土地都归到一起逐宗予以排列。一户一宗地填写归户卡，以便进行产权管理。土地证书是根据土地登记卡由土地管理部门填写，县级以上人民政府颁发，土地证书分为三种，即《国有土地使用证》、《集体土地所有证》和《集体土地使用证》。土地他项权利登记在其所附属的土地所有权或使用登记卡和土地证上，同时向他项权利持有人颁发《土地他项权利证明书》。尚未确定土地使用权的国有土地，如国有储备土地及无人管理的公益事业用地、江河湖泊、荒山等由县级人民政府土地管理部门进行登记造册，不发土地使用证。

（2）变更土地登记的程序

变更土地登记有土地所有权和使用权的变更登记、土地他项权利的变更登记、土地地址的变更登记和土地用途的变更登记以及注销登记。其中，土地所有权和使用权变更的情况有：土地征用或划拨引起土地所有权或使用权的变更；土地使用权的出让；土地使用权的转让；单位合并、分立或企业兼并和实行股份制等引起土地权属变更；依法继承土地使用权；处分抵押财产获得土地使用权；土地的交换和调整等。土地他项权利变更的情况是土地使用权的出租和抵押等；土地地址变更的情况是指土地产权人的名称或姓名发生变更或者通讯地址发生改变等；土地用途变更登记中，建设用地按城镇土地二级地类进行变更登记，农村土地按农用地一级地类进行变更登记，对于农用地，暂可采用农用地变建设用地随时变更，其他土地地类变更以年为单位定期汇总变更的办法。注销登记时，将原登记内容废止，具体情况包括：依法收回土地使用权；土地使用权出让期限届满；因自然灾害造成土地灭失；土地租赁终止；土地抵押终止等。变更土地登记程序与初始土地登记程序基本一致，包括变更土地登记申请、变更地籍调查、审核批准、注册登记更改或更换证书等。

①变更土地登记申请

变更涉及一方的，如用途或地址变更，由当事人一方申请变更登记；变更涉及多方的，由变更各方共同申请变更登记，如土地使用权因转让发生转移，失去权利的一方申请办理土地使用权注销登记，获得权利的一方申请办理土地使用权登记。变更登记申请时间有明确规定：新建项目用地，在用地批准后一个月内申请变更登记，项目竣工后30日内，申请复查合格，可正式办理变更登记；土地使用权出让的，在全部支付出让金后15日内持合同和出让金支付凭证申请变更登记；出售、交换赠与、抵押土地使用权的，在签订合同15日内持合同申请变更登记；因机构调整、企业兼并等原因引起宗地合并或分割的，应由有关各方在合同、协议或上级部门批准后30日内申请办理变更登记；土地使用权继承的，应在继承实现后30日内申请变更登记；地址和用途变更的，应在变更后30日内申请变更登记；因征用等原因造成权利灭失的，应在权利灭失15日内申请注销登记；因农用地的交换或调整发生权属变更的，应在交换或调整协议签发后30日内申请变更登记。变更土地登记申请阶段包括三项内容：一是登记机关检查申请人提交的有关证件；二是申请人填写变更土地登记申请书；三是登记机关接收申请人提交有关申请变更土地登记的文件。

②变更地籍调查

地籍调查人员接到由土地登记机关转来的《土地变更登记申请书》变更后，应立即向变更土地登记申请人发送变更地籍调查通知书，按通知书规定日期到现场进行实地调查和勘丈，绘制新的宗地草图，对地籍原图进行修测和补测，并在其上描绘宗地图，根据调查情况，填写《地籍调查表》。

③变更土地登记审核

在经过变更地籍调查后，即转入审核批准阶段。审核批准是以土地变更的权源证件、地籍档案和地籍调查资料为基础，以国家的有关政策和法律为根据，认真审核申请变更土地登记的权源是否清楚，变更的程序是否合法的一项复杂而细致的工作。权属审核要求做到层层把关，"三审"定案。所谓"三审"，即初审、复审和批准三个阶段。在权属审核中，必须建立责任制，谁办的案件谁负责。初审主要对土地变更的事实根据负责；复审主要对土地变更适用的政策、法律准确性负责；审批则是对土地变更全面负责。

④登记注册

变更土地登记申请在经过地籍调查和权属审核无误、报人民政府批准后，土地管理部门再进行注册登记，更改更换土地登记卡、归户册及土地证书。按《土地登记规则》的要求，凡是宗地的土地使用权（所有权）变更的，须更换土地登记卡。新卡的备注栏里填写原土地使用（所有）者。原土地登记卡附在新卡的后面，并在原卡上注明该宗地的变更过程以备查考，凡是主要用途或其他项目变更的，不更换土地登记卡，在原卡上进行变更即可。对土地证书的更改或更换也是根据土地变更的内容决定的，凡因土地权属变更及土地使用者或所有者名称变更的，须更换土地证书。凡属土地用途变更的，更改土地证书，其变更的内容填写在变更记事栏内。

4.2.6 土地统计

土地统计是将零散的各种土地数据、图件等收集、整理到一起，利用数字、图表和有关资料对土地数量、质量、分布、权属和利用状况及其动态变化进行全面记载，研究和分析土地利用现状，预测土地利用变化趋势，为国家制定有关政策和编制计划提供可靠的依据。

1. 土地统计的分类

按照统计时间和任务不同，土地统计可以分为初始土地统计和年度土地统计（日常土地统计）；按照国家土地统计管理体制有关统计报表的报告程序，土地统计可以分为国家土地统计和基层土地统计。

初始土地统计是首次根据土地资源调查的基础资料开展的土地统计工作，是土地统计工作的起点，这个起点是人为确定的。为保证土地数据的连续性和现势性，可将土地利用现状调查结束作为初始土地统计的起点，土地利用现状调查的成果作为初始土地统计的依据。初始土地统计也可以在初始土地登记后进行，把初始土地登记的各类土地利用面积作为初始土地统计的基本依据资料。

通常，土地统计是指在初始土地统计的基础上对土地变化状况进行的统计，通过变更调查，对所属行政范围内的土地利用现状进行全面核实，并及时地反映在土地统计表册和统计图件上。国家土地统计是为了及时准确地掌握全国以及各省、市、县的土地利用变化、耕地变化、建设用地变化等而进行的统计。

国家土地统计由县级以上土地管理部门进行，具体包括土地统计的有关制度与方法的设计；按国家统一制定的土地统计报表制度定期完成年报的填写和汇总，进行数据整理和分析，检查和监督国家各项土地管理政策的执行情况，并提出改进土地管理工作的建议和措施，为国家提供科学、准确、全面、系统的土地信息。

基层土地统计是指县级以下的乡（镇）土地管理所（员）和村级生产单位，以及其他非农业建设的用地单位等所从事的基层土地统计工作。基层土地统计由县级土地管理部门组织乡（镇）土地管理进行的经常性统计工作，具体包括在土地利用现状调查基础上，以县为单位，建立各乡（镇）初始土地统计，开展土地变更调查和年度土地统计，做好年报，建立和完善各项土地统计工作制度。

2. 土地统计的程序

（1）土地统计设计

土地统计设计是确定土地统计所要达到的目的，并对统计工作的各方面和全过程进行通盘考虑和协调安排，其具体内容包括确定统计目标、设计统计指标和表格、制定统计调查方案等步骤。

（2）土地统计调查

土地统计调查是按已有的调查方案，采用科学方法收集土地原始资料和开展实地调查的过程。土地统计调查具体包括资料收集和实地调查等步骤。

（3）土地统计整理

土地统计整理是根据土地统计研究的任务和目的，对土地统计调查取得的各项原始资料进行审核汇总，使其系统化和条理化，得出反映土地资源总体特征的综合资料。

（4）土地统计分析

土地统计分析是土地统计过程的最后阶段，是对土地统计数据进行分析研究，说明土地利用状况，揭示土地变化规律，提出解决问题的方案和建议。土地统计分析一般包括土地现状及动态分析、土地专题分析、土地综合分析和土地预测分析等。

3. 土地统计表和土地统计图

土地统计表和土地统计图是土地统计结果的重要反映形式。

土地统计表可以看成是填有土地统计指标的表格，统计指标具体由指标名称和指标数值组成。土地统计表具体包括总标题、统计指标名称、权属单位或统计单位名称、统计指标的计量单位、统计单位、土地权属性质和主管部门等，土地统计表格式见表4-4。

表 4-4　　　　　　　　　　**土地统计表（　　年）**

统计单位：______县______乡　土地权属性质：　　　单位

序号	土地权属单位或乡镇名称	土地总面积	耕地						园地						纵栏标题
			小计	灌溉水田	望天田	水浇地	旱地	菜地	小计	果园	桑园	菜园	橡胶园	其他园	
1	合计		10	11	12	13	14	15	20	21	22	23	24	25	
横行标题	甲乡														数据资料
	乙乡														
	丙镇														
	……														

（填表人：　　　）　　　　（公章）　　　　（填表日期：　　　年　　月　　日）

土地统计图是土地统计的重要文件，县级土地统计图一般采用 1∶1 万分幅土地统计图，已完成地籍调查和土地利用现状详查的县可以采用地籍图或土地利用现状图作为土地统计图。土地统计图必须具备下述内容：各级行政界线、各级地类界线及地类符号、权属单位名称及编号、权属单位面积和地类面积统计表、比例尺、图名、图廓、图例和指北针等。在进行土地经常统计时，首先要根据已校核过的文据、图纸资料，将全县范围内土地权属和土地利用变化用铅笔标示到土地统计图上，到实地调查核实后，再统一用红墨汁描绘，然后清绘、复制成本年度土地统计图。由于在图上反映出土地面积变化的具体位置，就可发现土地统计中的错误，避免面积的重叠和遗漏。

4.2.7　地籍档案管理

1. 地籍档案管理的概念

地籍档案是在地籍管理过程中直接形成的，具有保存和参考价值的文字、维护图表、声像等不同形式的历史记录和客观见证。地籍档案管理可以理解为以地籍档案为对象而进行的收集整理、分类编目、归档保管和提供利用等各项活动的总称。

2. 地籍档案管理的内容

（1）地籍档案的收集和整理

地籍档案的收集是指将分散在各部门、机关、单位或个人手中的、具有保存和利用价值的地籍资料，按一定的制度和要求收集齐全，系统整理和移交给档案室的工作。地籍档案收集最重要的是建立健全地籍档案归档制度，具体包括归档范围、归档时间和立卷部门三方面内容。归档范围涵盖地籍管理工作中形成的和办理完毕的有查考价值的各种文字、图表、声像和磁盘等不同形式的地籍文件材料；归档时间可分为随时归档和定期归档两种；地籍文件材料一般由地籍部门立卷，若市、县级土地管理部门人员较紧缺，可由档案人员协助立卷。地籍档案的整理是将处于零乱状态和需要条理化的地籍文件材料进行基本的分类、组合、排列和编目，使之系统化、条理化的过程，主要内容包括档案的分类、立卷、案卷排列和案卷目录编制等。

（2）地籍档案的分类和编目

地籍档案分类是指全宗内档案类别的划分，其中，全宗是指一个独立的机关和著名人物在社会活动中所形成的全部档案的总称，形成档案全宗的机关叫立档单位。地籍档案大致可分为六类：地籍综合类、土地调查类、土地登记类、土地统计类、土地分等定级估价类和土地利用变化动态监测类。地籍档案的编目是对各类不同保管单位地籍档案案卷（图集、卡片簿、册籍）目录的编制，其中，案卷目录具体包括封面、序言、目次、简称与全称对照表、案卷目录表和备考表。

（3）地籍档案的鉴定和统计

地籍档案的鉴定是在评定各种地籍档案价值的基础上，清理和销毁失去价值的地籍档案，并根据保存价值大小确定有价值的地籍档案的保管期限，根据保密程度和允许提供利用的范围确定地籍档案的保密等级。地籍档案的统计是以表册、数字形式反映地籍档案及其管理的有关情况。地籍档案统计分为档案登记和统计两部分。登记内容有地籍档案的收进、移出、整理、鉴定、保管档案数量和状况以及档案利用情况等；统计内容有地籍档案的构成、档案利用、档案工作人员构成、档案机构建设等情况。

（4）地籍档案的保管和利用

地籍档案的保管就是要采用各种保管方法，消除一切可能损坏档案的自然因素（不适当的温度、湿度、虫蛀、空气中酸污染、纸张质量低劣等）的人为因素（档案保管制度不严等），尽可能地延长档案的使用期限，防止档案的泄密和丢失，维护档案的安全。地籍档案的利用是地籍档案管理的目的，提供利用的方式通常有以地籍档案原件提供使用，可在档案室内设阅览室或将原件借出室外使用；以档案复制件提供利用，如制作档宗复制品，提供缩微胶卷（片）、静电复印件，出版或印发档案汇编；编写档案证明；函复查询外调等。

4.2.8 地籍管理信息系统

1. 地籍管理信息系统的概念

地籍管理信息包括描述土地空间位置和状态的图形数据，如地籍图、土地利用现状图、土地级别图、宗地图等；描述土地权属、土地价值、土地位置的属性数据，如宗地号、地类、面积、权利人、地址等。多用途的地籍信息系统是一个拓扑型的空间信息系统，除包括图形和属性数据的输入、编辑、现实、增删、统计及输出等内容外，还包括便利的查询和空间分析功能。地籍管理信息系统是以计算机为基础，用管理理论和信息技术建立起来的为地籍管理业务服务的信息系统。地籍管理信息系统能够为地籍管理提供优良的工作环境、简捷的工作程序，其强大的统计能力和管理能力可以有效地提高地籍管理的工作效率。日常地籍管理中，较繁琐和易出错的工作主要有地籍图和宗地图的修编、土地变更登记、日常土地统计等，用地籍管理信息系统完成比手工完成将大大缩短工作时间，节省大量人力、物力和财力。

2. 地籍管理信息系统的结构和功能

（1）地籍管理信息系统的结构（见图 4-4）

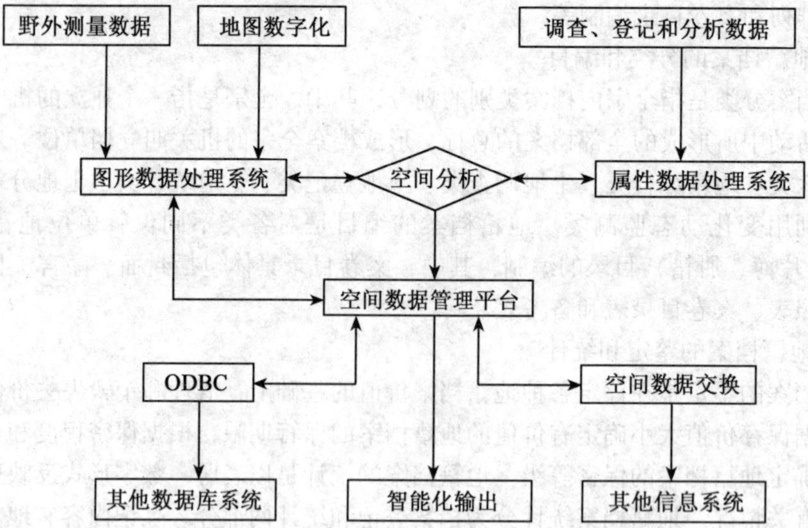

图 4-4　地籍管理地理信息系统结构框图

（2）地籍管理信息系统的功能

①地籍数据采集功能

地籍数据分为三类：空间几何数据、属性数据和管理数据。空间几何数据是与土地有关的各种图形；属性数据是记录空间数据的分类、土地登记、土地利用状况和土地价值等属性的数据；管理数据是地籍管理过程中生成的数据。地籍数据采集的方式有手扶跟踪数字化、图纸扫描数字化、测量数据及外部仪器数字接口、键盘输入矢量数据。

②图形处理功能

图形处理功能包括图形窗口的显示、地图整饰与符号设计、图形编辑、图形空间拓扑关系、属性数据的编辑、计算功能等。图形窗口为操作人员提供图形修改、查询和编辑等操作区域；地图整饰和符号设计包括图幅整饰、保存整饰结果成文件和打开某一整饰文件并编辑等；图形编辑包括对点信息的增加、删除和检索，对弧段的修改、删除、连接和断开功能，对目标的移动、删除、旋转和镜像等，对不同地物设置不同线型、颜色、符号等功能；图形空间拓扑主要是建立几何图形之间的空间拓扑关系；属性数据编辑是将一个实体的属性数据与相应的空间几何数据进行连接；计算功能主要是计算图斑的面积、周长、两界址点间的边长、两结点间的线段长度、点到直线的距离等。

③制图功能

制图功能提供常用的专题图的表示方法，如自然地图、人文地图或多用途地图等，同时提供各种矢量图、栅格图和全要素图等。制图部分应有与相应输出设备的接口软件，通过这些软件绘图时，应设置绘图仪的种类、绘图比例尺，确定绘图原点和图幅大小等。

④属性数据的管理功能

属性数据是描述对象特征性质的数据，如宗地的权属信息、地类信息、地价信息等。属性数据的管理功能包括：提供用户定义各类地物的属性数据结构和用户自定义数据结构；提供结构修改功能，如拷贝结构、删除结构和合并结构等；利用 SQL 语言提供多种灵活的数据库查询；提供数据的计算统计和统计分析功能。

⑤空间查询功能

空间查询的内容有：根据属性查图形；通过 SQL 语句查询；从属性表直接查询目标对象；根据图形查属性；进行空间关系查询；进行查询统计等。

⑥空间分析功能

空间分析包括叠置分析、缓冲区分析、空间集合分析、地学分析等内容。其中，叠置分析是将同比例尺和同区域的两组或多组图形数据的数据文件进行重叠，根据叠置后边界的交点来建立具有多重属性的图形或进行图形范围的属性特征的统计分析，叠置分析可以得到新的图形和新的属性统计数据。缓冲区分析是根据数据库的点、线、面实体自动建立起周围一定宽度的缓冲区多边形。空间集合分析是按照两个逻辑子集给定的条件进行逻辑交、逻辑并、逻辑差的运算。地学分析是利用网络分析方法进行土地适应性分析、发展预测分析等。

3. 地籍管理信息系统的设计

(1) 系统需求调查和系统可行性分析

系统需求调查是通过与系统潜在的用户进行书面或口头交流，将得到的信息根据软件设计要求归纳整理，得出对系统的概略描述，具体内容包括用户情况、系统任务、系统功能、用户界面以及主要运行的软硬件环境等。系统可行性分析是在需求调查的基础上，根据社会经济和技术条件确定系统开发的必要性和可能性。

(2) 地籍管理信息系统主要子系统结构

①地籍调查子系统结构（如图 4-5 所示）

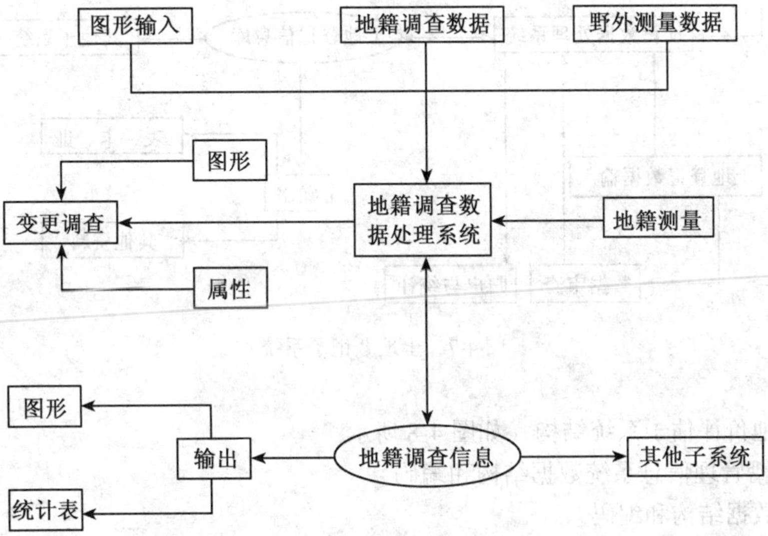

图 4-5 地籍调查子系统

②土地调查子系统结构（如图 4-6 所示）

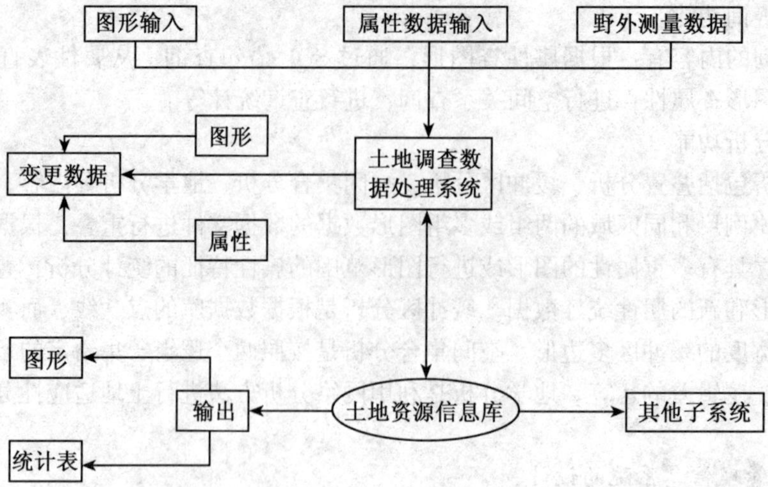

图 4-6　土地调查子系统

③土地登记子系统结构（如图 4-7 所示）

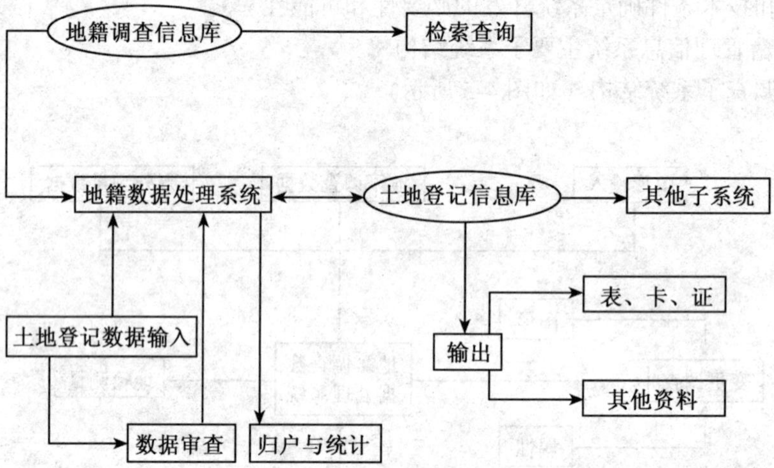

图 4-7　土地登记子系统

④宗地地价评估子系统结构（如图 4-8 所示。）

（3）地籍管理信息系统数据结构和编码

①空间数据结构和编码

空间数据结构也称为图形数据格式，是指适应于计算机系统存储、管理和处理的地学图形的逻辑结构，是地理实体的空间排列方式和相互关系的抽象描述。空间数据结构有栅格结构和矢量结构。栅格结构的编码方式有直接栅格编码、傅里曼链码、块码等；矢量结构编码方式有坐标序列编码、二元拓扑编码等。

②属性数据结构和编码

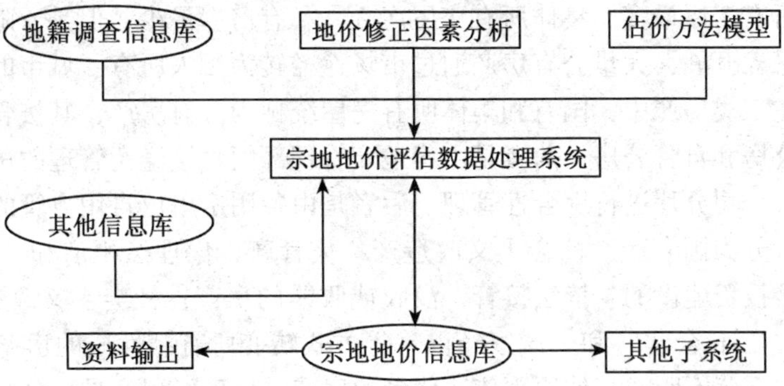

图 4-8　宗地地价评估子系统

属性数据有时直接记录在栅格或矢量图形数据文件中，有时则单独以某种结构存储为属性文件，通过关键码与空间图形数据相联系。属性数据编码是将属性数据变为计算机的数值或字符形式，以便于地籍管理信息系统存储管理。属性数据编码的内容包括三个部分：登记部分、分类部分和控制部分。登记部分用来标识属性数据的序号，可直接连续编号，也可分不同层次进行顺序编号；分类部分用来标识属性的特征，可采用多位代码反映多种特征；控制部分通过一定的查错算法，检查在编码、录入和传输中的错误，在属性数据量较大的情况下具有重要意义。

4. 地籍管理信息系统软件设计

软件设计是将所要编制的程序表达为一种书面形式，具体设计方法有结构化的软件设计和面向对象的软件设计两种。结构化的软件设计的特点是软件结构清晰，便于掌握系统全貌；面向对象的软件设计特点是更接近对问题而不是对程序的描述，软件设计带有智能化的性质，这种形式便于程序开发人员与用户的交流，软件设计更具普遍意义。

5. 地籍管理信息系统的实施

实施具体包括编写应用程序、系统运行测试、系统推广应用和效益分析评价等内容。其中，编写应用程序一般采用商业化的 GIS 为基础软件，如 MapEngine、GeoStar、ArcInfo、GeoMedia、MapInfo 等，通过这类平台，用户可在自己熟悉的开发环境中研制软件产品，如使用 Visual Basic、Borland Delphi、Borland C、Visual Foxpro 等。系统测试的主要内容有功能度、兼容性、运行速度、可靠性、易用性和可扩充性等。

4.3　房屋产权产籍管理

4.3.1　房屋产权制度

1. 房屋所有权制度

在我国，房屋产权制度与土地产权制度不同，房屋可以是私人所有，也可以是集体或国家所有，还可以是单位法人所有。房屋所有权可通过买卖、赠与、继承、抵押或其他合法形式发生流转。从我国房屋的产权结构看，长期以来，在农村私人所有房屋所占比重较大，以农民住宅为主，其次是集体所有房屋，全民所有房屋所占份额相对较少；而在城市则相反，全民所有房屋最多，集体所有房屋次之，私有房屋最少。但是，随着城镇住房制度改革的不断深入开展，大量公有房产通过市场途径转为私人所有，城市的私有房屋的比重明显上升。在三类房产中，国有和集体所有房屋统称为公有房产，其按管理形式的不同又可分为直管公房和自管公房，前者是由房地产管理部门直接经营管理的房屋，具体由房屋管理所或房管公司分片进行综合性管理，后者是由各用房单位自用自管的房屋。国有房产按产权来源可分为国有产、社会主义改造产、代管产、代理经租产和“文革”产。国有产是国家直接投资建设的、依法接管、没收或收购的房产；社会主义改造产是20世纪50年代末通过“公私合营”和“国家经租”等方式转变所有制性质的房产；代管产是因房屋无主、房主下落不明或其他原因依法代管的房产；代理经租产是部分私人所有或集体所有的出租房屋，委托房地产管理部门代为经营管理，按月结算收支的房产；“文革”产是文化大革命中接收的房产，按政策需要退还业主自管。依法取得的房屋所有权受到国家法律保护，任何单位或个人都不得侵占、毁坏城市私有房屋。城市私有房屋所有人必须在国家规定的范围内行使所有权，不得利用房屋危害公共利益、损害他人合法权益。城市私有房屋因国家建设需要征用拆迁时，建设单位应当给予房屋所有人合理的补偿，并按房屋所在地人民政府的规定对使用人予以妥善安置。被征用拆迁房屋的所有人或使用人应当服从国家建设的需要，按期搬迁，不得借故拖延。房屋所有权依法发生流转的形式有：

（1）房屋买卖

房屋买卖是指买卖双方通过签订买卖合同，买方向卖方支付一定价款，获得房屋所有权的过程。房屋所有权发生转移过程中，房屋占地范围内的土地使用权一并发生转移。房屋买卖可以是新房的出售，也可以是二手房的交易，买卖价格由买卖双方商议确定。房屋所有人出卖共有房屋，须提交共有人同意的证明书。在同等条件下，共有人有优先购买权。凡享受国家或企事业单位补贴，廉价购买或建造的城市私有房屋，需要出卖时，只准卖给原补贴单位或房管机关。

（2）房屋赠与

房屋赠与是指房屋所有人将房屋所有权无偿赠与受赠人的过程。通常情况下，房屋赠与双方应该签订房屋赠与合同，办理公证手续，并及时到有关部门进行房屋产权转移登记。房屋赠与只有在依法登记之后才具有法律效力。

（3）房屋继承

房屋继承是指继承人依照法律规定或被继承人生前立下的合法有效的遗嘱而承受被继承人房产所有权的过程。房屋继承与赠与类似，在办理公证手续后，要及时进行房屋产权转移登记。

（4）房屋抵押

房屋抵押是指房屋所有者以房屋所有权为抵押担保获取金融贷款的过程。房屋在抵押过程中，房屋占地范围内的土地使用权一并抵押，抵押人到期无法偿还债务的，抵押权人有权依法处置被抵押的房产，并从房屋处置价款中优先获得赔偿。

（5）其他形式

房屋所有权其他形式的流转包括房屋所有权的入股、联营、互换等形式。

2. 房屋使用权制度

房屋使用权是指对房屋占有、使用、收益和部分处置的权利，房屋占有者可以是房屋所有者，也可以不是房屋所有者。房屋使用权转移的形式有租赁、转租、继承、调换等，其中租赁和转租的形式最为普遍。

（1）房屋租赁

房屋租赁是指房屋所有者和使用者双方通过签订租赁合同，房屋承租者向出租人支付一定价款并获得一定年期房屋使用权的过程。依照法律规定，房屋租赁期间，房屋所有权发生转移的，新的房屋所有权人应继续履行原租赁合同。租赁期满，租赁合同即行终止，承租人要继续租用房屋的，应该在租赁期满前3个月提出，并经出租方同意，签订新的租赁合同。房屋所有人出卖租出房屋，须提前三个月通知承租人。在同等条件下，承租人有优先购买权。

（2）房屋转租

房屋转租是指房屋承租者和第三方签订转租合同，第三方向承租者支付一定价款并获得不超过原承租者承租房屋期限的房屋使用权的过程。承租者转租房屋必须经过出租方的书面同意，转租合同生效后，转租人享有并承担转租合同规定的出租人的权利和义务，并且应当履行原租赁合同规定的承租人的义务，但出租人与转租双方另有约定的除外。转租期间，原租赁合同变更、解除或者终止，转租合同也随之作相应的变更、解除或者终止。

（3）其他形式

房屋使用权转移的其他形式有继承、调换等。例如，法律规定，住宅用房承租人在租赁期限内死亡的，其共同居住两年以上的家庭成员可以继续承租；承租的房屋使用权要进行调换的，承租者必须征得出租方的同意，否则出租人有权终止租赁合同，收回出租房屋，由此产生的经济损失由承租人负责赔偿。

4.3.2 房屋产籍调查

房屋产籍调查是依照一定程序，采用科学的方法通过房屋调查和房屋用地调查，查清每个权属单元（丘）的位置、权属、数量、利用状况、房屋状况等基本情况以及地理名称、行政境界等。房籍调查利用已有的地形图、地籍图、航摄像片以及有关产籍资料，按“房屋调查表”项目，以权属单元为单位逐项、实地进行调查，据实填写，为确定房屋权属提供可靠资料。

房籍调查分为房屋调查和房屋用地调查。

1. 房屋调查

房屋调查的内容包括房屋坐落、产权人、产权性质、产别、总层数和所在层次、建筑结构、建成年份、用途、占地面积、建筑面积、分摊面积、墙体归属、权源、产权纠纷和他项权利等基本情况，以及绘制房屋权界线示意图。

（1）房屋坐落

房屋坐落是指房屋所在街道的名称和门牌号。房屋坐落在小胡同或小巷时，应借用毗连房屋门牌号并加注东、南、西、北方位；房屋坐落在两个以上街道或有两个以上门牌号时，应全部注明；单元式的成套住宅应注单元号、室号或户号。

（2）房屋产权人

房屋产权人是指房屋所有权人（包括共有人）的姓名。私人所有的房屋，产权人要用户籍名登记；产权人已死亡的，注明代理人的姓名；产权是共有的，注明全体共有人姓名；房屋是典当的，注明典当人姓名；产权不清或无主的，可直接注明产权不清或无主，并作简要说明。单位自管的公房，注明单位全称。两个以上单位共管的，注明全体共管单位的全称。直管公房包括公产、代管产、托管产、拨用产四种。直管公产应注明房产管理部门的全称；代管产注明代管及原产权人姓名；托管产应注明托管或委托人的姓名或单位全称；拨用产应注明房产管理部门的全称及拨借单位的名称。

(3) 房屋产权性质

房屋产权性质是按照我国的三种基本所有制形式对房屋产权人占有的房屋进行所有制分类,共划分为全民(全民所有制)、集体(集体所有制)、私有(公民个人所有)三类。

(4) 房屋产别

房屋产别是根据占有和管理的不同而划分的类别。产别按两级分类:一级分4类,即直管公产、单位自管公产、私产、其他产;二级分11类,即公产、代管产、托管产、拨用产、全民单位自管公产、集体单位自管公产、军产、私产、外产、中外合资产、其他产。

(5) 层数及所在层次

房屋层数是房屋的自然层数，一般按室内地坪以上计算，采光窗在室外地坪以上的半地下室，其室内层高在2.2m以上的，计算层数。地下室、假层、附层（夹层）、阁楼、装饰性塔楼以及突出屋面的楼梯间、水箱间不计层数。所在层次是指本权属单元的房屋在该幢楼房中的第几层。

(6) 房屋建筑结构

房屋建筑结构类型是按房屋的梁、柱、墙及各种构架等主要承重结构所用的建筑材料来划分的，共分为钢结构、钢和钢筋混凝土结构、钢筋混凝土结构、混合结构、砖木结构和其他结构6类，分类标准按表4-5确定。一幢房屋有两种以上建筑结构的，应以面积大的为准。

表4-5 **房屋建筑结构分类标准**

类型及编号	内容
钢结构（1）	承重的主要结构是用钢材料建造的，包括悬索结构
钢、钢筋混凝土结构（2）	承重的主要结构是钢、钢筋混凝土建造的，如一幢房屋一部分梁柱采用钢筋混凝土构架建造
钢筋混凝土结构（3）	承重的主要结构是钢筋混凝土建造的，包括薄壳结构、大模板现浇结构及使用滑模、开板等先进施工方法施工的钢筋混凝土结构的建筑物
混合结构（4）	承重的主要结构是钢筋混凝土砖木建造的。如一幢房屋的梁是用钢筋混凝土制成，以砖墙为承重墙，或者梁是木材制造，柱是用钢筋混凝土建造
砖木结构（5）	承重的主要结构是用砖、木材建造的。如一幢房屋是木制房架、砖墙、木柱建造的
其他结构（6）	凡不属于上述结构的房屋都归此类。如竹木结构、砖拱结构、窑洞等

(7) 建筑面积

要搞清房屋建筑面积，必须先了解建筑面积的计算范围。如单层建筑物不论其高度如何均按一层计算，其建筑面积按建筑物外墙勒脚以上的外围水平面积计算；多层建筑物的建筑面积按各层建筑面积的总和计算；封闭式阳台、挑廊按其水平投影面积计算建筑面积，凸阳台、挑阳台按其水平投影面积的一半计算建筑面积。如何计算各类建筑物的建筑面积，参照有关标准执行。

(8) 房屋用途

房屋用途是指房屋的实际用途，一般分为住宅、工业交通仓库用房、商业和服务用房、教育医疗科研用房、文化体育娱乐用房、办公用房、其他用房等类别。

(9) 房屋墙体归属

房屋墙体归属是指房屋四面墙体所有权的归属。房屋的四面墙体有两种情况：一是四面不靠，即四面墙体均与邻户不相毗连；二是四面墙体至少有一面同邻户相毗连，与邻户相毗连的墙体又分为共有墙、各有墙、自有墙，调查清楚后在调查表上注明。

(10) 房屋权源

房屋权源是指产权人原始取得房屋产权的时间和方式，如新建、购买、受赠、交换、接管、征用、调拨、价拨、分析、拨用等。要查清每幢房屋的来源，要逐幢审查其产权证件。权源不同，提交的证件不同。例如，新建房屋，须检查上级主管机关基建项目的批文、用地批文、红线图、建设许可证及竣工图纸；受赠的房屋，须交验房屋所有权证、赠与书、契证或契约；没有产权证件、产权证件不全或产权证件被遗失的房屋，要查清有关房屋产权来源。产权来源有两种以上的，应全部注明。在调查中，对产权来源不清或有争议的，以及设有典当权、抵押权等他项权利的，应作出记录。

(11) 房屋权属界线示意图

房屋权属界线示意图是以权属单元为单位绘制的略图，表示房屋及其相关位置、权界线、共有共用房屋权界线以及与邻户相连墙体的归属，图上同时注记房屋边长。对有争议的权界线应标注争议的具体部位。房屋权界线是房屋权属范围的界线，包括共有共用房屋的权属界线。在调查时，要以产权人的指界与邻户的认证来确定。

2. 房屋用地调查

(1) 房屋用地单元的划分与编号

①丘与丘号

丘是指用地界线封闭的地块。一个用地单元的地块称独立丘，几个用地单元组成的地块称组合丘。一般以一个单位、一个门牌号或一处院落划分为独立丘；当用地单元混杂或用地单元面积过小时划分为组合丘。丘号以图幅为单位，从左到右、自上而下用数字1，2，…的顺序按反S形编号。组合丘内各用地单元以丘号加支号编立，丘号在前，支号在后。

②幢与幢号

幢是指一座独立的、同一结构的包括不同层次的房屋。同一结构相互毗连的成片房屋可按街道门牌号适当划分幢号。幢号以丘为单位，自进大门起，从左到右，从前到后，用数字1，2，…的顺序按反S形编号，幢号注在房屋轮廓线内的左下角，并加括号表示；若实地已有幢号的，沿用其号。在他人用地范围内所在的房屋，应加编房产权号，房产权号是以房屋权属单元为单位，用大写英文字母 A，B，…按顺序编号注记在幢号右面，和幢号并列。

（2）房屋用地调查的内容

房屋用地调查的内容包括用地的坐落、产权性质、等级、税赋、使用人、用地单位所有制性质、权源、四至、界标、用地分类、用地面积和用地纠纷等基本情况，以及绘制房屋用地示意图。

用地产权性质按全民、集体两类填写，集体所有的土地还应注明土地所有单位的全称。用地等级按照当地人民政府制定的土地等级标准或规定执行。用地税赋是用地人每年向土地管理部门或税务机关缴纳的费用，以年度缴纳金为准。用地的权源是指取得使用土地的时间和方式，如划拨、出让、转让等。四至是用地范围及与四邻接壤的情况。界标是用地界限上的各种标志，包括道路、河流等自然界限，房屋墙体、围墙、栅栏等围护物体以及界碑、界桩等埋石标志。用地分类以全国城镇土地分类标准为依据填写。一幢房屋楼上和楼下用途不同，以第一层用途为准，一层有多种用途以主要用途为准。在调查中，对用地范围不清或有争议的，设有他项权利的，应作出记录。房屋用地范围示意图是以用地单位绘制的界图，表示房屋用地位置、四至关系、用地界线、共用院落的界线以及界标的类别和归属。

3. *房屋产籍调查与房屋产权登记*

（1）二者的区别

房籍调查是一项专业性、技术性较强的工作，主要是房屋管理机关对各类房屋产权和现状的调查形成一系列的图、卡、簿册等房屋资料，为房屋权属的确定提供依据。房籍调查工作本身不具有法律意义，即其调查成果只是作为房屋确权的基础资料和重要依据，但没有法律效力。房屋产权登记是一项法律性的工作，如果地方政府发布登记通知，不论房屋归谁所有，在登记范围内的房屋产权人均须到房产管理机关办理产权登记。房屋产权登记是一种政府行政行为。经过审核确认、颁发房屋所有权证，房屋所有权即受法律的承认和保护。

（2）二者的联系

①房屋产权登记是房籍调查的后续工作

房屋产权登记分总登记和日常登记，总登记是在一定期间内，房屋管理机关对行政辖区内的全部房屋进行的统一登记，这就要求登记部门对全部房屋进行产权的审查与确认,为此须进行申请材料的验证，并进行房籍调查。在日常工作中，房屋产权人因房屋产权状况、建筑状况的变更而向登记机关申请变更登记。登记部门接到申请后，要对其房屋的现状进行实地调查，即房籍调查。因此，要进行房屋产权登记，必须进行房籍调查。

②房籍调查为房屋产权登记提供依据

房籍调查查清了每个权属单元（丘）的位置、权属、数量、用途、利用状况、房屋状况等基本情况，这些正是房屋产权登记确权的主要依据。房籍调查是通过图、卡、簿册等成果资料反映房屋产权的来源、现状和房屋状况，作为权属确认的依据，同时在产权登记中，各种纠纷的调处以及一些难以发现的错误和问题也可以通过房籍调查得到实证。

4.3.3　房屋产权登记

1. 房屋产权登记的对象和范围

房屋产权登记包括房屋所有权登记和房屋他项权利登记。房屋所有权登记的对象是全民所有制房屋所有权、集体所有制房屋所有权和私人房屋所有权。1985年，全国开展城镇房屋普查时，将房屋分成11类“产别”，兼顾了房屋所有权的分类和管理的不同形式，与房屋所有权分类是不同的概念，不能作为房屋所有权登记的对象。房屋他项权利登记的对象主要指房屋的抵押权和典当权等。

房屋产权作为不动产物权，它的取得、设定、变更和丧失都要依照国家法律的规定程序办理产权登记手续，房屋产权人的合法权益才能得到国家的认可和保护。

我国城市房屋产权几经变化，如20世纪50年代初的私房改造，私房产权的变化频繁、复杂，以致造成产权不清、产籍不明的混乱状况。以后，国家进行了房屋普查和房屋产权登记，但是，随着国家宣布“城市的土地属于国家所有”以及城市的建设发展，尤其是房地产业的发展，使城市房屋产权发生了极大的变化。房屋新建、拆迁和住房制度的改革都对房屋产权登记提出更新的要求。

（1）地域范围

限于城市、县镇、建制镇和工矿区范围内的所有房屋，以及在依法取得的房地产开发用地上建成的房屋。设区的城市主要指建成区，包括市区建成区、郊区与市区相连接的建成区和郊区建制镇建成区的全部房屋，除此之外，还包括郊区建制镇以外区属以上机关、学校、工矿企事业等单位，以及相连接的城镇居民点的全部房屋。不设区的城市主要指市区及市属建制镇的建成区范围内的全部房屋，还包括市区建成区以外的市属以上机关、学校、工矿企事业等单位，以及相连接的城镇居民点的全部房屋。县城主要指县属建制镇建成区，以及县属建制镇以外县属以上机关、学校、工矿企事业单位和与其相连接的城镇居民点的全部房屋。

（2）房屋范围

指上述登记地域范围内的全部房屋，包括全民、集体和私人所有的房屋，以及共有房屋或宗教团体等所有的房屋，还包括登记地域范围内的股份制企业和涉外的房屋。涉外房屋主要指外产、中外合资产、中外合作产、外商独资产和外侨产等。这里的外产是指外国政府、企事业、学校、医院、团体及侨民的房产。这些房产的大部分是中华人民共和国成立前留下来的房产。中外合资产是指我国企事业单位或私人同外国企业、私人合资经营企事业新建、购置或投资的房产。对登记地域范围内的一些特殊房屋，或结构简陋、破烂不堪的房屋、临时性的房屋以及无使用价值的、正在拆除的房屋，不属于房屋的各种建筑物等，原则上不进行登记，即不属于房产登记范围内的房屋。

2. 房屋产权登记的程序

（1）准备工作

在房屋产权总登记之前，必须进行组织、行政事务准备。这是一项复杂、细致的工作，一般包括以下几个方面：①建立组织，制定各项办法、规定、制度和实施细则。②宣传动员和业务培训。③资料准备。房屋产权登记从查验证件、勘丈绘图、产权审查、制作权证到最后收费发证，要经过五个环节，每个环节都对工作人员提出一定要求。登记工作人员不但要熟悉房屋所有权登记的各项工作程序及如何办理登记手续、申请人应提交哪些证件、什么样的证件才有效，而且要掌握各项业务知识和有关的政策规定，特别是对产权的审查确认，涉及房屋所有权归谁所有这个产权登记的关键性问题，登记人员必须具备一定的法律知识，因此，在正式登记前，必须对全体工作人员进行产权产籍管理等专业知识、房屋产权登记业务知识以及有关法律、法规和政策的培训。

长期以来，各地房屋管理部门收集了众多产权产籍资料，这些资料对于审核、确认房屋的产权起着十分重要的作用。在房屋产权登记工作正式开始前，有关部门必须积极收集这些资料。产权产籍资料包括房地产交易档案、房地产接管、代管档案、私房改造档案、收购档案、新建翻建档案等。对收集的资料要集中统一进行整理，同时，被其他部门借阅的资料应全部收回归档，为房屋所有权登记做好充分的准备。

房地产平面图是房产登记工作中的基础图件，也是应收集的资料之一。在原有平面图的基础上，有关部门在登记前，应有计划地对某些房屋状况变动较大的重点地区进行实地核实，根据变化情况，修改或补测原房地产平面图，为即将开展的登记工作提供可靠的工作图纸，原来没有房地产平面图的城镇，可通过房产总登记绘制新图。

（2）登记申请

在房屋产权登记工作展开后，所有权人必须在规定的时间内申请办理房屋产权登记。

①查验证件

查验证件是登记申请的第一关，是产权登记机关对拟进行房屋产权登记的产权人的有关证件进行检查、核实，以确认其真实性与合法性，从而为产权审查和进一步确认所有权提供依据。查验证件是整个产权登记工作的基础，只有证件齐全，产权基本清楚，才能允许申请人填写申请书。对于那些主要产权证件不全，产权来源不清的，暂不办理登记，证件齐全后，再由申请人提出登记申请。

②填写房地产所有权登记申请书和房屋四面墙体界申报表

通过身份证件、产权证件的检验，对证件齐全、手续完备的，即可允许申请人办理登记手续，填写房屋产权登记申请书和房屋四面墙体界申报表。

房地产所有权登记申请书是房产登记的主要文件，是房屋所有权人向房屋受理机关陈述其房产权利状态和房屋状况，请求对其房屋所有权给予法律承认和保护的一种表格式书面申请。该申请书由申请人逐项据实填写，并由申请人加盖印章或单位公章。

房地产所有权登记申请书的主要内容包括权利人情况及房屋状况、产权审查情况。房地产所有权登记申请书原则上是一个房屋所有权人占一处房屋填写一份；凡两个或两个以上所有权人在一个地号内的房屋要按户分别填写。

房屋四面墙体界申报表反映房屋四面墙体边界情况，墙体所有权是房屋产权的重要组成部分。在产权纠纷中，有相当一部分属于墙界纠纷，为了明确墙体归属，为今后可能出现墙界纠纷提供有效的原始依据，房屋产权人在申请产权登记时，必须填写房屋四面墙体界申报表。

房屋四面墙体界申报表由登记申请人填写，在所有权人指界栏内填写墙界并盖章，对其房屋四面墙体的归属作自我认定，填报的同时，需要由其邻户在邻户有无异议栏内填写意见并盖章。双方有矛盾的地方，如需进一步协商，邻户将其最终意见填入相应栏内。

③收取证件

申请人填写好房地产所有权登记申请书和房屋四面墙体界申报表后，连同房屋产权证明文件等交登记人员审阅无误后，即予办理收件手续。

（3）勘丈

实地勘丈是产权登记机关组织人员以房屋产权人为单位，对登记申请书中反映的房地产情况逐处进行实地勘察。勘察的项目包括查清房屋现状、核实墙界与归界、测算房屋面积等。在此基础上绘制房屋分户平面图，修正房屋平面图，为产权审查提供依据。

（4）产权审查与确认

产权审查是依据国家现行政策、法律和有关的行政法规，以房屋产权产籍档案的历史资料和实地勘察的情况为基础，对照申请人提交的房地产所有权登记申请书、房屋四面墙体界申报表、产权证明文件等，逐户认真审查其申请登记的房屋产权来源是否清楚，产权转移是否合法，有关事项记载是否完备，为最终确认房屋产权把关。

产权审查、确认是颁发房屋所有权证的依据。房屋所有权证核发的前提是房屋的产权关系真实、合法。也就是说，只有通过审查并确认产权后，由房管机关代表人民政府颁发房屋所有权证。因此，房屋产权审查、确认的直接后果决定了是否准予登记并发给房屋产权证。

产权审查、确认具有法律性。由于房屋所有权证具有法律效力，一旦颁发，房屋产权人拥有的所有权便受法律保护，这就意味着房管机关在核发房屋所有权证时，要对法律负责并承担法律责任，因此，产权审查是一项具有法律效力的严肃工作。

产权审查一般采取“三审定案”制，即初审、复审和审批。

（5）产权公告

在产权审查完成初审、复审后，审批之前，登记部门应将初步审核房屋产权的情况进行公告，广泛收集和征询有关权利人（包括知情人和与房屋产权有利害关系的人）的意见，以便发现某些难以发现的隐情，及时纠正产权审查工作中可能出现的疏漏，保证产权确认准确无误。

公告是征询产权异议的一种形式，是将申请人申请房屋产权登记的房屋状况和经登记部门初步审核的有关情况，在房屋所在地张榜公布。在规定期限内，如有异议，异议人可书面向登记部门提交有关证据，申请重新复核；如无异议，即准予确认房屋所有权。

（6）注册登记

经过审查确认房屋所有权，准予发给房屋所有权证的，即进入注册登记阶段。此阶段要完成缮证、配图、校对、送印四个流程。

缮证是指填写房屋所有权证、房屋共有权保持证和房屋他项权证。这些权证是由国家统一印制的，具有法律效力，要求由市、区、县分别统一编号。缮证时，按要求填写，注意在权证附记中应该记载的不能漏填。

配图是指将实地复核后测制的房屋平面图用胶水贴在房屋所有权证规定的贴图位置上。附图有两类：一类是按房屋产权范围的大小晒制或复印而成的房屋平面图，反映房屋的位置关系、墙界、结构、层数、坐落等；一类是房屋分户平面图。附图不论哪种规格，都一式两份，一份贴在房屋所有权证上，一份存档。

缮证配图完毕后，应由专人负责核对。核对做到无错、无漏，保证房屋所有权证、房屋共有权保持证项目与房地产所有权登记申请书上的一致。

产权证经校对无误后，按房屋产权性质划分的权证分类和权证编号顺序，分别登记在各种发证记录簿上。登记复核后，加盖填发机关公章，将已盖章生效的房屋所有权证、房屋共有权保持证逐一核对清点，连同登记文件整理后，移送发证人员。

(7) 发证

发证是房屋所有权登记发证工作的最后程序。权证制作完毕后，即可填写领证通知单，通知房屋产权人按指定时间、地点，携带登记收件收据、居民身份证（或户口簿）等到房屋登记机关领证。

4.3.4 房屋立档建籍

1. 档案的收集和整理

(1) 档案收集

房地产档案收集是指综合档案室对房地产部门及个人手中分散的房地产文件材料进行归档和接收。房地产档案收集工作是房地产档案管理工作的起点，要搞好档案收集工作，首先要建立、健全归档制度。归档制度包括归档范围、归档时间、确定立卷部门三方面的内容。

归档范围包括在房地产管理活动中形成的综合性文件材料；房地产管理业务活动中形成的具有查考价值的各种图件；在房地产管理中形成的野外调查、测量或清丈的记录、计算数据和成果检查、验收、技术鉴定材料，以及权属调查、登记、统计、土地遥感动态监测等的各种表、册、簿、卡、台账、协议书、原由书、仲裁书等。不需归档的房地产文件材料包括无查考价值的临时性、事务性材料；未经签发的文件草稿、一般性文件的历次修改稿（技术规程、法规性文件除外）、铅印文件的历次校对稿；机关内部互相抄送的文件材料，如用地部门印发的文件抄送房地产部门等。

归档时间要根据房地产文件材料形成过程的特点来确定。本着便于集中统一管理，维护房地产档案的完整和安全，便于档案利用等要求，归档时间可分为随时归档和定期归档。凡是房地产管理部门在工作中直接形成的、涉及变更登记的文件材料，应随时归档；定期归档时间一般指项目告一段落或全部完成后进行归档或另行规定的时间归档。

房地产文件材料一般应由房地产部门立卷，因为房地产部门业务人员熟悉专业技术活动，了解文件的来龙去脉，由房地产部门立卷归档，能够保证文件材料的齐全、完整，也便于文件材料的整理编目。但在基层房地产管理部门人员紧缺的情况下，也可由档案管理部门协助房地产部门业务人员立卷，归档后的房地产档案应由档案室集中统一管理，不得分散保管。

(2) 档案整理

房地产档案整理就是把处于零乱状态的和需要进一步条理化的房地产文件材料进行分类、组合、排列和编目，使之系统化、条理化的过程。房地产档案整理的主要内容包括档案的分类、立卷、案卷的排列和案卷目录的编制等。一般情况下，房地产文件材料由房地产管理部门按照归档制度进行组卷，并按规定时间交给档案室保存。档案室的档案整理工作主要对接收的房地产档案在一定范围内进行进一步的系统整理，包括档案的排列上架、编制检索工具等。

房地产档案整理既要保持房地产文件材料的历史联系，又要便于保管和利用。

房地产档案分类可分为综合性文件材料、调查、登记、统计等几个类别。

房地产管理形成的文件材料经过分类以后，还需要对每一类别的文件材料系统化，组卷就是这种系统化的整理过程，也就是在每一类别内按照文件材料在形成过程中的有机联系组成案卷。案卷是每一类内在联系的若干文件材料的组合体，是档案的基本保管单位，所以案卷又称保管单位。房地产文件材料的组卷要本着反映房地产管理活动的来龙去脉、便于查找、提供利用、有利于房地产文件材料的管理和保存的原则进行。房地产文件材料的组卷方法有三种，分别是按问题组卷、按时间组卷和按行政区域或地理特征组卷。

组卷完成，还要进行案卷内的房地产材料整理，对案卷内文件材料进行排列、编号、填写卷内目录和备考表。案卷内房地产文件材料排列好后，要按统一方法编写文件材料的页码，以固定文件材料的次序。页码一般从文件材料的第一页开始编起。图纸可在右上角编张号，照片在背面右上角编张号及所对应的底片号。卷内文件材料的目录包括顺序号、文号、文件材料名称、日期、文件材料起止页号、备注等内容。备考表用来说明卷内文件材料在归档过程中发生的情况以及记载变更的情况。例如，年度户证号发生变更凭证号。卷内目录及备考表的填写要求一律用钢笔或档案专用圆珠笔，字迹工整，不得随意涂改。

卷内文件材料整理好后，还要填写案卷封面。案卷封面的内容包括立档单位名称、分类名称（或机构名称）、案卷标题、卷内文件起止日期、总页数、保管期限、密级、全宗号、目录号、分类号、案卷号等，案卷封皮写好后进行装订，装订可采用软卷皮、硬卷盒结合使用的办法。

案卷编目是房地产档案整理的重要内容之一，即在案卷次序排列之后，将案卷逐个登记到案卷目录上，并编制成各种案卷目录的工作。案卷的排列是用一定的方法确定房地产类案卷的前后次序，以保持各案卷之间的有机联系。案卷目录是案卷的花名册。

2. 档案的鉴定和统计

档案的鉴定包括鉴定档案的真伪和鉴定档案的价值两方面的工作。其中，鉴定档案价值总原则是以反映房地产管理职能活动为出发点，以分析房地产文件材料的内容为中心，结合考虑房地产文件材料的完整程度、数量等因素。一般认为，凡是内容重要、有较大的查考、利用价值和起凭证作用的房地产档案才具有保存价值。房地产档案的保管期限分为永久保存、长期保存（16~50 年）和短期保存（15 年以内）三种。对认为毫无保存价值或保存期满、已失去继续保存价值的房地产文件材料可以剔除并销毁，但必须填写销毁清册，经主管领导批准，在销毁清册上签字。

房地产档案统计是以表册、数字的形式反映房地产档案及房地产档案工作的有关情况。建立和健全房地产档案统计制度可以更好地了解与掌握房地产档案和房地产档案工作情况，研究它们的规律性，以便对房地产档案实行科学管理。房地产档案统计工作主要包括对房地产档案的收进、管理、利用等情况进行登记和统计两部分。登记是对房地产档案的收进、移出、整理、鉴定和保管的数量和状况的记录，房地产档案的登记通常采用卷内文件目录、案卷目录、收进登记簿和总登记簿、利用者登记卡、借阅与借出登记簿以及房地产档案利用效果的登记表等形式。统计亦称基本统计，其主要形式有统计年报。填写统计年报的数量要以原始记录为依据，并要求做到准确、可靠，并按规定定期报送主管部门和同级档案部门。

3. 档案的保管和利用

房地产档案的保管是指根据房地产档案的特点、内容采取的存放和安全防护的措施。建立房地产档案的主要目的是为了长期利用，为房地产管理各项事业服务。

房地产档案保管工作的主要内容有：①库存建设与管理。根据房地产档案贮藏量大、使用频繁的特点，有条件的单位可设专库保管，库房要求具有良好的卫生环境和保持适当的温度、湿度；要有防盗、防火、防晒、防尘、防有害生物和防污染等安全措施；要定期进行库藏档案的清理核对工作，做到账物相符。分库管理的，库房要统一编号；档案架（柜）的排放要整齐，便于档案的搬运、取放和利用，并符合通风和安全的技术要求。②保护档案的专门技术措施。为了延长房地产档案的使用寿命，对破损或载体变质的档案应及时修补和复制，一般档案要采用卷皮、卷盒等材料重新装订，胶片、照片、磁带等要采用专用装具存放。房地产图件除修改、送晒外，一般不得外借。修改后的各种底图入库时，要认真检查其修改、补充的情况。修改、补充已归档的图纸必须做到：修改、补充图纸要有审批手续；修改内容较少时，可直接采用在图面修改处标注“修改标记”；修改内容较多时，应另绘新图，原图存档，作为原始资料保存。

编制检索工具是房地产档案提供利用工作的一项重要内容。房地产档案检索工具是供查询和储存房地产档案的一种手段，使用者可以通过检索工具比较迅速地查找到必要的文件材料，档案保管人员也可以通过各种检索工具，查找或系统地向使用者提供房地产档案。为了实现档案的集中、统一管理，房地产档案的检索工具应由档案室统一编制。房地产档案的检索工具主要有分类目录、专题目录及各种索引等。分类目录以类为单元，按类内案卷的排列次序，以案卷为单位进行登记、编制案卷目录。案卷目录可以是簿式的，也可以是卡片式的。

房地产资料建档的最终目的是为使用者提供利用。房地产档案可以原件、复制件、编写档案资料汇编及文摘等形式提供利用。为了提供利用，档案室应建立借阅制度，并在阅览室内开展借阅服务。

房地产档案参考资料的编撰工作是以档案室室藏档案为主要对象，满足社会利用房地产档案的需要为主要目的，在研究档案内容的基础上，汇编和出版房地产档案史料、编制参考资料、参加编史修志、撰写专门著作等的一项工作。根据我国房地产管理的现有实践和发展趋势，编撰工作的内容可归纳如下：①编写参考资料，具体包括大事记、组织机构沿革、基础数字汇集和专题概要等类型；②汇编房地产档案文集及史料，文集及史料是按一定的专题、时间或地区等特征，把房地产档案材料选编成册，在一定范围使用或公开出版。

4.3.5 房屋变更归档与统算

1. 变更归档

由于房屋产权产籍资料总是动态变化的，房屋产权产籍管理也是动态管理的，因此，必须随时进行变更资料的归档整理。

（1）房屋产权变更的几种情形

产权转移。产权在房地产继承、分析、买卖、赠与、交换、固定资产转移划拨、接管及依法发还或没收中，都会产生转移。

房屋变更。产权在房屋的扩建、增建、改建及部分拆除中，也都会出现权幅变化。

新建房屋。每新建一处房屋都会引起产权管理总量的变化。

产权注销变更。房屋被拆除或自然灭失，则产权也要随之注销灭失。

土地征用。土地被征用，常引起成片土地的合并和产权集体转移。

土地分丘变更。在建设中，因修路或其他需要，有时土地被一分为二，产籍中也需作分丘、分产的产权变更。

他项权利的设立。

其他变更。房屋翻建过程中，结构、层次的变化、使用中用途的变化以及门牌、户名等的变化，都会引起产权产籍的变更。

房地产发生上述变更后，产权人需及时到产权登记处申请变更登记。登记过程中，又会产生一系列文件资料的变化，而且事后都要移交产籍机构归档入存。

(2) 文件资料的变更程序

出现登记处接收申请后，就要组织人员勘测，由此就会产生一系列产籍资料的变更。

修测平面图。外勤测绘人员根据变更申请到现场进行实勘实测，修测新的房地产平面底图，同时填写“更改平面图通知单”，签字后转内勤描图员。

描图员根据“通知单”和底图绘制更改的摹绘图。摹绘图签字后交登记处工作人员并件审权，确权后一面通知产权人，一面将文件移交产籍管理机构。

改卡。接到转交来的变更资料后，首先由制卡人根据申请文件与“更改平面图通知单”更改有关卡片，同时填写代卡一张，单独保存，以待年检单独统计时作为当年动态情况汇总。

归档。文档人员检查新图、新件、新卡之后，与旧图、旧件、旧卡进行比照，确定无误后，进行合档、替卡、改册等工作，并装订、加封、改号、上架。

(3) 变更归档方法

产籍基本由图、档、卡和册组成，一项变更，其他有关项目往往都要更改，将变更后的资料数据录入各有关图、档、卡和册的工作称为变更归档。

产权转移变更。产权转移分为产权全部转移和产权部分转移。产权全部转移只需更改产权部分，平面图经实地勘察无误就不需要变更，有关卡片、表册、产别、姓名、产权来源等项目需要更改，个档中则需添加新的分目，在总目簿册中按顺序添上新的分目号，登记户名、产权、种类等，产权号的改变只需在原有类目备注栏内注明分目号变更，在总目动态注记中如实记载。产权部分转移者则需更改房地产平面图，作产权批分如尚有批余部分，则仍用原房产权号，批出部分另编新权号，不要出现重号，批出与批余房产分别丈量尺寸。需填写“更改平面图通知单”，并注明与批出和批余的关系。卡片需重制。个档添两个新分目，分别记录批分情况，并在原类目备注栏内作相应的变更。产权号的变更则是自留（批余部分），保持不变。批出部分顺序增数，摹绘也相应变更。总目动态记录中，注销原分目号，另增新号两个，从而清楚地反映产权已发生变化。

房屋增减变更。房屋增减也有两种情况：一种是已进行变更登记，一种是未进行登记。已办登记的经实地修测底图，更改摹绘图，转变产籍管理后，并件改卡改号，在总目注记。这种改号方法仍是注销原权号，在总目丘号的原最高权号后加续权号，新权号栏的备注仍注原权号，原权号分目号后注明。未办理登记的，也要实地勘测，更改底图，填写

"更改平面图通知单"，绘制摹绘图，更改卡片，然后并件入档。一般暂不改变总目，待审后再处置。

新建房变更。新建房分为已办登记和未办登记两种情况，都要求增加新权号，制作新卡、整理个档、编制分目、登记入册、编写上架，待年终汇总。未登记房屋归档要反映现实，为审权作参考。新建房屋为一栋楼房多户产权时，为反映分户情况，档案可另行按栋号编立分册，作为丘号卷的一个组成部分，栋内各产权户编排户号，按户号整理个档，编制分目，登记入册和编号上架。

产权注销。房屋拆除后，应刮去底图上的墙线、权界线、权号，在"更改平面图通知单"上注明拆除原因，注销卡片，在各簿册中注销该产。撤出个档与卡片后，在原处留代卡张，说明拆除注销和旧档卡的移存处。

土地征用变更。土地征用会出现数丘土地或数丘土地的部分土地合并为一丘的变更。变更归档时，分为两种情况：一是合并后新编丘号，一是在征用后为道路、河流、广场等，注销丘号。

土地分丘变更。一丘土地被分为多丘时，其中最大的一丘保留原丘号，其他地块则另外编丘号，但注意不能够重号。新旧丘号中的产权号、档案分目等项目均做相应变更和调整。

其他变更。房屋结构、层次、用途及土地使用年限等发生变更，也会引起产籍的一系列变化，对此也需做出相应的变更归档，方法与上述方法大同小异，不做详述。

2. 产籍统算

产籍资料的统算是产籍管理工作的一个重要环节，是产籍管理一项成果的反映。它不仅随时向本部门领导和专业部门提供所需的统计数字，而且作为一个部门统计，是社会统计的有机组成部分。通过汇总分析，计算出可以揭示各种总量中所含有的各种数值比例关系，反映城市房地产的各种状况，为政府决策层制定政策、规划、建设方案、改革方案提供依据，以提高城市现代化的管理水平。

（1）统算对象

产籍统算对象有两类资料：一是正式办理过产权登记的文件资料，一是因种种原因未经登记的房地产资料。后者虽未经产权人填写，但作为产权登记部门外勤人员实地勘测勘察得来的原始记录，同样具有较高的可信度，是产籍统算的重要内容。两类资料都是统算对象，缺少任何一个部分都会影响统算成果的完整性和系统性。

（2）统算方法

①计算机统算法与手工统算法

二者的区别是统算手段不同，计算机统算法需要经过程序设计后使用，快捷方便，但遇到临时的统算项目，需要花费一定的时间修改程序；人工统算法直接由人支配，灵活性较大，但相较计算机而言，人工统算耗时耗力。实践中，两种方法常常相互结合，相互补充。

②会计法和统计法

会计法从原因和结果两方面记录、计算和整理数值，方便分析原因和结果，记录变更情况的簿册常采用会计法统算。统计法是从总量上表现客观运动的规模、水平、速度和数量比例关系，借以显示客观运动的性质、趋势和规律信息，指导未来发展。常见的统计法有统计分组法、统计分析法和综合指标法等。

③摘录法和卡片法

摘录法和卡片法是两种典型的手工汇总法。其中，摘录法是将需要统计的项目设计成统计表的形式，然后在房屋卡片和土地卡片上逐一摘录，最后进行统算，其关键是设计统计表。卡片法是在统算前将统计对象各个项目及数据简化在一张硬质纸片上，统算时，将具有同质项目的卡片抽出，再依一定项目分组排序，然后分别统算加签，最后下签汇总。

（3）上报和咨询

统算结果要提供使用，一是上报，二是向其他行政部门提供咨询。其中，上报一是向本部门的领导和领导机构及由领导或领导机构向上逐级转报；二是作为社会统计部门的统计资料上报到各级统计部门，并由国家统计局汇入国民经济综合资料。咨询主要是由房屋行政主管部门提供资料，供检查、公安、司法等单位参考使用。索要资料单位必须签发公函，并由单位领导批示同意，所提供资料要加盖公章。索要单位在收件后提供收据，收据留底并件入档。

4.3.6 房地产产权产籍管理信息系统

房地产产权产籍管理是房地产管理的核心，房地产产权产籍信息包括描述房地产空间位置及状态的图形数据，如地籍图、土地利用现状图、房地产平面图、宗地图等；描述房地产权属、价值、位置的属性数据，如丘号、宗地号、地类、面积、权属人、地址等，它们对房地产产权产籍管理同等重要。房地产产权产籍管理信息系统是以计算机为基础，用管理理论和信息技术建立起来为房地产管理业务服务的信息系统。多用途房地产产权产籍管理信息系统是一个拓扑型的空间信息系统，除包括图形、属性数据的输入、编辑、显示、增删、统计及输出等基本内容之外，还包括十分方便的查询功能和空间分析功能。

1. 系统结构

根据我国房地产管理及计算机技术的发展趋势，将网络化、集成化、实用化作为系统开发的基础，考虑到房地产产权产籍资料的现势性、准确性与完整性，该管理信息系统应易于进行数据的修改、查询与输出，因此，在开发该系统时，应注重以下几点：①以建立完整的房地产产权产籍资料处理模式为前提，而不是单独处理某一类资料。②软件运行环境的限制要少，增加实用性。③要求系统存储的信息便于更新、查询，能及时提供现势性好的信息。④处理好图形与属性数据的连接问题，实现它们之间的双向检索。⑤对信息进行统计与分析，为有关部门提供决策的科学依据。系统结构与地籍管理信息系统如图 4-9 所示。

2. 系统功能

（1）数据采集功能

房地产产权产籍信息数据分为三类：一类是空间几何数据，指与房地产有关的各种图形；一类是属性数据，指记录空间数据的分类、权属、利用状况、价值等属性；还有一类是管理数据，指管理过程中生成的数据。空间几何数据采集是系统数据采集的主要功能，它要求具有多种采集的方式和对空间数据采集精度的要求，数据采集的方式有：①手扶跟踪数字化。系统应提供通用数字化仪接口，可与各种型号的数字化仪连接，数字化仪与鼠标能同时操作，系统要有灵活的图板菜单，数字化仪游标功能任意组合，图纸自动定向，数字化时，结点自动匹配，使用方便灵活。②图纸扫描数字化。系统能提供自动矢量化、交互式线跟踪、数字识别，以及常规的点、线、圆弧和文字的各种图形输入手段；能够同时管理多个图层，为各层分别定义属性数据库，采集属性数据；系统提供带拓扑特征和属性约束的图形编辑功能，灵活实现图形代码的符号化和制图输出；系统能满足任意比例尺地籍图或房地产平面图的扫描数字化。扫描数字化要考虑扫描仪的分辨率和精度，同时，要考虑栅格数据到矢量数据转换过程中对数据处理的精度和速度。③测量仪器及外部数据文件接口。提供与全站仪和测距经纬仪地面测量系统、GPS系统等的接口，可以接收不同来源的多种栅格和矢量数据。④键盘输入矢量数据（坐标值），如界址点信息，这里要求系统对输入的界址点信息（坐标值、点号等）具有自动生成房地产平面图和图形连接功能。

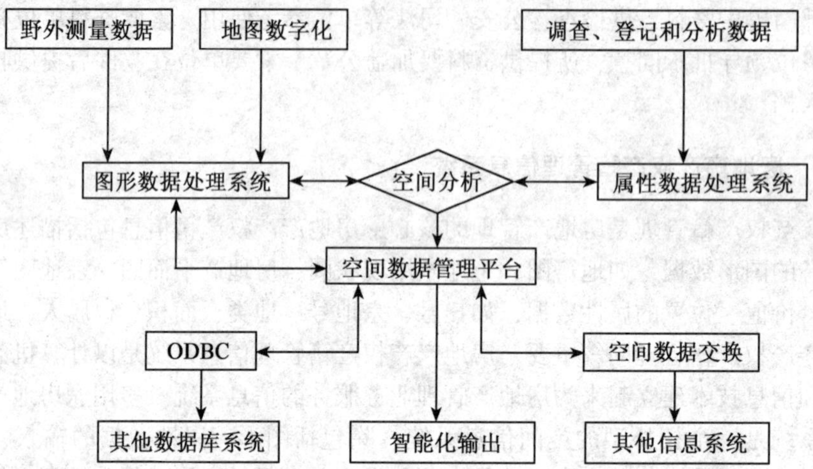

图 4-9　系统结构

空间数据输入的同时，与空间数据相关联的属性数据也输入系统，属性数据可以与空间数据同存放在一处，但房地产产权产籍信息中的某一空间数据往往关联诸多属性数据项目，大量的属性数据必须采用关系型数据库与空间数据分别存储，通过编码或建立一个程序，将空间数据与属性数据很好地连接起来。

（2）图形处理功能

在输入图形数据时或输入后，需要对图形进行显示、查询、编辑、修改、管理等工作，使建立的图形库能满足管理需要，所以系统应具有如下基本的图形处理功能。图形处理具体包括图形窗口显示、地图整饰与符号设计、图形编辑、图形空间拓扑关系、属性数据编辑和计算功能等。

（3）制图功能

专题制图的内容多种多样，基本类型有自然地图、人文地图及其他特殊用途的地图。系统提供多种常用的专题图表示方法，有分级统计图法、分区统计图表法、质底法、范围法和独立图表法。其中对分区统计图表法选取了常用的柱状符号类、饼状符号类、趋势图形类、等值图形类等来实现。每种符号又有多种式样的具体符号可供选择，以简明、突出而又完备的形式再现繁杂的统计数据，使统计区某个或某几个现象的分布或状态一目了然。

房地产信息提供的图形种类较多，这需要在图形输出前，根据用户需要对图廓进行整饰，计算机制图是对已整饰好的图通过计算机外部设备来输出，由于输出设备的类别（笔式、喷墨、激光等）和型号不同，因此，系统的制图部分应有与相应输出设备的接口软件，采用这些软件绘图时，需要设置绘图仪的种类、绘图比例尺、确定绘图原点和图幅大小等。房地产产权产籍管理信息系统的制图功能应能为用户提供矢量图、栅格图、全要素图和各种专题图。

（4）属性数据的管理功能

属性数据是用来描述对象特征性质的，如一个宗地除了记录界址点坐标、面积、内部建筑物坐标、面积外，还要记录它的权属信息、地类信息、价格信息以及它的历史变化信息。对于属性数据一般都采用表格表示。由于房地产属性信息量大，数据比较规范，在信息系统中，应该采用关系型数据库管理系统（RDBMS）来管理。关系型数据库管理系统已提供一套很强的数据编辑和数据库查询语言，系统设计人员还可利用 SQL 语言建立友好的用户界面。属性数据管理功能一是提供用户定义各类地物的属性数据结构和用户自定义数据结构功能；二是提供结构修改、拷贝结构、删除结构、合并结构等功能；三是利用 SQL 语言提供多种灵活的数据库查询；四是提供数据计算统计和统计分析功能。

（5）空间查询功能

一个好的房地产产权产籍管理信息系统应提供丰富的查询功能，具体包括：①根据属性查图形。即根据某一地物类中某项属性值查找几何对象。②SQL 查询。即根据 SQL 语句查询满足特定条件的一组目标对象。③从属性表直接查询目标对象。在属性表上点击一条记录，就可将该记录对应的目标图形显示出来。④根据图形查属性。在查询图形的同时，将查到的目标所对应的属性信息显示在屏幕上，并可在显示属性表中对其进行编辑。⑤空间关系查询。包括多种选择查询，如点选择、矩形选择、圆选择和多边形选择；多种拓扑关系查询，如包含查询、落入查询、穿越查询和邻近查询；多种缓冲区查询，如点缓冲区查询、线缓冲区查询和面缓冲区查询等。

（6）空间分析功能

系统采用面向对象的方法与技术，将空间分析的各种问题系统地归结为基本粒度的有限数量的空间算子或这些算子的不同参数和顺序的任意组合，用户通过这些基本算子的组合可实施二次开发，完成各种各样的空间分析功能，为大容量多源空间数据支撑的决策问题提供完整辅助解决方案。

叠置分析。房地产信息（空间、属性）在建库时，一般分层进行。叠置分析是指将同比例尺、同一区域的两组或多组图形要素的数据文件进行叠置，根据两组或多组图形边界的交点来建立具有多重属性的图形或进行图形范围的属性特征的统计分析。通过叠置分析，可以得到新的图形和新的属性统计数据。

缓冲区分析。缓冲区分析是研究根据数据库的点、线、面实体，自动建立其周围一定宽度范围的缓冲区多边形。这一功能在信息系统中的作用很大，如某一建设项目的选址，可利用缓冲区分析查找沿某高等级公路两侧 30km 内房地产的分布情况。

空间集合分析。空间集合分析是按照两个逻辑子集给定的条件进行逻辑交、逻辑并、逻辑差的运算。

第 5 章　不动产开发利用管理

5.1　不动产开发利用管理概述

5.1.1　不动产开发利用的概念

不动产开发利用包括土地开发利用和房地产开发利用两个方面。其中，土地开发利用是指人类以土地为劳动对象，对土地进行投入和改造，利用土地特性满足自身需要的过程。房地产开发利用是指人类根据自身发展要求对土地及其地上建筑物等进行建设、改造、利用等生产建设活动的过程。土地开发利用和房地产开发利用不同，土地并非一定投入非农生产，而房地产开发利用与地上建设开发活动密切相关。从本质上讲，房地产开发利用属于土地开发利用的内容，是深度土地开发利用，但由于房地产开发利用以形成房屋不动产为重要特征，其过程对于城市社会经济发展产生重大影响，因而房地产开发利用管理常被列为不动产开发利用管理的重要内容进行单独研究。

5.1.2　不动产开发利用的内容

从人类历史看，原始社会初期，人类尚无开发利用土地的能力，人类社会处于渔猎阶段，主要依靠大自然的恩赐生存，进入农牧时期，人类能够进行简单的土地开发活动，随着生产技术的不断进步，人类开始大规模的土地垦殖，土地开发利用的深度和广度都有明显提高，进入现代文明社会，随着土地资源的日益紧缺和可持续发展观念的传播，要求与自然和谐发展和保护土地的呼声高涨，人类进入土地的开发利用和整治保护相结合的发展阶段。从人类开发利用土地的方式看，土地开发利用可分为两种类型，一是以土地为直接生产资料和劳动对象，生产生物品和矿物质等的开发利用，其特点是充分利用土地的养育功能；二是以土地为活动场所和建筑基地，其特点是充分利用土地的空间承载功能。因此，影响土地开发利用的因素也可分为自然因素和经济社会因素两个方面，自然因素包括气候、地貌、水文、土壤、植被、矿藏、景观和位置等，经济社会因素包括经济、技术、区位、人口、制度、政策等。房地产开发利用作为土地的深度开发利用，其具体过程是：首先是在取得土地使用权基础上的“三通一平”、“五通一平”或“七通一平”的开发建设，形成所谓的“熟地”，然后再在“熟地”上建设住宅、厂房或其他工程项目，并配套相应的生活和生产服务设施，最后通过转让或出租等形式将开发的房地产投入使用。目前，我国的房地产开发利用多是房屋和土地的联合开发，在一定规模区域内，按“统一规划、合理布局、综合开发、配套建设”的原则进行土地、房屋及相关市政公用设施和生活服务设施的一体化综合开发利用。

5.2 土地开发利用管理

5.2.1 土地资源分类与评价

1. 土地资源分类

土地资源分类是指将自然界千差万别的土地按一定的标志划分为性质不同的土地类型，借以反映不同地段自然条件的差异，方便人们认识和合理开发利用土地，并对土地实行科学的管理。土地资源类型是一系列相互区别又各具特色的土地单元，作为地表某一地段，是气候、地貌、岩石、水文、植被和土壤等自然要素组合而成的自然历史综合体。

(1) 土地资源分类的方法

不同的分类标志形成不同的土地分类，归纳起来有五种土地分类类型：一是按土地自然属性分类；二是按土地利用现状分类；三是按土地适宜农业利用程度分类；四是按土地利用可能性（潜力）分类；五是按某种特定目的的土地分类。其中，按土地自然属性进行土地分类，强调的是温度、降水、地质发育等自然因素的差别，分类成果反映在单项自然因素上有地形图、土壤图等，反映在多种自然因素上有土地类型图。按土地利用现状分类，强调土地再利用方式和土地等级上的差别，分类成果反映多种土地利用地域单元在地区上的组合及其表现，土地利用现状分类与土地自然属性分类相结合分析可以看出，土地利用方式和土地等级的差异并非偶然，它与土地的土壤、地形等自然因素密切相关。土地适宜农业利用程度的分类是按土地利用条件和耕作条件对土地的分类，具体可分为土类、亚类和土宜单元。土类是具有相同生产性能和利用限制因素的土地；亚类表示相同限制因素（气候、侵蚀、过湿、耕作层浅等）的土地；土宜单元表明相同的土地经营特性，同一单元的土地具有相同的生产潜力。土地利用可能性分类除考虑上述因素外，还要考虑企业规模、集约化水平、单位面积的收入和劳耗等因素，在此基础上确定不同地段的远景利用方式。土地特定目的的分类可根据特定目的选择分类标志，例如，热带地区根据橡胶适宜生长的条件划分土地类型等。上述五种土地分类实质都是根据土地自然特性的分类，此外，还可根据土地经济属性进行土地分类。

(2) 常见的几种土地资源分类

自20世纪70年代以来，为促进土地的合理开发利用，尤其是农业发展，各国都曾进行土地资源评价研究，进而形成各自的土地分类系统。

①联合国粮农组织的土地适宜性分类

联合国粮农组织土地适宜性分类可分为四个级别：纲、级、亚级和组，详见表5-1。

②美国农业部的土地生产能力分类

美国农业部将土地按生产能力分为土类、亚类和土宜单元，详见表5-2。

③日本农林省的土地利用分类

日本农林省的土地利用分类分四次进行。第一次分类是直接运用自然立地土地分级进行；第二次分类运用交通犁地土地分级进行；第三次分类根据土地纯收入进行；第四次分类根据地区土地净产值进行。经过四次土地分类，最后以地区土地净产值为标准划分的四类地分别是：A类地（耕地），是理想的耕地，作为耕地利用时，可获得优越的地区净产

表 5-1　　　　　　　　　　**联合国土地适宜性分类及其含义**

土地分类	含　义
土地适宜纲	表明土地适宜性种类，即土地对某种用途适宜或不适宜的情况
土地适宜级	反映纲内土地适宜性的程度，级别用阿拉伯数字注明
高度适宜	土地无严重限制性或限制性极小，不会影响土地生产率，也不要求超过一般水平的投入
中等适宜	土地利用受到中等程度限制，会影响土地生产率，需要提高投入水平
勉强适宜	土地利用受到严重限制，会影响土地生产率，只能勉强收回生产费用
当前不适宜	土地受到某些限制，在目前条件下以合理代价解决不了，但随时间的推移可以克服
永久不适宜	具有十分严重的限制，毫无可能采取某种用途
土地适宜性亚级	反映级内限制性的种类或需改良措施的种类，用小写字母表示
土地适宜组	反映亚级内采用的经营管理措施上的差别，用连接号加阿拉伯数字表示

表 5-2　　　　　　　　**美国农业部土地生产能力分类及其含义**

土地分类	含　义
土类	用以表示土地农业利用的适宜程度
第 1 类	没有任何限制，适宜发展种植业
第 2 类	对于一般种植业有中等限制性
第 3 类	对于一般种植业有严重限制性
第 4 类	只适宜于某种业定的作物生长或需要进行特定的管理
第 5 类	湿地，不适宜种植业利用
第 6 类	只适宜于放牧
第 7 类	只适宜于林业
第 8 类	不适宜利用
亚类	用以确定土地利用限制因素
亚类 c	气候限制
亚类 e	侵蚀限制
亚类 s	土壤限制
亚类 w	排水限制
土宜单元	用以表明相同土地的经济特性，同一单元土地具有相同的生产潜力，采取相同的土壤保持和耕作措施

值；G 类地（草地），是理想的宜草地，作为草地时，可获得优越的地区净产值；F 类地（林地），是理想的宜林地，作为林地时，可获得优越的地区净产值；W 类地（荒地），不适宜作为耕地、园地和林地利用的土地。

④荷兰国家培训中心的土地分类

荷兰国家培训中心土地分类以地貌条件为基础，分土地省、土地系统、土地单元和土地成分。

土地省是土地分类中的高度概括单位，成因与岩石是其最重要的标志，表示地面形态差别很小、岩性相近或具有一组类似地貌演化过程的岩石。

土地系统是土地分类中的中度概括单位，地势、岩石和成因作为分类的主要标志，表示发生一些相关土地成分重复出现的类型。

土地单元是在区域等级中没有或极少概括进去的单位。地势、岩石和成因是分类的主要标志，表示相当均一并明显区别于周围土地。

土地成分是在区域等级中没有概括进去的单位。地势是最重要的分类标志，在地形、岩石、植被和过程方面基本一致。

⑤苏联国家土地资源科学研究机构的土地分类

苏联国家土地资源科学研究机构的土地分类属四级分类体系：土地类、土地等、土地级和土地种。其中，土地类是按主要土地利用方式划分的一级分类单位，全部土地分为七类：A 类地主要是耕地；Б 类地主要是割草场；B 类地主要是放牧地，且改良后可作为割草场；Г 类地是需要改良的土地，改良后可作农用；Д 类地是难以作为农用的土地；E 类地是不适宜于农用的土地；Ж 类地是遭到破坏的土地。各个土地类可以按照土地利用的限制性因素和受限程度不同细分为二级分类单位——土地等，全部土地类共可细分为 20 个土地等。各个土地等可以按照土地自然属性（水湿度、盐渍度、土壤机械组成及成土母质等）的不同细分为三级分类单位——土地级，全部土地等可细分为 36 个土地级。各个土地级可以按照土壤组成的不同细分为四级分类单位——土壤组，全部土地级可细分为 347 个土壤组。

⑥中国科学院自然资源综合考察委员会的土地资源分类

土地分为类（区）、等、亚等、组和类型。其中，土地类是以气候的水热条件、年降水量、干燥度、无霜期为依据划分的土地分类中的最高单位，用以反映区域间生产力水平的差别，可进行全国范围的土地利用潜力对比。土地等与土地亚等反映的是土地适宜性和利用潜力的大小，是土地资源质量评价的核心部分。同一等内可以划分为 7 个土地适宜性和潜力等级。一等地对农业无限制或少限制，质量好，最适宜农业，同时也适宜林业和牧业利用；二等地对农业有一定限制，质量中等，一般适宜农业，也适宜林业和牧业利用；三等地对农业有较大限制，质量差，临界适宜或勉强适宜于农业利用；四等地对农业利用有很大限制，对林业或牧业无限制或少限制；五等地对农业、牧业利用有很大限制，一般情况下宜作林业利用；六等地对农业、林业利用有很大限制，一般情况下宜作牧业利用；七等地不宜于农林牧利用。在土地等之下可设土地亚等，用以表示宜农、宜林或宜牧的适宜程度。土地组是在土地等或亚等范围内，按其限制因素及相应改造措施划分的单位，初步拟定的 10 个限制因素是土壤酸碱度、土壤盐碱化及改良条件、水文与排水条件、硬盘层、有效土层、土壤质地、地形坡度、土壤侵蚀、水分、温度，此外，还有无限制因素。

土地资源类型是土地分类的最小单位，是土地类型与土地利用类型的结合，是由土地组范围内土地性质较一致的一组土地组成。

2. 土地评价

土地评价是以数量形式对土地的构成因子，如土壤、气候、植被、地形和水文等的状况以及其土地投资效益进行的综合评定。土地评价是合理利用土地和调整土地收益分配的重要手段。一般情况下，土地具有多宜性特点，土地质量是土地的综合属性，具体指土地对某种用途的适宜与否及适宜程度，可用土地自然特性指标和土地社会经济特性指标进行综合表述。土地评价是针对土地某种特定用途的评价，通过土地性能的质量鉴定，阐明土地的组成状况，明确土地针对特定用途的适宜程度、限制程度、生产潜力和经济效益以及对周围环境有利和不利的后果，了解土地利用情况、利用结构和用途转变的可能性及其条件，提出提高土地生产能力和增加土地经济收入的必要措施。

(1) 土地评价的分类

根据土地评价目的、对象、方法和手段的不同，土地评价的分类如图 5-1 所示。图中，土地适宜性评价是指对土地为农作物、牧草、林木正常生长提供的生态环境条件的综合评价，可分为现有条件下的当前适宜性和经过改良以后的潜在适宜性。土地按适宜某种用途的程度可分为高度适宜、中度适宜、临界适宜和不适宜。土地生产力评价是对土地在

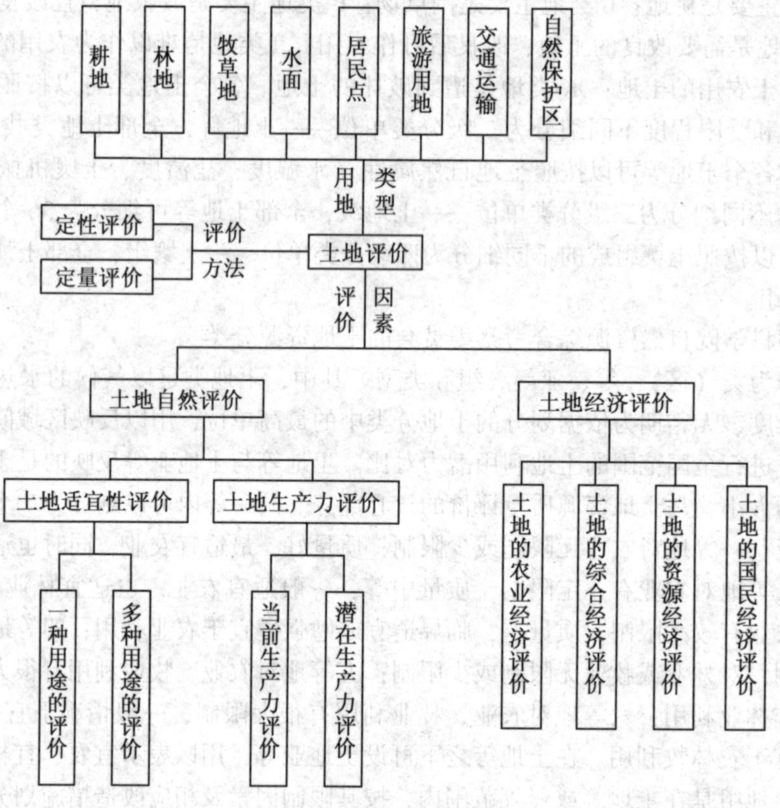

图 5-1 土地评价分类的框图

某种规定用途下可能达到的生产力水平的鉴定。土地生产能力是土地的基本特征，土地生产力评价也可分为当前生产力评价和潜在生产力评价。土地生产力评价依据的是土地产品的数量和质量，实践中由于缺乏农作物长期或多年产量等资料，加上影响农作物产量的因素很多，因此，评价往往是在通过试验取得必要数据的基础上，建立土地自然特性指标与土地单位面积产量之间的经验公式（多元回归方程），然后将其应用到相同类型的土地质量评价中。土地经济评价是对土地在某种特定用途条件下可能取得的经济效益的综合鉴定，评价依据的是土地上获得的收益与相应投入之间的对比关系。土地经济评价中，要考虑直接与土地生产力有关的土地属性、与产品销售有关的地理位置和交通条件、单位面积上的产品数量和质量以及社会对该产品的需求和价格等因素。因此，土地经济评价实质是综合评价。

（2）土地评价的原则和程序

①土地评价遵循的原则

一是相对性原则。不同地区土地的自然和经济属性各不相同，但在同一地区土地评价中，一般将本地区最好的土地定为一等地，最差的土地定为末等地。这样处理尽管可以通过评价反映出同一地区不同等级的土地差异，但不同地区的土地差异则难以得到体现，因为处于同一等级的不同地区的土地可能在质量上存在很大差别。因此，土地评价是相对的，又称为土地相对评价。

二是限制性原则。无论是土地质量差异还是适宜性的差异，归根到底都是土地构成要素及其组合上存在限制性的结果。在限制因素中，实际可能只有一两个因素起主导作用，它们严重制约着土地潜力的发挥。因此，土地评价不仅要确定土地等级，还要找出主导限制因素，明确改良方向。

三是综合性原则。土地生产力的高低受到多种因素的影响，因而土地评价要全面和综合分析土地的各个因子性质及其相互关系。在综合分析的基础上，突出主导因素，找出那些对土地生产力产生较大制约并在地区分布上有较大差异的土地因子，如土壤养分、结构、水分等。

②土地评价的程序

土地评价是针对某一用途的土地质量的评价，实质是处理土地质量与土地用途的关系。土地评价中，最重要的两类评价是土地适宜性评价和土地经济评价。土地适宜性评价的工作程序见图 5-2。土地经济评价的程序包括四个方面：首先是准备工作。主要是原始资料的收集整理，包括室内工作和实地调查两个内容。室内工作收集和整理评价地区已有的资料，如土壤、气候、地形等自然条件方面的资料和土地投入产出等社会经济方面的资料。实地调查是对收集的资料进行实地对照验证，鉴定其可靠程度，进行必要的修正和补测工作。其次是土地评价区划。选取反映土地质量的经济指标进行评价，尽可能排除人为因素的影响。通过区划，最终保证基本评价单元内气候、地形、水文等自然条件和土地利用集约化水平的差异得到消除，余下的是具有不同质量的土地。其三是土地自然质量评价。土地自然质量评价是后续各项评价工作的基础，其评价对象是土地自然肥力的影响因素，具体为土地资源基本单元，如质量一致的土地类型和土地利用地域综合体或完整的地域、行政和经济综合体内的各类各级土地的组合。最后是土地经济评价。这一阶段要运用经济指标对土地质量进行评定，为此需要计算土地经济评价的各项指标，制定评价积分表，对一定地域综合体总体评价。

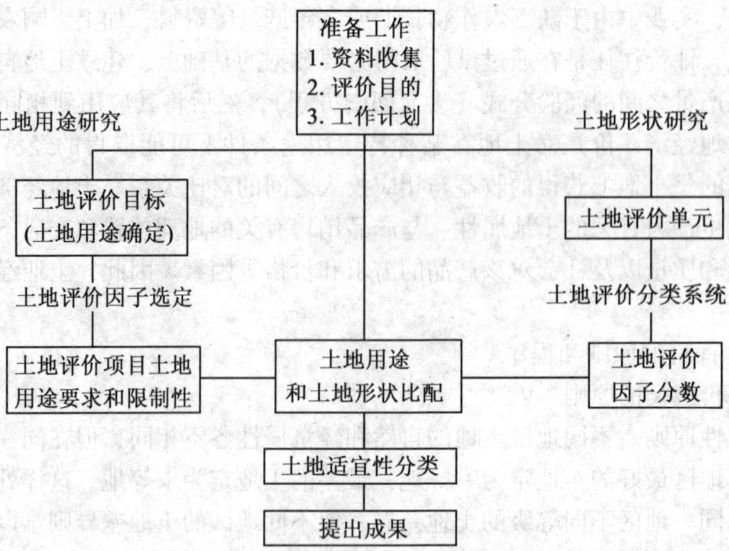

图 5-2　土地适宜性评价的基本程序

5.2.2　土地利用规划

土地利用规划是为实现土地利用的最大经济效益、社会效益和生态效益，合理保护土地资源，实现土地的可持续利用，按照国民经济的发展需要，遵循一定的自然和社会经济发展规律，在时空上对土地资源进行合理的组织利用和经营管理，改变并控制土地利用方向，优化土地利用结构和布局，提高土地产出率的过程。土地利用规划的重要作用表现在对土地利用的控制、协调、组织和监督四个方面。其中，控制作用是指由于土地资源的稀缺性，土地利用规划必须对各业用地实行统筹安排和全面调控，避免土地的闲置浪费和低效利用。协调作用是指土地具有多宜性，而土地总量是有限的，不可避免地存在各业用地的矛盾，土地利用规划就是要协调好各部门和行业的用地关系。组织作用是指有效地组织土地利用，在宏观上，进行各业用地的合理安排和落实，制定土地开发利用和整治保护的政策法规等；微观上，通过土地利用规划的细部配置，为专项土地利用奠定基础。监督作用是指土地利用规划是实践中土地利用的依据和龙头，通过规划编制、实施和反馈机制，以规划监督和指导土地利用，促进土地资源的优化配置。

1. 土地利用规划的任务和分类

土地利用规划的目标是实现土地资源的综合效益最佳，同时保障土地的持续利用。因此，土地利用规划的基本任务包括：一是分析土地利用问题。在查清土地利用现状的基础上，分析后备土地资源的开发潜力，进行土地供求预测，评价土地适宜性和限制性，估算土地人口承载量，明确土地利用规划需要解决的主要问题。二是明确土地利用目标和基本方针。土地利用目标有战略目标和具体目标之分，前者是总体性、长期性和指导性的，如用地方式、资源开发类型、用地结构和布局等；后者是可操作性强和可预测的，如粮食保证率、森林覆盖率等。三是拟定土地利用控制指标。土地资源是重要的稀缺资源，要解决发展与保护的矛盾，就必须进行合理的规划控制，控制指标要求是具有强制性、可操作性和可达性的指标，如基本农田保护面积、耕地保有量、建设占用耕地面积、土地开发整理补充耕地数量等。四是调整土地利用结构和布局。土地利用规划要预测规划期末各业用地的总量和结构，并在空间上进行落实，编制规划图。五是制定规划实施政策和措施。规划实施是规划的关键，规划必须制定必要的政策和有效的措施，确保规划的落实。

土地利用规划按不同的分类标准分为不同类型。

按规划的时限不同分为长期规划、中期规划和短期规划，长期规划在 10 年以上，中期规划在 5~10 年之间，短期规划小于 5 年。

按规划范围不同分为国家规划和地方规划，在我国，按行政区域范围不同，规划分为全国、省级、地市级、县（市）级、乡（镇）级五个层次的规划，同时还有跨行政区域的规划，如京津塘地区土地利用规划、三北防护林地区土地利用规划等。

按规划的性质、功能和作用不同分为土地利用总体规划、土地利用专项规划和土地利用详细规划。土地利用总体规划是战略性、宏观指导性、综合性和控制性规划，是对一定地域范围内全部土地的开发、利用、整治和保护所做的总体和战略的安排和部署。土地利用总体规划主要解决跨部门和跨行业的土地利用问题，可分为全国、省级、地市级、县（市）级、乡（镇）级五个层次。土地利用专项规划是在土地利用总体规划的控制下针对土地开发、利用、整治和保护的某一专门问题而进行的规划。目前，比较常见的专项规划有土地开发整理规划、土地复垦规划、盐碱地治理规划等，也有跨行政界线的小流域水土流失治理规划、风沙治理规划等。土地利用详细规划是在土地利用总体规划和专项规划的控制和指导下，直接对某一地段或某一土地使用单位的土地利用及其配套设施作出的具体安排，是土地利用总体规划和专项规划的深入和细化，如农场土地利用规划、林场土地利用规划、村庄土地利用规划等。土地利用详细规划又可分为控制性详细规划和开发性详细规划，前者是政府为规范和控制用地者土地利用行为而编制的规划，如规划中详细规定土地使用范围、强度、限制条件等；开发性规划则是为指导某一地段、地块或用地单位的土地如何具体开发利用。

2. 土地利用规划编制的程序

（1）准备工作阶段

准备工作阶段包括成立规划领导小组和规划办公室，拟定规划工作方案和工作计划，并报同级人民政府批准，同时落实规划经费和人员的业务培训。其中，规划任务书和规划工作计划是规划编制的两项重要内容。规划任务书要求明确规划的范围、期限、指导思想、目的、参与的部门、领导机构、工作班子、方法和技术路线；规划工作计划要详细列出所需收集的各种信息资料及来源，明确每一步骤的具体任务和方法、物资设备供应、费用预算、人员分工，并确定时间进度表，制定必要的规章制度等。

（2）资料收集和调查阶段

资料收集的内容有周边地域背景资料、人口资料、土地供需资料、专业调查资料、建设和规划资料、社会经济统计资料、自然条件资料以及各种图件资料。

（3）专题调查和研究阶段

专题调查和研究内容包括区域背景发展态势分析、土地利用现状分析、土地适宜性评价、城镇化水平分析、土地供求量预测、土地利用问题、规划目标和战略确定等。

(4) 总体规划编制阶段

在资料收集与专题调查研究的基础上，拟定用地指标，编制供选方案，确定用地分区和主要用地项目的布局，编绘总体规划图，编写总体规划报告。其中，编制规划供选方案和土地利用分区是总体规划编制阶段的重点内容。规划供选方案的编制应用综合平衡法、土地适宜性分析法和线性规划法等确定规划用地指标，编制土地利用结构平衡表，不同规划供选方案要进行适用性分析，并广泛征求公众意见。土地利用分区是根据土地利用现状适宜性评价、土地利用情况动态调查和各部门用地需求等，划分城镇建设区、农业区、林业区、牧业区、特种用地区等，并对每一分区的土地利用规划和限制条件加以规定。

(5) 专项规划和详细规划编制阶段

编制专项规划和详细规划的主要类型有农用地规划、建设用地规划、未利用地开发规划、土地整理规划、土地整治规划和土地保护规划等。

(6) 拟定规划实施的政策和措施

规划的政策和措施要针对规划目标制定，政策和措施尽量细致，同时要加强可操作性。

(7) 规划的审批和公布阶段

土地利用规划是指导土地利用的权威性工作，其规划报告必须交送有批准权的人民政府审批，经批准后的规划要予以公布并广泛宣传，保障规划的顺利实施。关于土地利用规划的审批权限，国家法律有明确规定。土地利用总体规划实行分级审批，省、自治区、直辖市的土地利用总体规划报国务院批准。省、自治区人民政府所在地的市、人口在一百万以上的城市以及国务院指定的城市的土地利用总体规划，经省、自治区人民政府审查同意后，报国务院批准。上述规定以外的土地利用总体规划逐级上报省、自治区、直辖市人民政府批准。其中，乡（镇）土地利用总体规划可由省级人民政府授权的设区的市、自治州人民政府批准。

(8) 规划的监测和修编阶段

土地利用活动是否按规划拟定的方案进行，规划的目标能否如期实现，如果规划没有得到切实执行的原因是什么等，所有这些问题必须通过对规划进行动态跟踪监测才能查实，并根据社会经济变化的实际情况对规划进行修编。

5.2.3 土地利用计划

1. 土地利用计划的含义和分类

土地利用规划是一项长期的战略性规划，必须经过中期和年度土地利用计划加以具体落实，使长远规划与近期管理协调一致。土地利用计划，尤其是土地利用年度计划是实施土地利用规划的重要手段。土地利用年度计划根据国民经济和社会发展计划、国家产业政策、土地利用总体规划以及建设用地和土地利用的实际状况编制。土地利用年度计划的编制审批程序与土地利用总体规划的编制审批程序相同，一经审批下达，必须严格执行。

土地利用计划按期限不同可分为长期计划、中期计划和年度计划；按调控程度不同分为指令性计划和指导性计划，前者规定强制性的计划指标，如基本农田保护面积、耕地保有量等，后者规定具有一定幅度的指导性计划指标，如地均固定资产投资等；按分级管理系列不同可分为国家计划和地方计划，后者是前者的具体化，按行政级别又分为省、市和县三级。

2. 土地利用计划编制的原则和内容

土地利用年度计划编制应遵循五项原则：一是严格依据土地利用总体规划控制建设用地总量，保护耕地；二是以土地供应引导需求，合理、有效地利用土地；三是优先保证国家、重点建设项目和基础设施项目用地；四是占用耕地与补充耕地相平衡；五是保护和改善生态环境，保障土地的可持续利用。

土地利用年度计划的内容包括：①农用地（含耕地）转用计划指标，具体有耕地、林地、牧草地、农田水利用地、养殖水面等转为建设用地的计划指标；②耕地保有量计划指标，具体有基本农田保有量和一般耕地保有量等计划指标；③土地开发整理计划指标，具体有未利用地开发计划指标、废弃地复垦计划指标、土地整理计划指标和已利用土地再开发计划指标等。

3. 土地利用年度计划的编制程序

（1）提出下一年度土地利用年度计划建议

土地利用年度计划建议由县级以上地方人民政府土地行政主管部门会同有关部门提出，建议要符合国土资源部的统一部署和控制指标，适应本行政区域土地利用总体规划、国民经济和社会发展计划及土地利用的实际情况，同时要经同级人民政府审查后，报上一级人民政府土地行政主管部门。国务院批准的建设项目和国务院有关部门批准的道路、管线工程及大型基础设施建设项目等使用土地，涉及农用地转用的，由国务院有关部门以建设项目为单位，按照国土资源部管理和地方土地行政主管部门管理两类提出下一年度的土地利用年度计划建议。计划建议在报国土资源部的同时，应当抄送项目拟使用土地所在地的省、自治区、直辖市土地行政主管部门。下一年度的土地利用年度计划应当于每年 11 月 20 日前报国土资源部。

（2）编制下一年度土地利用年度计划

国土资源部会同国务院有关部门，根据国民经济和社会发展计划、国家产业政策、全国土地利用总体规划及建设用地和土地利用的实际情况，在各地和国务院有关部门提出的土地利用年度计划建议的基础上综合平衡，编制土地利用年度计划。土地利用年度计划应当分别列出全国和省、自治区、直辖市以及由国务院批准的土地利用总体规划的城市和新疆生产建设兵团的各项计划指标。

（3）土地利用年度计划的报批

报国务院批准的土地利用年度计划应当于上一年度的 12 月 10 日前报国务院批准。

（4）拟定方案的逐级下达实施

县级以上地方人民政府土地行政主管部门应将上级下达的农用地转用计划指标、耕地保有量计划指标和土地开发整理计划指标逐级分解，拟定实施方案，经同级人民政府批准后下达。各地在拟定实施方案时，可以根据当地的实际情况增加若干控制指标。

省、自治区、直辖市以及由国务院批准土地利用总体规划的城市和新疆生产建设兵团在实施土地利用年度计划时，应向国土资源部提出申请。国土资源部审核同意后，报国务院批准。

为了对土地利用年度计划的实施进行监督，县级以上地方人民政府土地行政主管部门应于每年的7月20日前向上级人民政府土地行政主管部门报告土地利用年度计划上半年在本行政区域内的执行情况。11月20日前向上级人民政府土地行政主管部门预报土地利用年度计划本年度在本行政区域内的执行情况。

5.2.4 土地用途管制

所谓土地用途管制，是对土地使用和用途变更的管理和限制，通常属于国家行为，带有一定的强制性。《中华人民共和国土地管理法》明确规定："国家实行土地用途管制制度。国家编制土地利用总体规划，规定土地用途，将土地分为农用地、建设用地和未利用地。严格限制农用地转为建设用地，控制建设用地总量，对耕地实行特殊保护。""农用地是指直接用于农业生产的土地，包括耕地、林地、草地、农田水利用地、养殖水面等；建设用地是指建造建筑物、构筑物的土地，包括城乡住宅和公共设施用地、工矿用地、交通水利设施用地、旅游用地、军事设施用地等；未利用地是指农用地和建设用地以外的土地。""使用土地的单位和个人必须严格按照土地利用总体规划确定的用途使用土地。"

1. 土地用途管制的目标和重点

土地是宝贵而稀缺的资源，是人类生存与发展的基础，合理利用和保护土地就是保护人类的生命线。因此，土地用途管制的最终目的就是通过土地用途变更的管理和限制，实现土地的合理利用和持续利用。纵观历史，由于缺乏对土地用途的合理安排和控制，导致土地质量甚至退化的现象屡见不鲜。例如，1998年的洪水泛滥虽然有气候的原因，但很大程度还是由于大面积的伐林造地和围湖造田，不因地制宜地按土地自身的特性利用土地，其结果是20世纪50年代到80年代期间长江流域的森林覆盖率减半，湖泊面积从8 330km^2减少到5 347km^2，水土流失面积增加一倍，洪水调蓄能力更是锐减。土地是土壤、地貌、岩石、水文、植被、气候等组成的自然历史综合体，其组成要素间是相互依存和相互制约的，只有因地制宜地确定好各地段土地的用途，严格按照自然和社会经济规律利用土地，才能在土地利用中不断提高土地质量，获得最大的生态效益、经济效益和社会效益，这也正是土地用途管制所要达到的目标。

土地具有多宜性特点，但并非所有土地用途都具有可逆性，尤其是土地由农用建设转为非农建设后，其再还原成农用的可能性极小，成本巨大，基本上是得不偿失的。因此，土地用途管制的重点就是严格控制农用地转为建设用地，尤其是要对农地中质量最好的耕地进行特殊保护。2005年国土资源部统计数据显示，全国耕地面积12 208.27万公顷，人均耕地已经降至1.4亩，远低于世界3.75亩的平均水平，逐渐趋近人均耕地0.667亩的警戒线。而在20世纪耕地减少中，除农业结构调整等原因，绝大部分是由于非农建设占用耕地，且占用耕地多是处在城镇周围和交通沿线的优质农田，特别是南方耕地减少尤为明显。耕地的锐减致使我国需要每年进口大量粮食，连国外学者也提出21世纪谁来养活中国人的质疑。因此，土地用途管制的重点就是要守住耕地红线不动摇，平衡好发展与保护的关系，对农用地尤其是耕地数量进行有效控制，确保土地持续利用和社会经济的可持续发展。

2. 土地用途管制的主要内容

（1）农用地用途管制

农用地是指直接用于农业生产的土地，包括耕地、林地、草地、农田水利用地、养殖水面等。农用地用途管制的内容：任何单位和个人都要严格按照土地利用规划确定的农用地用途使用土地，农用地内部地类的变更也必须符合土地利用规划，并要经过依法批准。

①农用地内部用途变更

目前，农用地转为非农建设用地已经受到严格控制，但农用地内部地类的变更却未受到足够重视，尤其是耕地转为其他农用地地类的现象较为普遍，正成为耕地数量减少和质量下降的重要原因。因此，在农用地内部地类变更中，要注意：一是要控制基本农田保护区内的耕地转为其他农用地地类。耕地是土地的精华，耕地转为原地、林地、草地、鱼塘等用地成本低，操作容易，增加效益明显，容易受到忽视，同时耕地转为其他的农用地地类也是耕地变相转为建设用地的中转站，是管理的盲点，必须重视和控制。二是要严禁陡坡地开荒。土地坡度在25°以上时，已经不适宜作为耕地使用，就必须严禁开垦为耕地，以发展林牧业为主，避免水土流失。三是限制和禁止围湖造田。湖泊是生态系统的重要组成，具有重要的蓄洪灌溉和水产养殖功能，尤其是低于常年水位的地区，不仅不能随意填湖，还应该积极地退田还湖，因地制宜地扩大水域面积。四是滥垦草场。滥垦草场会造成草原生态环境的恶化，引起土地沙化，破坏草原的生产能力。因此，要严禁在干旱、半干旱地区大面积连片开垦草原。

②农用地转为非农建设用地

在限制农用地转为非农建设用地、控制建设用地总量规模方面，最重要的就是实施农用地转用的审批制度，凡涉及农用地转用的建设项目，必须办理农用地转用审批手续，否则不能立项建设。关于农用地转用的审批权限，国家法律有明确的规定。一般情况下，省、自治区、直辖市人民政府批准的道路、管线工程和大型基础设施建设项目、国务院批准的建设项目占用土地，涉及农用地转为建设用地的，由国务院批准。在土地利用总体规划确定的城市和村庄、集镇建设用地规模范围内，为实施该规划而将农用地转为建设用地的，按土地利用年度计划分批次由原批准土地利用总体规划的机关批准。在已批准的农用地转用范围内，具体建设项目用地可以由市、县人民政府批准。上述规定以外的建设项目占用土地，涉及农用地转为建设用地的，由省、自治区、直辖市人民政府批准。

其次，建设用地占用农用地中涉及到征地的，征地也由原来的分级限额审批变为国务院和省、自治区、直辖市人民政府两级审批。征地审批权的上收能够有效避免因征地权过于分散而导致的大规模农地转为建设用地的现象。县级以上人民政府只有征地的执行权，国家征用土地在依照法定程序批准后，由县级以上地方人民政府予以公告，并组织实施。

（2）建设用地用途管制

建设用地用途管制的基本内容是：按土地利用总体规划规定的建设用地用途合理使用土地；下级土地利用规划确定的建设用地总量不得超过上级土地利用总体规划确定的控制指标，耕地保有量不得低于上级土地利用总体规划确定的控制指标；城市建设用地规模应符合国家规定的标准，充分利用现有建设用地、不占或少占农用地；严格建设用地审批管理。

建设用地审批管理是建设用地用途管制的基础。根据国家有关规定，建设用地审批管理程序为：

①在建设项目可行性研究论证时，建设单位应向建设项目批准机关的同级土地行政主管部门提出建设用地预申请，并由受理预申请的土地行政主管部门依据土地利用总体规划

和国家土地供应政策，对建设项目的有关事项进行预审，出具建设项目预审报告。

②建设单位向土地所在地的市、县人民政府土地行政主管部门提出正式用地申请，填写《建设用地申请表》，附具的相关材料分别是建设单位有关的资质证明；项目可行性研究报告批复或者其他有关批准文件；土地行政主管部门出具的建设项目用地预审报告；初步设计或者其他有关批准文件；建设项目总平面布置图；占用耕地的必须提出补充耕地方案；建设项目位于地质灾害易发区的，应提供地质灾害危险性评估报告。

③市、县人民政府土地行政主管部门对材料齐全、符合条件的建设用地申请应当受理，并在收到申请之日起30日内拟定农用地转用方案、补充耕地方案、征用土地方案和供地方案，编制建设项目用地呈报说明书，经同级人民政府审核同意后，报上一级土地行政主管部门审查。

④有关土地行政主管部门收到上报的建设项目呈报说明书和有关方案后，对材料齐全、符合条件的，应在5日内报经同级人民政府审核。审核同意后，逐级上报有批准权的人民政府，并将审查所需的材料及时送该级土地行政主管部门审查。

⑤有批准权的人民政府土地行政主管部门，自收到上报的农用地转用方案、补充耕地方案、征用土地方案和供地方案，并按规定征求有关方面意见后30日内审查完毕。

⑥农用地转用方案、补充耕地方案、征用土地方案和供地方案经有批准权的人民政府批准后，同级土地行政主管部门在收到批件后5日内将批复发出。未按规定缴纳新增建设用地土地有偿使用费的，不予批准建设用地。

⑦经批准的农用地转用方案。补充耕地方案、征用土地方案由土地所在地的市、县人民政府组织实施。

（3）未利用地用途管制

未利用地是指农用地和建设用地以外尚未或难以被人类利用的土地，如荒草地、沼泽地、盐碱地、裸岩石砾地等。作为重要的土地利用后备资源，未利用地用途管制的内容一方面是提倡对未利用地的合理开发利用，例如，在符合生态环境保护要求的前提下，国家积极鼓励“四荒地”的开发；另一方面是禁止不符合土地利用规划的未利用地开发，避免破坏土地生态环境，对于现有技术条件下不能进行开垦的，要维持未利用地现状，禁止不切实际的毁林开荒等行为。

5.2.5 土地开发整理

土地开发整理是在一定的地域区间内，按照土地利用总体规划和土地利用计划的要求，采用一定的措施和手段，调整土地利用关系，改善土地利用结构，通过科学规划、合理布局和土地的综合开发利用，提高土地资源的利用率和产出率，增加可利用土地数量，确保经济、社会、环境三大系统的良性循环。广义的土地开发整理既包括土地开发和整理，也包括土地复垦；既包括农村土地开发整理，即农地整理，也包括城市土地开发整理，即市地重划。其中，土地开发是通过各种技术措施将未利用地改造为可供人类直接利用的土地；土地整理是对已开发利用的土地进行再投入，通过提高土地质量、调整用地结构和改善用地条件等，更好地利用土地满足人类生存和发展的要求；土地复垦是对因挖损、塌陷等原因造成破坏的土地进行投入改造，恢复土地原貌以供人类利用；农地整理的对象是农用地，是按照土地利用总体规划要求，通过对田、水、路、林、村的综合整治，提高耕地质量，增加有效耕地面积，改善农业生产条件和生态环境；市地重划具体有旧城改造和城市更新，是针对城市土地利用中的杂乱不规则和零碎不经济等问题进行土地的交换合并，并配合地上和地下建筑物建设，使土地成为大小适宜、形状规整、地势平坦和服务配套的适宜土地。

1. 土地开发整理的任务

(1) 增加耕地面积，提高土地利用率。即在挖掘现有土地利用潜力的前提下，通过土地整理的多种方法和手段来增加有效耕地面积，以弥补建设对耕地的占用，促进耕地总量动态平衡目标的实现。这一目标也是现阶段土地整理的主要目标。

(2) 调整土地关系，使土地关系适应土地生产力提高的要求。按照社会生产力发展的要求，对土地利用中产生的人与地及人与人的关系予以调整和适度组织重配，使人们更有序和更合理地对土地进行开发、利用和保护。

(3) 扩大综合生产能力，提高土地产出率。即通过土地利用方式、强度的调整，改善土地生产、生态条件，保持和提高土地再生产的能力，以持续获得人们生产和生活需要的产品。现阶段就是提高以土地产出率为基础的土地生产能力。

(4) 提高全社会的现代化水平。土地整理是按照现代化的生产要求进行的一种资源再配置过程，反过来，其又可以为现代化建设提供广阔的土地资源空间。我国的实践已经证明，无论是农地整理还是市地整理，都能为现代化建设创造条件，都是现代化建设必不可少的内容。

(5) 实现土地资源的景观功能。从可持续发展的角度来看，土地整理不仅仅从经济效益上考虑，还要从社会效益、生态效益上考虑。景观功能是物质文明和精神文明的必然要求，其社会效益和生态效益明显。

2. 土地开发整理的内容

(1) 农地整理的内容

农田整治。如兴建或改造沟渠和田间道路，建立或健全节水、节地并高效的排灌系统；建立农田防护林带；清除耕地中的坟头；填平农田中的废坑塘以及平整土地等。

农地改造。它以提高耕地质量为主要目的。如改造中低产田及盐碱地、提高土壤肥力、坡地改为梯田等。

地块调整。重点是把细碎、零散的地块集中起来（山区除外），便于规模化经营和机械化作业。

土地结构调整。主要是开发利用滩涂、水域、荒草地等，以替换占用良田的园田、鱼池、牧草地，从而保持和增加耕地面积。

宜农荒地的开发。通过对未利用土地的适宜性评价，确定宜农地的分布与数量，然后有序地进行开发复垦。

农村建设用地整理。它包括村庄的治理，如治理“空心村”，充分利用村内空闲地与空宅，缩并零散的小村落到中心村或集镇，增设公共、公益设施等；也包括乡镇企业用地的整理，如关、停污染的工矿企业，对效益不高、长期扭亏无望的企业实行转产或技术改造，把零散分布并占用耕地或宜农的企业迁入统一规划划定的工业园区，缩小乡镇企业用地规模等。还包括工矿废弃地、废砖窑的复垦还田等。另外，还有水利、交通工程建设中压废地的土地整理。

(2) 市地重划的内容

对城镇而言，土地整理主要是立足于内部挖潜，集约利用土地，充分利用建成区内的闲散地，并对已被利用的土地结合产业结构调整和提高城市功能的需要，在用途、布局与产出率方面重新进行优化配置，从而全面提高城市载体功能，并改善城市环境。另外，交通、工矿用地整理也是市地重划的重要方面。

3. 土地开发整理的原则

(1) 经济原则

充分、合理、经济地利用土地资源，把利用、改良和保护土地结合起来。土地是农业生产基本的生产资料，通过土地整理挖掘土地潜力，把一切土地都吸收到生产过程中来，安排好每块土地的经济用途，把用地和养地结合起来，改良低产土地，不断提高土地肥力和土地利用率。具体整理是应正确处理好农业用地与基本建设用地的关系，基本建设用地要不占或少占农田，对此应严加控制。要注意改造利用为基本建设工程压废或挖废的土地，并把工程施工和平地造田紧密结合起来，应正确处理好农、林、牧、副、渔各业用地的关系和各种作物之间的关系，以保证全面发展农业。

(2) 系统原则

综合运用有关经济科学和自然科学的新理论、新技术和新方法，解决土地利用中的系统性问题，保证内、外部经济性，为采取先进的农业科学技术、实现农业现代化创造良好的土地组织条件。一切先进农业科学技术和现代化农机具都是在一定土地范围内得到应用。为了不断提高现代化农机具的利用率，以获得最大的经济效果，要求与之适应的土地组织条件。具体整理时，要根据生产发展的需要进行必要的农业基本建设。施工前，都需要进行合理规划，绘制建设蓝图。具体整理时，必须应用系统的观点，顾及农业现代化生产的要求。应有利于采用先进科学技术和社会主义新农村的建设，有利于现代化农业生产的组织管理，不断提高劳动生产率和土地利用率。

(3) 远近结合的原则

搞整理必须注意维持生态系统平衡，要处理近期效益和远景效益、经济效益和生态效益之间的辨证关系，把当前生产与远景规划密切配合，并为有计划地实现远景土地整理规划创造条件。土地整理规划属远景规划范畴，在一定年限内具有指导作用。在整理过程中，应本着“着眼长远、立足当前、全面组织、分期实施”的精神，正确处理好当前生产与远景发展之间的关系，力争达到当年规划、当年实施、当年受益、当年增产的要求。在整理过程中，还必须克服片面强调“正规化”而忽视现行农村经济政策和当前农业生产的错误倾向，坚决反对搞花架子，避免形式主义。既要注意克服只顾眼前，不管长远打算，也要纠正只看将来，片面强调远景规划，忽视当前生产的倾向。

(4) 因地制宜的原则

必须紧密结合当地的自然经济条件，在确定各业用地时，既要考虑到生产发展的需要，又要考虑到土地资源的特性，宜农则农、宜牧则牧、宜林则林，做到地尽其利，人尽其力，同时，消除土地利用上不合理的现象。土地整理具有鲜明的地域性，不同地区由于自然经济条件不一样，发展农业生产存在的主要问题也不同，整理的主攻方向便不一样。因此，不同地区的土地整理有着不同的重点、内容和方法，如平原低洼地区土地整理和丘陵山区土地整理、灌溉地区和旱作地区的土地整理等。在同一个乡或农场范围内，自然经济条件亦存在着一定的差异，所以严格地讲，不同乡或农场也具有不同的整理项目和方法。就是同一项整理由于各地区的情况存在差异，整理方法亦不尽一样，不同地区生产存在的主要问题不同，整理的主攻方向各异，整理的重点项目也就不同。例如，机耕地区应重点整理田块，调整渠系，集中居民点，修建道路，安排作物连片种植等；新灌区重点整理灌排渠系；丘陵山区重点安排农、林、牧、副、渔用地，坡地改梯田，防止水土流失，植树造林，绿化荒山；盐碱土地区则应以改良利用盐碱土为规划重点；平原低洼地区重点则是防洪涝，降低地下水位等。总之，进行土地整理必须坚持实践第一的观点，深入调查研究，坚决贯彻因地制宜的原则，反对“一刀切”，千篇一律和脱离实际的错误做法。正确合理地解决主观与客观之间的矛盾，只有这样，才能充分发挥土地整理促进农业生产发展的积极作用。

4. 土地开发整理运作

(1) 土地开发整理规划运作

土地开发整理作为长期性战略任务，应该编制土地开发整理专项规划。与土地利用总体规划一致，土地开发整理专项规划分为五个级别。其中，国家级规划管理应当规定土地整理的方针、政策和法规。全国土地利用总体规划纲要也应提出土地整理的政策等要求。对土地利用内部挖潜、土地整理提出指导性意见。省级规划管理要依据国家的要求，应进一步细化国家政策、法规等。省级土地利用总体规划纲要也要因地制宜，提出制定土地利用挖潜、土地整理的目标；确定土地整理的指导性指标、技术规范及开展土地整理的重点区域等。地（市）级规划管理按照上级要求，应制订土地整理的实施办法和保障措施，组织协调跨区域土地整理规划设计等。地（市）级土地利用总体规划要根据省级土地利用总体规划纲要的要求，落实土地整理重点区域，并在分析本地土地整理潜力的基础上，确定土地整理区域，并分解下达土地整理指标等。县（市）、乡（镇）级规划管理要按上级要求落实资金、技术、组织等具体措施。县（市）、乡（镇）级土地利用总体规划按照土地用途分区、基本农田保护等的要求，确定土地整理区范围，对田、水、路、林、村等提出综合整治的具体要求。有条件的地方应坚持零散居民点向中心村、小城镇集中；村办、乡镇企业向工业园区集中，小块耕地向连片集中。同时，县、乡（镇）级应按照土地利用总体规划的要求，特别应按照县、乡（镇）级土地利用总体规划的要求进行土地整理专项规划设计，其中包括农村居民点、道路、水利、工业园区、农地等规划工程设计、土地整理、配置方案以及土地整理资金预算方案等，为土地整理提供依据。

(2) 土地开发整理项目运作

选择土地整理单元。包括收集有关土地利用的自然、社会、经济情况，分析研究土地整理的潜力，准备土地整理的资金和技术条件，确定土地整理的目标和要求。经与初选区域有关单位、个人充分协调，取得理解和支持后，选定开展土地整理的单元，并予以公告。

进行土地整理规划方案设计。根据选定单元土地利用规划的原则要求，编制土地整理规划设计，并经广泛征求土地整理参与者的意见，修改完善规划和设计后，申请批准。

批准土地整理方案。依据制定的法律或政策性规定，通过一定的法律程序审查土地整理规划设计，经批准的，向社会公告后才准许其实施。

组织土地整理实施。按照批准的土地整理规划和设计，在区域范围内动员人力、物力、财力开展土地整理活动。土地整理实施通过调查和测量确定权属，进行工程建设，经过土地评估并重新配置后，最终经登记发证的法律手段确认整理成果。

检查验收。在完成土地整理任务、达到预定目标后，开展地籍更新、资料汇总和归档等工作，形成报告，经法律规定的程序审查验收。

5. 农地开发整理设计

(1) 田块设计

田块是进行灌排、耕作、管理的基本单位。田块设计的内容包括田块的方向（田块长边方向）、田块的边长（长宽度）和形状、田块设计与地形和小气候的关系、田块设计与土壤的关系、田块设计与居民点、沟渠、道路和林带的关系。

(2) 田间灌排沟渠设计

田间灌排沟渠的设计直接影响灌排水制度的执行与灌排水质量的好坏，设计时应注意：一是应与道路、林带、田块等设计紧密配合进行，对田、沟、渠、林、路进行综合考虑；二是应考虑田块地形，同时要满足机耕要求，必须制定出兼顾地形和机耕两方面要求的设计方案；三是临时渠道的断面应保证农机具顺利通过，其流量不能引起渠道的冲刷和淤积。

(3) 农田防护林带的设计

农田防护林带的设计应同田块、灌排渠道和道路等项设计同时进行，采取植树与兴修农田水利、平整土地、修筑田间道路相结合，做到沟成、渠成、路成、植树成。设计内容包括林带结构选定、林带方向、间距和宽度的布置等。

(4) 田间道路的设计

田间道路是一项固定的、服务年限较长的基本建设。在设计时，既要考虑当前人、畜力运行的要求，同时还要满足农业机械化和组织灌排的要求。设计时应注意：①田间道路应保证居民点、生产中心到农田具有方便的交通联系、路线直、运输距离短，可以顺利达到每一个轮作田区或耕作田块；②田间道路沿田边布置，必须与田块、渠道、林带、排水沟等项目进行综合规划，以便于农机具运转，经营管理和灌溉管理；③尽量减少道路跨越沟渠，尽量减少桥涵等工程建筑物，以求节省农田基本建设投资，此外，还要尽量减少道路的占地面积；④田间道路应和农村主干道路有机地结合，组成统一的农村道路网。田间道路平、纵、横断面应满足道路路线设计的技术要求。

(5) 设计方案的择优

同一整理项目可以有不同的设计方案，设计方案的择优实际是不同设计方案比较评价的过程。评价可以是单一项目的评价，评价指标包括最适宜的田块规模或边长、田块形状、各占比例和机组空行率、田间灌排渠道设计最优方案（占地指标、经济效果）、护田林带的综合效率和防护面积、占地比率、沟林路渠综合配置方案、耕地有效面积等。评价也可以是综合性评价，评价指标包括：设计后，增产效果（单产、产值）；作物布局和轮作方式的分析（用地养地结合、肥料平衡、完成承包任务、农林结合多种经营开展情况）；概算并分析设计实现后主要农作物的单产水平、人均收入、人均粮食占有量等方面的变化情况；根据人力、物力和财力条件，论证完成设计的依据和可靠程度。

综合评价方法一般应用一些综合性指标（单产、总产、产值）辅以文字论证，定性分析，借以评述各设计方案的优缺点，选择其中最优的方案。如设计实施后生产水平的提高程度、可运用粮食单产、每人平均收入、单位面积上的载重量等指标进行综合分析等。

5.2.6 土地利用动态监测

土地利用动态监测即将不同时相（至少两个时相）的土地利用数据进行对比，从空间和数量上分析其动态变化特征及未来发展趋势。土地利用动态监测是通过实地调查、统计报表调查或遥感影像分析等方法，了解土地利用结构与布局变化，特别是耕地面积变化及其变化原因；荒地开垦、废弃地复垦和节约用地情况，乱占滥用土地情况；土地肥力变化情况；土地退化、污染情况等的过程。

土地利用动态监测包含监测区域内的全部土地资源，能提供各土地利用类型的数量、质量、空间分布等动态信息。我国目前主要是对耕地和建设用地等土地利用变化情况进行及时、直接、客观的定期监测，检查土地利用总体规划及年度用地计划执行情况。重点是核查每年土地变更调查汇总数据，为国家宏观决策提供比较可靠的依据；对违法或涉嫌违法用地的地区及其他特定目标等进行的日常快速监测，可为违法用地查处及突发事件处理提供依据。

土地利用动态监测常用的方法有实地调查、统计报表调查、遥感监测、专项定点监测等。

1. 实地调查

实地调查是由土地行政主管部门派遣工作人员到被调查现场通过直接量测、采访等，获得有关土地利用状况及动态变化资料的一种方法。实地调查，按调查范围的不同，又可分为全面调查和非全面调查两种。全面调查是对被调查对象范围内的全部土地都进行调查。非全面调查是对调查对象范围内的部分土地进行调查，按调查的目的不同，又分为抽样调查、重点调查和典型调查。抽样调查是在所调查的总体中有目的地抽取部分单位，组成样本，用样本的参数去估计总体参数的一种非全面调查。抽样调查的目的是用调查的资料来推断总体。重点调查是在所调查的总体中选择一部分重点单位进行调查的一种非全面调查。重点调查的目的是了解研究被调查对象的基本情况。典型调查是在对被调查对象进行具体分析的基础上，从中选择出若干符合调查目的的代表性单位进行调查的一种非全面调查。典型调查的目的在于寻求同类事物的共同规律。

2. 统计报表调查

统计报表调查是由国家或上级主管部门颁发统一的表格，由各级土地行政主管部门根据原始记录，按照规定的时间和程序自下而上提供统计资料的一种调查方法。根据对报送资料的急需程度和报送周期的长短，统计报表可分为月报、季报、半年报和年报。按报送方式的区别，统计报表又分为邮寄报表和电讯报表两种。将报表提供的历年土地统计资料进行横向、纵向对比分析，就可掌握土地资源的数量、质量、利用状况、变化趋势和存在的问题等，因而，统计报表调查也是土地利用监测的重要方法之一。

3. 遥感监测

随着我国经济的发展，城乡建设用地与耕地变化这一问题变得越来越突出，土地问题依然严峻。因此，除采用强有力的法律、行政、经济、规划等手段严格治本之外，还需要采用高新技术对土地利用状况进行动态监测，这也是为了更加科学地促进我国资源的可持续利用与生态环境的保护，有助于快速掌握各个区域的土地资源利用现状，更有利于实时或及时了解土地利用的变化过程。而且就技术层面而言，随着近代航空航天技术的发展与成熟，运用遥感技术进行大面积、大规模、实时、动态的土地等地球资源信息的采集已成为可能。遥感信息是地表各种地物要素的真实反映，能清晰地显示各种土地利用类型的特征与分布；同时，遥感图像的多时相特性又可为土地利用动态监测提供丰富的可供定性定量分析的信息。

遥感监测是应用遥感技术监测土地利用及其动态变化的一种方法。所谓遥感技术，就是根据电磁波理论，应用现代技术不直接与研究对象接触，从高空或远距离通过遥感器对研究对象的特性进行量测的一种侦察技术。由于运载工具的不同，又分为地面遥感、航空遥感和航天（或宇航）遥感。

目前，我国还利用遥感“TM”卫星资料进行监测，其分辨率为30m×30m，共7个波段，卫星影像可放大至1∶5万。新一代地球资源卫星SPOT的分辨率更高，黑白卫星影像为10m×10m，多波段卫星影像为20m×20m，像幅为60km×60km。利用卫星影像进行遥感监测可以大大节省开支，一般每平方千米的费用是地面测量的2%，高空航测的6.5%。由于航片在大比例尺土地利用调查和制图工作中具有一定优势，通常监测航片与卫片结合使用，同时随着GPS、GIS和RS技术的飞速发展，3S技术的综合应用在土地利用监测中得到广泛应用。

（1）遥感监测技术的优势

遥感信息是地表各种地物要素的真实反映，能清晰地显示各种土地利用类型的特征与分布。高分辨的遥感图像还能准确显示出农业内部结构调整信息，这样不仅可以减少外业调查的工作量，同时还可以精确地量算出各种土地利用的面积，保证面积的准确性。遥感图像的多光谱及多时相特性为土地利用动态监测的定性、定量分析提供了丰富的信息，在原有土地详查图件和数据的基础上，将获取的遥感图像和原有的同区位土地利用空间信息进行叠加分析，不仅可以保证监测精度，而且可以提高工作效率，缩短工作周期。因此，与传统的地籍调查方法相比，遥感监测技术有较多优势：

①保证精度。遥感技术可在较大范围内准确地监测各类土地利用变化数据。

②经济实用。可在大尺度空间条件下，利用遥感技术数据几何分辨率高的特点，对土地变化数据进行采集，与传统的地籍调查方法相比，更加经济和实用。

③效率更高。利用遥感监测数据在复核地籍变更调查数据准确度的同时，还可以有针对性地指导和辅助变更调查工作，节省了外业查找变化地块的时间，提高了工作效率，保证了调查结果的可靠性。

④直观实时。卫星遥感监测技术为配合土地执法检查、强化国土资源执法监察、贯彻“预防为主、防范和查处相结合”的国土资源执法监察新思路提供了强有力的科技支撑，为国土资源规划、管理、保护的快速决策提供了技术保障。

但就土地利用动态监测来讲，还有不少问题。首先，数据预处理在实际工作中达不到要求，其有效算法和技术影响了动态监测成果的精度；其次，由于变化监测算法的差异性，所有变化监测算法的能力受空间、光谱、时域和专业内容的限制，所采用的方法在一定程度上影响了变化监测的精度。甚至对于同一环境，由于采用的方法不同，所产生的结果也会不同。同时，土地利用动态变化遥感监测的方法很多，各方法都有其优缺点。因此，选择合适的土地利用变化监测方法也显得尤为重要。总之，今后还需对土地利用动态变化遥感监测的技术和方法进行深入研究，以建立起我国宏观土地利用动态遥感监测体系，为我国国土资源管理提供技术支持。

（2）我国土地利用遥感动态监测现状

我国应用遥感技术开始于20世纪70年代。20世纪80年代初，首次利用美国陆地卫星MSS数据进行了全国范围的土地利用现状调查，并按1∶50万比例尺成图，客观地反映了我国土地资源的基本状况。此后，遥感技术在我国土地利用动态监测中的应用日趋广泛。如80年代中期，我国利用美国的Landsat资料进行了土壤侵蚀分区、分类、分级制图；1989~1993年，实施了中国北方草原草畜动平衡监测；1993~1996年，连续4年开展了全国耕地变化遥感监测工作；1996和1997年，运用TM和SPOT等卫星遥感资料分别对19个城市和100个城市的扩展与耕地变化进行了动态监测；1999和2000年，又对全国66个城市的建设用地和耕地变化进行了动态监测。

①监测重点是耕地变化和建设用地扩展。我国耕地减少的主要去向是非农建设占地和农业内部结构调整，农业结构调整占用耕地，有可逆性特点，耕地尚能恢复，而被非农建设占用，耕地就难恢复，所以监测非农建设用地扩展是重点。

②监测成果的多样性。为适应各级土地管理机构的需求，通过土地利用监测定期提供全国和各省、地、县的土地利用现状资料，包括面积数据和反映土地利用空间分布的图面资料。同时，除开展按固定调查项目连续监测外，还需作固定项目的专题调查。例如，对建设用地占而未用，耕地撂荒、开发、复垦和灾害毁地等专题项目的实时调查。

③监测体系的层次性。为保证监测任务的完成，各级土地管理部门都应有相应的监测机构，各级机构互为关联，形成体系，体系设置包括国家、省、地、县若干层次，各层次组成有机的整体，既要保证监测成果的统一性和可比性，又能开展本辖区的监测业务，提供本地区的监测成果。在体系中，拟分两个基本层次，一层是国家和省级的，重点提供全国和全省的土地利用宏观数据；另一层是县、乡级的，提供本辖区的土地利用资料。两个基本层次的监测指标、技术手段和精度要求上可有区别，但在监测指标和数据传输的上下层面上应能接口。

④技术要求的区域性。我国地域广阔，不同的问题，特别是人类生存环境是当今世界关注的一个焦点，也是卫星遥感技术的热点，土地资源和利用状况的监测是环境监测的组成部分。遥感技术在土地管理业务工作中的应用，由于各国各地区的社会制度、自然条件、发展水平和管理体制上的差异，需求不尽相同。

⑤技术手段的综合性。根据我国土地利用监测信息的需要，就无须利用遥感资料。但是，很多国家都有相关的任务和要求，在技术手段上宜采用卫星遥感、抽样调查和地面调查相结合的方法，发挥各自的航空、遥感优势，求得总体功能上满足各项需要。

⑥以全国土地利用现状调查（简称土地详查）的数据和图件作本底资料。基于上述要求，完成我国的土地利用监测任务是一项艰巨复杂的工作，需制定总体规划，根据当前急需和可能制订的分期目标和实施计划，循序渐进抓落实，分阶段完成各项任务。

（3）主要方法及其应用

①目视解译法。该方法是以土地利用现状调查资料为基础，确定各地类的解译标志，在遥感图像上划出各地类界线，得到遥感分类图，再比较各时相的遥感分类图。目视解译法最大的优点是方便灵活，解译者在解译过程中能够充分利用影像解译标志和其他辅助信

息（地貌、地形等）识别地物。但解译者的经验和专业知识（包括对所研究地理区域的熟悉程度）以及影像本身的差异或限制，都会导致解译结果不一样。因此在目视解译之前，要注意收集监测区域的土地基本信息、作物生长特性和地物的光谱特征等信息，以便辅助判读解译正确进行，提高监测精度。

②计算机动态信息提取、自动分类方法。目前，最常用的方法是多元统计识别分类法。其主要优点是处理速度快，并且可重复性强。其中，最大似然法有着严密的理论基础，对于呈正态分布的数据具有很好的统计特性，而且判别函数易于建立。

③目视解译与计算机图像处理相结合的方法。通过这种方法所得到的监测精度将会大于仅采用某种方式进行信息提取所得到的监测精度。在确定和勾画变化边界时，将计算机自动选取变化区域和人工勾画边界的方法结合起来，这样既能提高工作效率，又能提高监测精度。

总的来说，我国土地利用遥感监测研究采用的方法多种多样，如上所提到的三种方法，其中目视解译监测研究一直占有重要地位。在研究内容上，主要针对城镇扩展和耕地变化，尤其是城乡接合部的变化情况。

4. 专项定点监测

为了详细而准确地掌握土地质量的变化情况，常采用仪器对土地质量的某个项目进行定点监测，如土壤肥力监测、水土流失监测、土地沙化监测、土地污染监测等。通过仪器监测取得科学数据，以便采取对策，改善土地利用状况。

5.3 房地产开发利用管理

5.3.1 房地产开发利用管理概述

房地产开发利用是根据城市规划和社会经济发展要求，对土地及其地上建筑物进行建造、改造、利用等生产建设活动的全过程。房地产业作为国民经济的支柱产业，合理进行房地产开发利用管理显得至关重要。房地产开发利用具有周期长、消耗多、投资大和涉及范围广而复杂等特点，从纵向看，开发利用过程包括可行性研究、前期工程、组织施工、竣工验收和经营管理五个阶段；从横向看，各阶段又与财政、金融、市政、公安、环卫、文教等多个业务部门发生紧密联系，需要彼此协调，密切配合。因此，房地产开发利用要综合考虑各方面的因素，统筹安排各个工作环节，争取获得最大的经济、生态和社会效益。房地产开发利用管理是依法对房地产开发利用全过程的管理，具体包括房地产开发机构资质管理、房地产开发计划管理、质量、资金和成本管理以及住宅小区管理等内容。

5.3.2 房地产开发机构资质管理

房地产开发机构资质管理是房地产主管部门对房地产开发机构的公司章程、自由流动资金、注册资本数额、技术人员、管理人员、组织管理机构、开发经历和业绩等基本情况进行审查、评级和定期复查的过程。实行资质管理有助于加强房地产业的宏观调控，促进房地产开发经营健康发展。按照法律有关规定，建设部负责全国房地产开发企业的资质管理工作，省、自治区、直辖市建设行政主管部门归口管理本行政区域内房地产开发企业资质管理工作。

1. 房地产开发机构设立的条件

(1) 必须是具有法人资格的经济实体，能够独立承担法律责任。

(2) 必须有健全的管理机构和合法的法人代表，并配有与经营的内容、方式、规模相适应的专业经营、技术和财务人员。

按照《城市房地产开发经营管理条例》，要有4名以上持有资格证书的房地产专业、建筑工程专业的专职技术人员，2名以上持有资格证书的专职会计人员。

(3) 必须拥有与经营规模、内容相适应的自有资金。

房地产开发企业的注册资本应在100万元以上，而且流动资金不得低于100万元。而对于股份有限公司的形态的开发企业要求更高，最低限额为1 000万元人民币；申请股票上市的房地产开发股份有限公司的股本总额不得低于5 000万元人民币。

(4) 必须建立符合财政和银行规定的财务管理制度。

(5) 必须有固定办公地点和合法的经营方式与手段。

(6) 必须具备满足资质标准的其他各项要求所规定的条件。

设立房地产开发企业，应当向工商行政管理部门申请设立登记。工商行政管理部门对符合本法规定条件的，应当予以登记，发给营业执照；对不符合本法规定条件的，不予登记。设立有限责任公司、股份有限公司，从事房地产开发经营的，还应当执行公司法的有关规定。房地产开发企业在领取营业执照后的一个月内，应当到登记机关所在地的县级以上地方人民政府规定的部门备案。除专营房地产开发的企业外，其他企业如果符合一定条件，也可以兼营房地产开发业务。兼营房地产开发业务的机构必须符合下列条件：

(1) 凡在工商行政管理局登记注册的非生产型综合公司、信托投资公司，自有资金达到2亿元以上，其中自由流动资金达到1亿元以上的企业。

(2) 中央各部门所属的工程建设公司达到建筑工程资质一级，自有资金达1亿元以上，其中自由流动资金达到5 000万元以上的企业。

(3) 堤防工程建筑公司达到建筑工程资质一级，自有资金达5 000万元以上，其中流动资金达到3 000万元以上的企业。

2. 房地产开发机构的资质等级

房地产开发企业应按有关规定申请核定资质等级，未取得房地产开发资质等级证书的企业不得从事房地产开发经营业务。国务院建设行政主管部门负责全国房地产开发企业的资质管理工作；县级以上地方人民政府房地产开发主管部门负责本行政区域内房地产开发企业的资质管理工作。房地产开发企业按企业条件可分为四个资质等级。一级资质由省、自治区、直辖市人民政府建设行政主管部门初审，报国务院建设行政主管部门审批。二级资质及二级资质以下企业的审批办法由省、自治区、直辖市人民政府建设行政主管部门制定。经资质审查合格的企业，由资质审批部门发给相应等级的资质证书。

(1) 一级资质的条件

注册资本不低于5 000万元；从事房地产开发经营5年以上；近3年房屋建筑面积累计竣工30万m^2以上，或者累计完成与此相当的房地产开发投资额；连续5年建筑工程质量合格率达100%；上一年房屋建筑施工面积15万m^2以上，或者完成与此相当的房地产开发投资额；有职称的建筑、结构、财务、房地产及有关经济类的专业管理人员不少于

40 人，其中具有中级以上职称的管理人员不少于 20 人，持有资格证书的专职会计人员不少于 4 人；工程技术、财务、统计等业务负责人具有相应专业中级以上职称；具有完善的质量保证体系，商品住宅销售中实行了《住宅质量保证书》和《住宅使用说明书》制度；未发生过重大工程质量事故。

（2）二级资质的条件

注册资本不低于 2 000 万元；从事房地产开发经营 3 年以上；近 3 年房屋建筑面积累计竣工 15 万 m^2 以上，或者累计完成与此相当的房地产开发投资额；连续 3 年建筑工程质量合格率达 100%；上一年房屋建筑施工面积 10 万 m^2 以上，或者完成与此相当的房地产开发投资额；有职称的建筑、结构、财务、房地产及有关经济类的专业管理人员不少于 20 人，其中具有中级以上职称的管理人员不少于 10 人，持有资格证书的专职会计人员不少于 3 人；工程技术、财务、统计等业务负责人具有相应专业中级以上职称；具有完善的质量保证体系，商品住宅销售中实行了《住宅质量保证书》和《住宅使用说明书》制度；未发生过重大工程质量事故。

（3）三级资质的条件

注册资本不低于 800 万元；从事房地产开发经营 2 年以上；房屋建筑面积累计竣工 5 万 m^2 以上，或者累计完成与此相当的房地产开发投资额；连续 2 年建筑工程质量合格率达 100%；有职称的建筑、结构、财务、房地产及有关经济类的专业管理人员不少于 10 人，其中具有中级以上职称的管理人员不少于 5 人，持有资格证书的专职会计人员不少于 2 人；工程技术、财务等业务负责人具有相应专业中级以上职称，统计等其他业务负责人具有相应专业初级以上职称；具有完善的质量保证体系，商品住宅销售中实行了《住宅质量保证书》和《住宅使用说明书》制度；未发生过重大工程质量事故。

（4）四级资质的条件

注册资本不低于 100 万元；从事房地产开发经营 1 年以上；已竣工的建筑工程质量合格率达 100%；有职称的建筑、结构、财务、房地产及有关经济类的专业管理人员不少于 5 人，持有资格证书的专职会计人员不少于 2 人；工程技术负责人具有相应专业中级以上职称，财务负责人具有相应专业初级以上职称，配有专业统计人员；商品住宅销售中实行《住宅质量保证书》和《住宅使用说明书》制度；未发生过重大工程质量事故。

3. 新设房地产开发机构的备案

新设立的房地产开发企业应当自领取营业执照之日起 30 日内到房地产开发主管部门备案，备案需要提供的材料有营业执照复印件、企业章程、验资证明、企业法定代表人的身份证明、专业技术人员的资格证书和劳动合同、房地产开发主管部门认为需要出示的其他文件。房地产开发主管部门应当在收到备案申请后 30 日内向符合条件的企业核发《暂定资质证书》。《暂定资质证书》有效期 1 年。房地产开发主管部门可以视企业经营情况延长《暂定资质证书》有效期，但延长期限不得超过 2 年。自领取《暂定资质证书》之日起 1 年内无开发项目的，《暂定资质证书》有效期不得延长。房地产开发企业应当在《暂定资质证书》有效期满前 1 个月内向房地产开发主管部门申请核定资质等级。房地产开发主管部门应当根据其开发经营业绩核定相应的资质等级。

4. 房地产开发机构的资质年检

申请核定资质等级的企业应提供的材料有企业资质等级申报表；房地产开发企业资质

证书（正、副本）；企业资产负债表和验资报告；企业法定代表人和经济、技术、财务负责人的职称证件；已开发经营项目的有关证明材料；房地产开发项目手册及《住宅质量保证书》、《住宅使用说明书》执行情况报告；其他有关文件、证明。房地产开发企业的资质实行年检制度。对于不符合原定资质条件或者有不良经营行为的企业，由原资质审批部门予以降级或者注销资质证书。一级资质房地产开发企业的资质年检由国务院建设行政主管部门或者其委托的机构负责。二级资质及二级资质以下房地产开发企业的资质年检由省、自治区、直辖市人民政府建设行政主管部门制定办法。房地产开发企业无正当理由不参加资质年检的，视为年检不合格，由原资质审批部门注销资质证书。房地产开发主管部门应当将房地产开发企业资质年检结果向社会公布。

5. 不同资质开发机构从业范围

一级资质的房地产开发企业承担房地产项目的建设规模不受限制，可以在全国范围承揽房地产开发项目。二级资质及二级资质以下的房地产开发企业可以承担建筑面积25万 m^2以下的开发建设项目，承担业务的具体范围由省、自治区、直辖市人民政府建设行政主管部门确定。各资质等级企业应当在规定的业务范围内从事房地产开发经营业务，不得越级承担任务。企业未取得资质证书从事房地产开发经营的，由县级以上地方人民政府房地产开发主管部门责令限期改正，处5万元以上10万元以下的罚款；逾期不改正的，由房地产开发主管部门提请工商行政管理部门吊销营业执照。企业超越资质等级从事房地产开发经营的，由县级以上地方人民政府房地产开发主管部门责令限期改正，处5万元以上10万元以下的罚款；逾期不改正的，由原资质审批部门吊销资质证书，并提请工商行政管理部门吊销营业执照。

5.3.3 房地产开发建设计划管理

房地产开发建设计划是对房地产开发建设行业全部经济活动总的发展方向的预测和任务实施的安排，具体包括行业发展、开发建设任务、科学管理和技术进步、人才培养和发展、配套设施建设和完善等内容，以使房地产开发建设与国民经济发展协调同步。

1. 房地产开发建设计划分类

房地产开发建设计划可按不同划分标准归为不同的计划体系。按时间划分，包括长期计划、中期计划和短期计划，计划期限分别在10年以上、5年和1年；按性质划分，包括指令性计划和指导性计划，前者是采用行政办法下达的必须执行的计划，后者是自上而下下达的参考性计划，不必强制执行，但具有引导作用；按分级管理的要求划分，包括国家计划、地方计划和建设单位计划。

（1）开发建设长期计划

开发建设长期计划又称长期规划，是房地产开发建设行业的战略性和方向性规划。由于期限较长，不确定性因素较多，长期规划只能是轮廓性和粗略的远景设想。

房地产开发建设的国家长远规划由国家计委负责编制，并随同国民经济计划与社会发展规划一起由国务院提请全国人民代表大会审查批准后下达。国家编制的长远规划主要是对全国范围房地产开发建设实行宏观调控，在国民经济和社会发展规划各个五年计划中对国土开发、城市建设和改造、城市房地产开发及住房建设规模提出总的要求和指明方向。各地区以及各开发建设单位应根据国家制定的长远规划，结合本地区和本单位实际情况编制出自己的长期规划。

(2) 开发建设中期计划

中期计划是长期计划的具体化。由于期限相对较短，不确定性因素较少，能见度高，对相关因素变动及其影响能够比较准确地把握。特别是房地产开发建设中，一般开发项目需要经过建设前期的调查论证等一系列准备工作，项目建设周期常常跨越年度，与中期计划的期限较为接近，能避免年度计划时间短和走一年看一年的缺陷，保证开发建设的连续性和稳定性。各地区开发建设的中长期计划应根据本地区城市建设总体规划、国民经济和社会发展计划，由市委、市建委组织编制，并报市人民政府批准后实施。

(3) 开发建设年度计划

年度计划属短期计划，由市开发办依据市计委下达的年度综合开发计划总规模组织编制，由市计委、市建委批准下达执行。年度计划以中期计划为依据，充分考虑市场供求状况及当年固定资产投资规模情况，以一年为期编制实施。作为短期计划，既是中长期计划的具体实施和执行，也是中长期计划的微观调整，其内容要比中长期规划更加具体细致。

2. *房地产开发建设计划的基本内容*

(1) 房地产开发建设的战略目标。计划中应根据国民经济和社会发展的总目标，实现城市规划的总要求，完成城市综合开发建设的总任务，制定房地产开发行业的规模和结构，实现人才培训等战略目标和分期目标。

(2) 开发建设的投资量、工程量、项目、布局和质量要求等规划指标。

(3) 科学管理和技术进步的要求、手段和措施。

(4) 人才引进、人才合理结构和培养提高的计划和措施。

(5) 与房地产市场的衔接。

(6) 房地产开发计划的管理体制、政策和立法规划。

3. *房地产开发建设计划指标体系*

计划指标体系是衡量和评价房地产开发建设规模、速度、质量和效益的标准和尺度，其确定要符合房地产开发的性质、特点、关系和运动过程。

(1) 计划投资额

一定计划期内，以货币形式表现的应该完成的开发建设全部工作量是反映计划期内的开发建设规模、速度的综合性指标。

(2) 开发量

用数字形式反映的开发建设总量，包括建筑地块开发面积和房屋建筑面积指标，是反映固定资产投资开发建设规模的重要指标。

(3) 施工面积、开工面积和复工面积

这是从实物形态上反映建设规模、进度和建设成果的指标。

(4) 竣工面积

这是按照设计要求全部完工经验收鉴定合格后，达到竣工验收标准，正是移交使用单位使用的各栋房屋建筑面积之和，是以实物量反映房屋开发建设成果的指标。

(5) 工程质量指标

以开发工程项目或开发房屋建筑面积计算的开发建设工程质量，如竣工工程合格率、优质品率。

(6) 土地开发面积

经过“七通一平”等开发，可以进行房屋、建筑物建设或出售的土地面积。

(7) 商品房建设投资额

用货币表示的一定时期开发建设共出售使用的商品住宅、厂房、仓库、饭店、度假村、写字楼、办公楼等房屋工程及其配套服务设施的全部工作量。

(8) 商品房屋建筑面积

这是一定时期内开发建设的商品房住宅和其他商品房屋的建筑面积总和。

(9) 商品房销售额

这是计划期间销售出去的商品房屋的实际收入。

此外，还有计划开工日期、施工工期、工程形象进度等具体指标和反映社会效益、环境效益等的专业性指标。

4. 房地产开发建设计划管理过程

计划管理的目的是保证房地产开发建设的合理投资规模，与城市建设总体步伐一致，保证工程项目按期开工、竣工，及时销售和投入使用，保证开发建设资金的良性循环，提高开发建设工程的综合效益。

(1) 计划的编制

编制房地产开发建设计划是非常细致和组织协调性较强的综合平衡工作。计划编制过程中要严格遵循实事求是和量力而行的原则。首先，要进行调查研究，掌握大量的历史和现状资料，具体包括本地区房地产开发建设队伍的基本情况、历年开发建设规模和发展历史资料、城市基础设施和公共设施现状、拟建项目和配套能力、设计施工、建筑材料和房屋设备情况、国家有关房地产开发建设的法律、政策和规章等。其次，要根据房地产开发建设与其他许多行业和部门的密切关系，广泛听取社会各界的意见和建议，与相关部门主动配合，做好组织协调工作。最后，在计划编制过程中，要掌握好四个方面的平衡：一是开发量与基地的平衡。无论是新区开发还是旧区改造，开发建造的房屋及配套设施与建筑地块要保持平衡。二是开发量与社会需求的平衡。开发建设的规模、标准、套型、设备和装修等要服从国家中长期计划和城市总体规划，要与社会各方面的需求相吻合。三是开发量与资金的平衡。开发建设资金在筹集、投入、回收过程中要与开发量、施工进度和营销额之间取得平衡，保证资金流量的通畅和开发工程的正常运转。四是开发量与开发能力的平衡。在设计力量、施工力量和管理力量以及材料设备方面形成的综合开发能力要略大于开发总量，留有余地，才能保证各项开发任务保质保量的完成。

(2) 计划的实施

计划的实施应掌握好三个环节：一是计划的执行和检查。为切实实现开发建设计划，要制定计划实施的具体措施，保证计划的执行和完成。另外，要在计划执行全过程中同步进行检查，运用统计手段将计划执行的进度、执行中发生的问题及时反馈给有关部门。二是质量监督和进度控制相结合。房地产开发建设属于不动产的建设，质量优劣直接影响国民经济的发展，关系人民生命财产安全，同时，开发建设速度和计划完成进度还会影响相关行业和部门的建设和发展，因此执行计划时，质量和进度二者不可偏废。三是计划的调整。计划编制和通过审查后，一般应该认真执行，不得随意修改。但在计划执行过程中，再好的计划也不可能顾及主客观条件变化的方方面面，有时可能需要进行计划内容的调整。但是调整过程中要遵循两条原则，即尽量少调整，同时要按规定程序进行，且需要按规定权限获得审批，并注意与其他相关计划的协调。

5. 房地产开发建设项目计划管理

项目计划管理要符合城市建设的方针和政策，并与中长期规划相一致。项目计划编制要充分考虑市场供求，不能盲目建设。计划要按程序审批，由各级计委综合平衡。项目列入年度计划前，要定规模、定投资、定工期、定资金、定效益和定外部协作条件。同时，计划管理要建立项目进度监督制度，确保项目按期竣工。

(1) 项目可行性研究

运用工程学和经济学原理，从技术、经济、社会、法律和环境等方面对开发建设项目进行详细的调查研究，对方案反复进行比较分析，进行技术经济论证。明确拟建项目在技术上是否先进、适用、可靠，经济上是否合理，能否盈利，并做出最终项目建设的可能性和可行性判断。项目可行性研究报告由房地产开发单位的行政主管部门审查，并报各级计委审批。

(2) 设计任务书编审

设计任务书是工程建设的大纲，是确定建设项目和拟建设方案的基本文件，也是编制设计文件的主要依据。设计任务书按投资限额分别由房地产开发公司的行政主管部门或各级计委审批，各级计委在审批设计任务书时，应邀请房地产主管部门、财政和物资等部门共同会审。

(3) 年度建设计划的编审

①年度预备项目计划

项目涉及任务书，经批准后，项目即列入年度预备计划。预备项目计划可由各级计委会同房地产主管部门初审，汇编后报计委审批下达，作为编制正式年度计划的依据。编制预备项目计划要审查项目设计任务书是否按规定审批，是否违反房地产开发经营政策等。

②年度正式项目计划

省、自治区和直辖市计委会同房地产主管部门向国家计委上报年度房地产开发建设计划，国家计委下达计划指标额度后，地方计委负责编制年度正式项目计划。经批准列入上半年预备项目计划，且建设前期工作全部完成，已具备施工条件的项目可列入正式计划。地方计委在编制年度正式项目计划时，邀请房地产主管部门和建设银行会审，正式项目计划由计委报同级人民代表大会审议批准后下达。

年度计划编审要与公司资质管理结合，计划额度和项目性质及规模要与资质水平一致。

(4) 年度计划项目的调整

项目执行过程中，因建设条件变化或其他特殊原因，需要对计划项目进行调整的，房地产开发公司必须提出调整报告，并由地方计委计划编审程序审批。

6. 建设项目计划执行的监督

建设项目计划经过批准实施后，房地产主管部门要加强建设项目计划执行情况的统计监督，将统计报表反映出的实际情况与计划进行对照和比较，监督指导承担开发项目的房地产开发企业，保证项目按计划进度、计划材料消耗和工程成本完成。

5.3.4 质量、资金和成本管理

1. 质量监督管理

(1) 制定统一的质量标准

无论是各类房屋的建设，还是小区的开发建设，除各有不同的功能和质量要求外，都必须建筑安全、适用、美观、管网道路通畅、设施配套齐全、环境质量好。房地产主管部门要根据房地产开发建设的共性制定统一的行业质量标准，如房屋质量验收标准、小区质量验收标准等，并监督贯彻和执行。

(2) 实施房地产工程项目招投标，把住质量监督管理关

通过项目招投标，可以选择信誉较好的、在质量和进度上有保证的企业承包，招投标是质量保证的重要环节。没有经过招投标的项目，规划部门将不予发放建筑执照，房地产主管部门也不能安排开工项目。招投标的建设项目竣工后，必须向房地产主管部门提交工程竣工质量评定验收证明文件，并进行总登记，领取房屋销售许可证。

(3) 实行工程建设质量监督制度

凡房地产开发建设工程除应由建设行政主管部门等授权的城市或专业质量监督机构实施质量监督以外，房地产主管部门应统一规划和组织，实行以抽查为主要方式的质量监督检查制度，质量抽查结果应当公布，以督促和推动整个质量管理工作。

(4) 实行建设工程按质论价

质量达到优良等级标准的工程可实行优质优价，质量达不到国家或行业标准或达不到合同约定的相应质量等级的，要扣除一定幅度的承包价。

(5) 要认真处理使用单位或使用人对房屋质量问题的投诉和来访，会同有关部门或单位督促进行及时的处理和改进。

2. 资金管理

资金管理是房地产主管部门根据国家对房地产开发建设资金的使用规定，对房地产开发公司建设资金的来源、使用方向、投资效果等实行管理和监督。

(1) 审查房地产开发公司的资质

房地产开发公司申请资质审查时，要提交银行出具的公司自有资金资信证明，必须具有与其资质等级一致的自有资金数额，并要验明确定已经入账。同时要查明资金来源，验资确证后，方可办理资质审批手续。

(2) 审查公司年度计划

配合计划部门编审年度计划时，要会同银行查清公司年度拟建项目的落实情况，其中公司自有资金不低于年度投资量的30%，如果发现自有资金不足，要适当调低计划。

(3) 预售房屋管理

预售房屋要向房地产主管部门报送预售房屋的核备表，其中需填明预售房价和预收房价款计划。在房屋建成销售前，预售房屋不得超过全部建设工作量的70%，发现有不按照规定要求收款的，不予批准销售。

(4) 统计监督

统计房地产开发建设进度时，应按资金来源分别统计建设资金的使用情况。

(5) 建设资金一律存入建设银行或住房储蓄银行。

3. 成本管理

(1) 要合理确定房地产开发建设成本的构成要素

房地产开发建设的成本构成要素有土地使用费、前期开发费、勘察设计费、建筑安装工程费、小区内基础设施建设费、开发公司管理费及利润、贷款利息、税费、城市基础设施的配套费等内容。

(2) 要严格确定房地产开发建设成本的取费标准

费用标准的制定涉及开发建设施工和设计等多个部门，房地产开发建设主管部门一方面要监督房地产开发公司，要求其严格执行国家和地方政府批准的各部门制定的各项费用标准，另一方面要加强调查研究，积累资料，分析各项费用标准的合理性，及时发现问题，并提出积极的费用标准修改建议。

(3) 要加强建设项目的成本审核

在开发建设规模小和项目数量少的地区，可以实行房地产开发建设项目建设成本按项申报审批制度。开发建设规模大、建设项目数量多的地区，可由房地产主管部门会同建设银行、审计部门和物价部门等按项目类型确定建设成本限额，规定开发公司的建设项目在限额范围内进行，并要求在房屋销售前填表报送房地产主管部门核查备案。房地产主管部门有监督审理权，凡未经核备的项目不允许进行房地产总登记，不允许销售，擅自销售不得发放产权证。

5.3.5 住宅小区物业管理

所谓物业管理就是运用现代管理科学和先进的维修养护技术，以经济手段管理房屋及其附属设施，包括房屋周围的环境。在房屋居住环境的管理及物业的维修养护方面，以及居民的生活服务方面提供高效、优质、经济的服务。物业管理是随着改革开放，特别是“八五”期间，住宅建设得到空前发展而兴起的一种新的具有社会化、专业化房地产行业特色的管理模式。物业管理的主要产业对象是住宅小区，包括高层与多层住宅楼、综合办公楼、商业大厦、旅游宾馆、标准工业厂房、仓库等。它的管理范围相当广泛，服务项目多元化。服务对象是房产主、租住户。服务内容除房屋的使用及出租的管理、房屋及附属设施的维修养护外，还有房屋室外环境的各种服务。可见，物业管理是一项综合性的系统工程。

1. 物业管理性质

物业管理属于非营利性社会服务，其服务对象是房产主、租住户。其目的是为居民提供和保持一个舒适、安全、文明的居住条件与环境。物业管理是房地产综合开发的派生物，它作为房地产市场的消费环节，实质上是房地产综合开发的延续和完善，是在房地产开发经营中为完善市场机制而逐步建立起来的一种综合性服务方式。

近几年来，住宅建设的发展为住宅小区物业管理提供了有利的条件。实施良好的物业管理，管理是核心，制度是保证。建设部于1994年3月23日以第33号令发布的《城市新建住宅小区管理办法》，使住宅小区物业管理做到了有法可依，走向健康发展的道路。与此同时，一些城市也相继发布了贯彻建设部第33号令等的实施规定，提出了具体的指导性意见。

2. 物业管理体制

政府各部门都不直接参与物业的具体经营管理，而是通过贯彻执行行政管理法规、规章来规范物业管理活动，并指导、监督物业管理的运作。房屋所有人和使用人组成业主大会，选举产生管理委员会或业主委员会，代表和维护小区全体产权人和住户的合法权益，并行使管理权。管委会或业主大会选聘物业管理公司，并与其签订委托管理合同，同时审议物业管理公司制订的年度管理计划、维修项目、审查物业管理服务费的收取标准，检查、监督各项管理工作的实施及规章制度的执行，协助物业管理公司落实各项管理工作，接受全体业主的监督和各行政管理部门的指导。物业管理公司则是依照委托管理的合同或契约，按业主委员会的意图对物业实施专业化管理和经营，提供全方位、多层次有偿服务的企业性经济实体。

3. 物业管理的运作

物业管理公司以自己的经营活动为物业的所有业主、租户提供全方位的有偿服务。通过公司的管理与经营服务，妥善管理受聘代管的各种物业及其附属设施和周围环境。为实现上述目标，物业公司必须制定企业内部管理和物业管理两种制度。内部管理制度主要是为落实物业管理公司内部岗位责任制、规范内部管理行为与管理程序而制定的。物业管理制度是公司对自己管理的物业权限、办法、程序以及对用户要求的若干规定。也就是物业的业主、用户与物业公司管理权限间的规定。在实际工作中，经过公证的物业管理制度均具有法律效力，如业主公约、住户手册、管理合同、居民公约等。物业公司和业主之间的聘任与被聘任的关系是法律关系。物业公司必须认真遵守合同，正确履行职责，否则，业主管理委员会有权改聘。物业管理公司由房地产行政主管部门归口管理，物业公司在对物业的市政、绿化、卫生、交通、治安、供水、供气、供热、街道及其他方面的管理，应同时接受有关主管部门的监督指导。

4. 物业管理的模式

物业管理公司作为进行物业管理的专门机构，必须具有内部结构的完整性。合理的机构设置可以充分发挥全体物业管理人员的智慧和才干，可以满足物业管理的各项业务工作，可以提高管理工作的效率，灵活地适应市场环境的需要。一般的物业管理公司的内部结构由综合科、园艺环境服务科、财务会计科、工程维修科、人事和行政办公室等五个科室组成。

我国的物业管理是伴随着建立社会主义市场经济体制，深入住房制度改革与房地产经营管理体制改革而逐步形成的。各地根据不同的情况及城市建设的发展，大致确立了以下四种不同的管理模式。

第一种模式：以区街道办事处为主成立住宅小区管理委员会进行管理。这种模式的管理机构与政权基层组织相一致，突出了地方政府管理的作用，在实施管理中较具权威性，制约力也较强，而且政权基层组织的稳定性有利于住宅小区管理的连续性。但在实际管理过程中，要注意加强对各专业部门的领导，实行专业管理，做到统一安排、明确分工、专业协作，避免管委会大包大揽，不要忽视专业管理部门的作用，从而形成一个住宅小区管理的完整管理体制。

第二种模式：以房地产管理部门管理为主，成立住宅小区管理服务组织进行管理。采取这种模式，可以发挥房地产管理部门的管理经验和技术之所长，对房屋进行科学的管理，有利于保护房屋的完好率和住宅小区的整体风貌。但由于缺乏总体协调部门，容易造成各专业部门各自为政，不能通力合作，从而影响到房屋的维修养护。

第三种模式：以房地产综合开发企业为主，成立住宅小区管理服务公司或物业管理公司，以经营的方式从事住宅小区管理。采取这种模式与第二种模式有相似之处，但发挥了房地产开发企业的经营所长，将管理和经营活动结合起来，实行有偿服务，为居民提供的服务量多质高，可以通过一些经济效益好的服务项目，取得收入以弥补经费的不足，使住宅小区能形成自我完善和发展的良性循环机制。显然，这种模式比较适合于商品经济发达的地区。但这种模式要注意加强政府的监督和指导，维护居民的合法权益，并注意处理好与街道办事处的协调合作，充分发挥基层政权组织的应有作用，从而实现经济效益、社会效益和环境效益的有机统一。

第四种模式：单位自管模式，主要是一些大型厂矿企业自己管理的房产。这种模式的管理对象是以本单位的职工房产和本单位房产为主，比较单一，而且领导一般比较重视，配有专职人员负责管理，管理效果比较好。但这种企业办社会的模式随着社会化的发展和住房制度的改革，应注意作适当的调整，以适应社会化和专业化的管理要求。

5.3.6 房屋修缮管理

房屋修缮是指对现有房屋进行维修、养护、拆改或翻建。房屋修缮对于保护房屋的完好程度、保证房屋的使用功能以及保障房屋的居住安全具有重要意义，房屋修缮管理是房产行政管理的重要内容之一。

1. 房屋修缮管理机构及职责

根据《城市房屋修缮管理规定》，国务院建设行政部门主管全国城市房屋修缮管理工作。

县级以上地方人民政府房地产行政主管部门负责本行政区域城市房屋修缮管理工作。

县级以上人民政府房地产主管部门对于城市房屋修缮管理履行下列职责：

（1）贯彻执行国家和地方有关房屋修缮法规、标准和方针、政策，组织编制城市房屋修缮的长期规划和近期计划，并督促实施；

（2）按照管理权限对房屋修缮企业进行资质管理；

（3）组织或参与房屋修缮定额的编制，并修订、监督检查执行情况；

（4）指导并督促房屋所有人落实房屋修缮资金；

（5）负责房屋修缮工程的安全、质量监督管理；

（6）组织房屋修缮业务、技术培训和房屋修缮新技术、新工艺、新设备的推广应用；

（7）依法调解和处理有关房屋修缮的争议和纠纷，对于违反《房屋修缮管理规定》的行为给予行政处罚。

2. 房屋修缮的责任

（1）产权责任

修缮房屋是房屋所有人应当履行的责任。总的来说，公有房产（直管公房）应由房产管理部门负责修缮；私有房产应由产权人负责修缮；出租的房屋，租赁合同另有规定的，按照合同约定承担修缮责任。如出租人无力修缮的，可由承租人先行出资修缮，后从租金扣还。异产毗连的房屋，其所有人依照《异产毗连房屋管理规定》负责修缮。在已经批准建设用地范围内，产权转移给建设单位的危险房屋应及时拆除，未拆除前，修缮应由建设单位负责。

（2）保修责任

1984年3月3日颁布的《建筑工程保修办法（试行）》规定：凡城乡建设系统建筑企业承建的新建、改建和扩建工程，在规定的保修期内，因施工造成的质量事故和质量缺陷均按办法的规定进行保修。

（3）损坏责任

因使用不当或者人为造成房屋损坏的，由其行为人负责修复或者给予赔偿。故意损坏他人房屋，除应负责修复外，还应视具体情况承担法律责任。

（4）管理责任

对于房屋所有人或者修缮责任人不及时修缮房屋，或者因他人阻碍，有可能导致房屋发生危险的，当地人民政府房地产行政主管部门可以采取排险解危的强制措施，排险解危的费用由当事人承担。

（5）房屋修缮计划和资金

房屋修缮计划是由县级以上地方人民政府房地产主管部门制订的一定期间内修缮房屋的目标、内容、任务和措施。修缮计划包括长期规划和近期计划。近期计划又包括年度计划、季度计划、月度计划。同时，也可对某项特定工程按单项工程编排修缮计划。房屋修缮计划应当规定在规划期内或者计划期内改善房屋完损状况和使用条件的总目标及实施步骤。

房屋修缮近期计划应纳入当地城市建设计划，进行资金和材料平衡。房地产行政主管部门负责指导和监督直管公房单位和自管房单位编制年度计划并检查其执行情况。直管公房管理单位和自管房单位应当对年度房屋修缮计划的执行情况进行定期统计，并报送当地人民政府房地产主管部门。

直管公房修缮资金的筹措渠道包括：①房租收入中应用于房屋修缮的部分；②城市维护建设资金中适当划拨；③本系统多种经营收入的部分盈余；④法规和政策允许用于房屋修缮的其他资金。单位自管房的修缮资金由单位自行安排解决。私有房屋的修缮资金由房屋所有人自行解决。筹措资金有困难的，按照《城市私有房屋管理条例》的规定办理。房屋修缮资金必须专款专用，不得挪作他用，也不得搞新建工程。资金使用的顺序应以维护房屋正常使用为主，资金的使用范围包括保证住用安全；翻修危险房屋；具备正常使用功能；在可能的情况下改善居住条件。

3. *房屋完损等级评定*

评定房屋完损等级需要考虑三个方面：一是房屋结构的组成部分，包括基础、承重构件、非承重构件、屋面、楼地面；二是房屋装修部分，包括门窗、外抹灰、内抹灰、顶棚、细木装修；三是房屋设备部分，包括上下水卫生、电、照明、暖气、特种设备（消防水泵、电梯、避雷设备）。按照完损程度，房屋可分五类：

（1）完好房：结构构件完好、装修设备齐全完整、管道畅通、现状良好、使用正常。分项有轻微损坏，小修即能恢复。

（2）基本完好房：结构基本完好、少量轻微损坏、装修基本完好、油漆缺保养、管道基本完好。

(3) 一般损坏房：结构一般损坏、部分损坏变形、屋面局部漏雨、装修部分损坏、管道不够畅通、水电卫生管线部分老化，需中修或局部大修。

(4) 严重损坏房：年久失修、结构严重变形损坏、设备陈旧堵塞残缺，需大修翻修。

(5) 危险房：指承重构件严重危险，随时有倒塌可能，不能确保使用安全，需拆除重建或排险。

衡量房屋完损程度的重要指标是房屋完好率，是指完好房屋和基本完好房屋数量（建筑面积）之和与房屋总量的百分比。

4. *房屋修缮质量管理*

对于中修以上房屋修缮工程，房屋所有人或者修缮责任人必须向房屋所在地的有关质量监督机构办理质量监督手续，未办理质量监督手续的，不得施工，并先进行查勘设计，严格按照设计组织施工。竣工后，由房地产主管部门按有关房屋修缮工程质量检验标准和工程技术规定等组织质量检验评定。凡检验不合格的，不得交付使用。

房屋修缮工程发生重大事故的，由县级以上地方人民政府房地产行政主管部门会同有关部门调查处理。

房屋修缮质量检验评定标准按"分项"、"分部"、"单位"三级进行。

(1) 分项工程质量评定（按工程主要项目划分）

合格标准：主要项目均应全部符合本标准的规定；一般项目均应基本符合本标准的规定，对有质量要求和允许偏差的项目，其抽查的点数中，有60%及其以上达到要求的，该分项质量评为优良。各分项工程如不符合本质量标准规定，经返工重做，可重新评定其质量等级，但加固后的工程，一律不得评为优良。

(2) 分部工程质量评定（按修缮主要部位划分）

各分项工程均达到合格要求的，该分部工程评为合格；在合格的基础上，有50%及以上分项质量评为优良的，该分部工程为优良。

(3) 单位工程质量评定（按大楼以一幢为一个单位，其他房屋根据具体情况，按单幢或多幢一个院落或门牌为一个单位）

各部位均达到合格要求的，该单位工程评为合格；在合格的基础上，有50%及其以上多部质量评为优良的（屋面、主体分部工程必须达到优良），该单位工程评为优良。

房屋修缮企事业单位应由县级以上地方人民政府房地产行政主管部门实行归口管理。房屋修建公司实行企业管理，独立核算，自主经营。

房屋修建企业应到当地工商行政管理部门办理登记起照手续，并在一个月内向当地人民政府房地产行政主管部门申请办理资质登记，按照批准资质等级承接修缮任务。并应健全各项管理制度，严格遵守中央和地方有关房屋修缮管理的规定，保证工程质量和服务质量。

5.3.7 房屋拆迁管理

为了使城市整体功能得到不断的改善和提高，对城市规划区内原有房屋及其附属物等进行拆除和重建，以适应经济、社会发展的需要，是城市建设的一项重要工作。在城市建设中，涉及房屋拆迁的工程很多，如房地产综合开发，危房改造；城市功能、用地布局、空间结构的调整；城市基础设施的建设和改造；环境治理，扩展绿地，治理污染工程等，都需要进行房屋拆迁工作。可见，房屋拆迁是城市建设，特别是旧城改造中的重要内容，并与城市经济建设和发展水平相适应。

1. 房屋拆迁法规和管理体制

随着经济的飞速发展，城市建设加快，房屋拆迁和旧城改造成为城市建设的重点。为规范房屋拆迁行为，国务院 1991 年颁布《城市房屋拆迁管理条例》，随后，建设部也颁布《城市房屋拆迁单位管理规定》，并颁布施行《房屋拆迁许可证》的通知。目前，各地相继出台房屋拆迁实施细则、实施办法和相关文件。

按照法律规定，全国的城市房屋拆迁工作由建设部主管；各省、自治区建委（建设厅）主管本行政区域内城市房屋拆迁工作。各城市的房屋拆迁主管部门是城市人民政府设立的房屋拆迁管理办公室或是由城市人民政府授权的部门。城市房屋拆迁主管部门的主要职责是制定、宣传、贯彻城市房屋拆迁法规和有关政策；受理拆迁申请，办理审查、批准，核发《房屋拆迁许可证》，发布拆迁公告；根据城市建设需要，组织统一拆迁；处理拆迁纠纷；对拆迁单位进行资格审查；对城市房屋拆迁工作进行指导和监督。

2. 房屋拆迁的工作程序

（1）提出拆迁申请

拆迁单位应向被拆除房屋所在地县级以上人民政府房屋拆迁主管部门提出拆迁申请书，同时提交与建设项目有关的批准文件、拆迁计划以及拆迁补偿安置方案。与建设项目有关的批准文件包括经行政主管部门批准的建设项目立项批准文件、建设用地规划许可证、建设工程规划许可证等文件。拆迁计划和拆迁方案要确切地说明拆迁的范围、拆迁的对象、拆迁的实施步骤、安置的房源和临时安置的周转房情况以及拆迁的各项补偿费、补助费和拆迁期限安排等。

（2）房屋拆迁审批

拆迁主管部门收到拆迁申请和提交的批准文件后，应对申请内容认真审查，并深入现场进行实地调查，掌握批准文件是否齐全、有效，拆迁范围内的房屋是否有产权争议，是否有历史文物或不允许拆除的建筑物，对于拆迁补偿安置方案是否符合政策规定、拆迁期限是否合理和可行等。经审查批准的，发给拆迁申请人《房屋拆迁许可证》，同时向被拆迁人发出房屋拆迁公告，明确建设项目、拆迁范围、拆迁人、拆迁期限等，并有责任向被拆迁人做好有关政策的宣传解释工作。与此同时，还应与公安部门进行联系，冻结拆迁范围内的入户和分户，以防止不合理的增户，造成补偿、安置的困难。

（3）签订协议，实施拆迁

拆迁双方的权利义务是：拆迁人必须对被拆迁人进行补偿安置，被拆迁人必须执行批准的拆迁决定。拆迁双方在拆迁管理部门规定的拆迁期限内，就有关问题签订书面协议，明确权利义务，并可向公证机关办理公证。拆迁协议必须报送拆迁主管部门备案。拆迁人必须在《拆迁许可证》规定的拆迁范围和拆迁期限内实施拆迁，不准超越批准的拆迁范围和拆迁期限。

拆迁实施的方式有统一拆迁、委托拆迁和自行拆迁三种形式。

统一拆迁：是由政府拆迁管理部门统一组织，具有拆迁资格、并取得《房屋拆迁资格证书》的单位承担房屋拆除、被拆迁人补偿安置和其他相关的前期工作，这种方式适合于全面规划、综合开发项目和向外商出让土地的项目。但房屋拆迁主管部门不得接受拆迁委托。

委托拆迁：是由拆迁人委托具有房屋拆迁资格，并取得《房屋拆迁资格证书》的单位承担其拆迁工作。并由双方签订委托拆迁合同，经拆迁主管部门鉴证。

自行拆迁：是由掌握拆迁政策法规，具体拆迁技术的拆迁人实施本单位的拆迁工作。自行拆迁应到拆迁主管部门申请核准，未经核准的不准实施拆迁。

（4）城市房屋拆迁的补偿和安置

①城市房屋拆迁补偿

为保证被拆除房屋所有人的合法权益，拆迁人应当对被拆除房屋及其附属物的所有人进行补偿。补偿分为调换产权、作价补偿和二者结合三种形式，其中，调换产权是拆迁人以原地建房或场地建房给被拆迁房屋的所有人调换产权，产权调换面积按照被拆除房屋的建筑面积计算；作价补偿是拆迁人将被拆除房屋的价值以货币结算方式补偿被拆除房屋的所有人，补偿金额按照被拆除房屋建筑面积的重置价格结合成新因素计算。

②城市房屋拆迁安置

城市房屋拆迁安置的对象是被拆除房屋的使用人，而不是房屋的所有权人。只有在被拆除房屋的所有人自住的房屋时，拆迁补偿和安置才为同一对象。被拆迁房屋安置的对象是指在拆迁范围内具有正式户口的公民和机关、团体、企业、事业单位，并符合拆迁安置条件的。拆迁安置有一次性安置和过渡安置两种形式，其中，一次性安置是将被拆除房屋使用人直接迁入安置的房屋，没有周转过渡，一次安置完毕；过渡安置是拆迁人因工程建设不能一次安置被拆迁人条件下，通过临时安置，过渡一段时间再迁入安置的房屋。拆迁安置地点可以是原地，也可以是异地，安置面积按建筑面积或使用面积和居住面积计算。

第6章　不动产交易市场管理

6.1　不动产交易市场管理概述

6.1.1　不动产交易市场的特点

市场是商品交换的场所，从实质上讲，市场是商品交换中发生的经济关系的总和，不动产交易市场则是指土地和房屋等不动产作为特殊商品在其流通过程中发生的经济关系的总和。在不动产交易市场中，既有供给者，也有需求者，还有其他参与者，如不动产的评估、信息咨询和登记代理等中介服务机构以及地方政府行政部门等管理机构。在市场交易的目的物是土地及其地上建筑物等不动产，交易过程中，土地和房屋等不动产的位置虽然不发生移动，但其占有和使用关系发生变化，市场参与者之间围绕不动产交易发生一系列经济关系，如签订交易合同、进行资金结算、办理各种手续等。

一般而言，不动产交易市场具有以下特点：（1）地域性。由于不动产是不可移动的财产，且必须依附于土地之上，因而不同地域的不动产只能满足本地域的需求，地域之间的市场标的物缺乏较强的可替代性，相互影响小，难以形成全国性的统一市场。（2）信息不充分性。不动产表现的属性广泛，对其自然属性和经济属性的掌握既要具备一定的专业知识，又要花费大量的精力和时间，同时，市场主体众多，要获取全面的市场信息是困难的。由于信息获取的不充分，市场竞争也不充分，交易一方可能借助信息优势获利。（3）供给的滞后性。一般商品的供给会因需求、价格和竞争等因素随时进行调整，但不动产受用途改变限制以及开发周期的影响，其一定时期内的供给量相对稳定，对需求、价格和竞争等因素的反应滞后，难以及时做出调整。（4）供给缺乏弹性。由于土地总面积是一定的，因而不动产的自然供给是没有弹性的，而随着人口数量的不断增长，不动产总是处于供给不足的状态，在人多地少的区域，不动产的稀缺性表现尤为突出，与一般商品不同，市场价格主要由需求决定。（5）政府管制较严。不动产依附于土地之上，土地既是资产，也是重要的资源，其合理配置对区域经济发展和社会稳定产生重要影响。在市场配置资源的基础性作用受到制约时，很多国家和地区都需要对不动产交易市场实行严格管制，确保市场的高效率运行。

6.1.2　不动产交易市场的功能

1. 促进不动产要素的合理配置

长期以来，土地和房屋等不动产作为最重要的生产要素，其配置都采取行政划拨方式，特点是无偿无限期使用。土地无偿划拨和无限期使用导致土地成本不能计入生产费用，大量土地被低效利用或闲置浪费；房屋的福利分配和无偿使用导致房屋建设资金的良性循环陷入困境，房屋经营管理的质量低劣。通过市场方式取代行政方式，土地等不动产自动经由市场分配到各使用者手中，可以大量减少政府行政成本，也能极大地提高要素配置效率。尤其是随着社会分工的日益细化，多用途多目标的人类需求千差万别，只有通过市场无形的手，利用价格、竞争和供求机制，才能自动实现土地和房屋等不动产的优化配置。

2. 调整产业结构，优化生产力布局

经济的高速发展离不开产业机构的合理调整和生产力的优化布局，而以价格机制为核心的市场机制是一只无形的手，时刻引导着土地和房屋等生产要素在不同行业和部门间的合理流动。例如，在城市产业结构升级过程中，依靠行政配置增加第三产业用地需要较强的预见性，同时缺乏灵活性，这在计划经济时代表现尤为明显，如何盘活城市中心区的老工业用地一直是地方政府的难题。而通过引入市场机制有偿配置土地，用地单位能够自主选择"腾笼换鸟"的方式迁入郊区，既发挥出原有土地的区位优势，适应了产业结构调整的要求，也为用地单位改革筹集到资金，促进其跨越式发展。

3. 健全市场体系，实现要素最佳组合

完整的市场体系既要有消费品市场，也要有一般的生产资料市场，还应该包括金融市场、土地市场、房产市场、劳务市场、技术市场等。而土地和房产作为最重要的不动产，其市场发展合理与否直接关系到整个市场体系的建立和健全，起着牵一发动全身的作用。不动产不能采取市场方式配置，其他市场的发展必然受到波及。以城市不动产市场为例，若没有市场盘活巨额城市土地资产，不动产金融市场的发展不可想象；再如，没有农村土地市场的发展，农村剩余劳动力永远无法彻底从农村解放出来，劳务市场的正常发展必然受到很大阻滞。因此，不动产市场作为整个市场体系的重要组成，起着重要的支撑作用，只有不动产市场发展好了，整个市场体系才能更好地运转，从而最大限度地发挥市场对要素的合理配置功能。

6.1.3 不动产交易市场管理的内容

不动产交易市场管理是国家根据一定的社会经济发展目标，通过行政、经济、法律和技术等手段，对不动产市场进行合理干预，维护不动产市场秩序，优化不动产要素配置，调节不动产收益分配的过程。按照管理的对象不同，可分为土地市场管理和房地产市场管理；按照管理的层次不同，可分为宏观管理和微观管理；按照管理的侧重点不同，可分为价格管理、税收管理、金融管理等诸多内容。

6.2 土地交易市场管理

6.2.1 土地价格管理

土地价格管理是政府为规范土地交易市场行为，保证土地交易市场健康稳定发展，保护市场主体的合法权益，围绕土地价格进行的各项调控、引导和保护措施。具体而言，包括三个方面的工作：（1）土地价格和价格体系的管理，调控地价水平；（2）土地价格评估的管理；(3) 土地市场中因土地价格引起的土地纠纷的调处。

1. 土地价格管理的目的

(1) 抑制土地投机，稳定市场秩序

土地是稀缺的资源，也是宝贵的资产，由于其价值增值性特点，成为大众投资的热点，进而存在投机隐患。所谓土地投机，是部分投机者通过大量买进和囤积土地，不断抬高地价，待价格上涨到一定高点后再大量抛出土地，从中获取暴利。土地投机与土地投资不同，投机者买进土地的目的不是开发利用，而是等待价格上涨。土地投机人为地抬高地价，导致价格与土地的实际价值发生严重背离，引起土地泡沫，当泡沫破灭，大量资金就会被套牢在土地之上，土地也处于闲置状态。因此，土地价格管理的目的之一就是抑制土地投机，通过政府干预，调节地价，阻止地价的暴涨暴跌。

(2) 优化资源配置，有效利用土地

市场配置资源的核心机制是价格机制，但市场也会有失灵的时候，尤其是土地作为一种特殊的商品，土地市场具有较强的垄断性。在我国人多地少的基本国情制约下，土地市场的失灵问题就会更加突出。在种种原因导致市场价格失灵的情况下，通过合理的价格管理，能够较好地发挥价格对土地利用的引导作用，避免盲目争地和任意占地等现象的发生，促进土地在行业和部门间的合理流动，提高土地利用效率。

(3) 调整用地方向，促进经济增长

经济发展过程中，根据经济发展目标可能需要鼓励和扶持某些特定行业或部门的发展，土地作为必不可少的生产要素，通过地价调节实现经济发展目标往往是最有效的途径。例如，随着国家进入后工业发展时期，高新技术产业的发展成为经济新的增长点和发展引擎，在该类用途土地价格问题上，不能完全依靠市场决定。尤其在高新技术产业发展初期，资本尚不充足，通过适当地调低地价，能够加快其实现跨越式发展。

(4) 规范估价方法，培养估价人才

土地价格受多种因素的影响，价格决定涉及的因素广泛，需要专业性强的专门机构进行估价，估价结构的发展和估价人才的培养是土地价格管理的重要环节。通过建立土地估价制度，实行统一的估价程序和方法，可以提高估价结果精度，减少估价工作的随意性和不规范的估价行为。通过估价机构的资格审查和估价人员的资格认证，提高土地估价水平。

(5) 合理分配收益，保障持续发展

土地价格是地租的资本化，由于不同地域地理位置和自然条件等因素不同，地区间的土地价格也会存在明显差异。例如，在我国北京、上海、深圳等经济发达地区，城市土地价格就明显偏高，其实质反映的是不同地区的级差地租，级差地租通过地价的形式反映出来，可以促进各地区城市建设资金的良性循环，同时通过国有形式在全社会共享，有助于稳定发展。

2. 地价体系与地价评估

(1) 地价体系

由于土地区位、土地权利、供求关系的差别和不同层次土地管理的现实需要，土地市场上出现不同级别、不同标准和起不同作用的土地价格形式，进而构成土地价格体系。在广义土地价格体系中，既包括具有不同内涵的土地价格，也包括反映土地质量差异的土地等级。

土地等：反映区域范围内或全国不同城镇间城镇整体土地质量水平，作为上一级政府对全区域土地价格进行宏观管理和控制的依据，即区域性城镇土地分等。

土地级：反映城镇内部土地区位条件和利用效益差异的土地质量级，即城镇土地定级，或反映城镇土地条件相似和样点地价相近的均质地域。

基准地价：反映城镇不同土地质量级或均质地域中不同土地利用类型的土地使用权的平均价格水平。目前，基准地价有级别价、区片价和网格点基准地价三种表现形式。

标定地价：反映宗地在正常土地市场和正常经营管理水平下某时点土地使用权价格，是政府进行地价管理的具体依据。标定地价和基准地价共同构成我国地价体系的核心。

交易底价：反映宗地在不同市场条件和不同交易形式下供交易双方参考的交易最低价或交易评估价。

成交地价：反映具体宗地在土地交易活动中由交易双方共同认可的可据此支付地价款的土地价格。

其他地价：由上述 6 种土地价格衍生或派生的供抵押贷款、土地税收、征地拆迁、资产核算等方面使用的地价。

(2) 地价评估

我国实行土地公有制，土地所有权不能买卖，能参与市场交易的是有限期的土地使用权，地价评估实质是土地使用权价格的评估。因此，地价评估就是估价人员依据土地估价的原则、理论和方法，在充分掌握土地市场交易资料的基础上，根据土地的经济和自然属性，按地产的质量、等级及其在现实经济活动中的一般收益状况，充分考虑社会经济的发展、土地利用方式、土地预期收益和土地利用政策等因素对土地收益的影响，综合评定出某块土地或多块土地在某一权利状态下的某一时点的价格的过程。地价评估的具体方法如下：

①收益还原法

采用收益还原法进行地价评估时，购买土地视为一种投资，地价款作为购买未来若干年土地收益而投入的资本。因此，收益还原法是在估算土地在未来每年预期纯收益的基础上，以一定的还原利率将评估对象在未来每年的纯收益折算为评估时日收益总和的估价方法。

用收益还原法进行地价评估时，计算土地价格的基本公式是：$p=\frac{a}{r}$（假设无限年期）。但事实上，土地使用权是有期限的，考虑土地使用年限 n，基本公式可变为：$p=\frac{a}{r}\left(1-\frac{1}{(1+r)^{n}}\right)$。而且土地纯收益 a 和还原利率 r 并非固定不变，因此，收益还原法的基本公式还会因 a 和 r 的变化而改变。由于收益还原法通过求取土地纯收益的途径评估土地价格，因此它只适用于有收益或潜在收益的土地价格评估，而类似学校、机关、公园等公益用地的土地估价，收益还原法不适用。同时，由于受经济行情和工商企业以及房地产市场发展变化的影响，收益还原法中土地纯收益和还原利率合理确定并不容易。

收益还原法的基本程序是：计算评估对象总收益——计算总费用和折旧费以及土地之外的房屋收益或其他资产收益——计算土地纯收益——确定合适的还原利率——选择合适

的计算公式求算地价。

②市场比较法

市场比较法简称比较法，是根据替代原则，将评估对象与在较近时期内已经发生交易的类似土地交易实例进行对照比较，考虑评估对象与类似土地交易实例在交易情况、交易期日、所在区域和个别因素上的差别，修正类似土地交易实例的交易价格，评估出评估对象的土地价格。其中，类似土地是指所在区域特性、影响地价的因素和条件等方面与评估对象相同或相近的土地，类似土地的确定是市场比较法的关键环节。

用市场比较法进行地价评估时，计算土地价格的基本公式是：

$$P_D=P_B\times A\times B\times D\times E$$

其中，P_D 是待评估宗地价格；P_B 是比较案例宗地价格；

$$A=\frac{\text{待评估宗地情况指数}}{\text{比较案例宗地情况指数}};\ B=\frac{\text{待评估宗地估价期日地价指数}}{\text{比较案例宗地估价期日地价指数}}$$

$$D=\frac{\text{待评估宗地区域因素条件指数}}{\text{比较案例宗地区域因素条件指数}};\ E=\frac{\text{待评估宗地个别因素条件指数}}{\text{比较案例宗地个别因素条件指数}}$$

市场比较法适用于地产市场发达、有充足的具有替代性的土地交易实例的地区，市场欠发达和土地交易不活跃的地区，市场比较法的使用受到一定限制。

市场比较法的基本程序是：收集交易资料—确定比较交易案例—进行市场交易情况修正—期日修正—区域和个别因素修正—使用年限修正—容积率修正—土地价格的确定。

③剩余法

剩余法又称为假设开发法、倒算法、残余法或余值法。剩余法认为，土地之所以有价，是因为土地可以通过开发、利用、建房等获取收益，获得土地的价格应该是预计不动产总价中扣除成本费用和社会平均预期收益后的“剩余价格”，即土地价格等于土地与建筑屋出售价格减去建筑物本身的价格。因此，剩余法可以理解为在估算不动产开发完成后的正常交易价格的基础上，扣除建筑物建造费用和与建筑物建造、买卖有关的专业费、利息、利润、税收等费用后，以价格余额来确定估价对象土地价格的一种方法。

用剩余法进行地价评估时，计算土地价格的基本公式是：

$$V=A-(B+C)$$

其中，V 是购置开发场地的价格；A 是总开发价值或开发完成后不动产资本价值；

B 是整个开发项目的开发成本；C 是开发商的合理利润。

实际估价工作中，剩余法常用的计算公式是：

土地价格=房屋预期售价-建筑总成本-利润-税收-利息

剩余法假设土地存在潜在开发价值或潜在收益，其适用范围包括待开发土地的估价；待拆迁改造的再开发房地产的估价；仅将土地或房产整理成可供直接利用的土地或房地产的估价；现有新旧房地产中地价的单独评估等。

剩余法的基本程序是：调查评估土地的基本情况——确定土地的最佳开发利用方式——估计开发完成后的不动产价格——估计建筑费、专业费、利息、税费、租售费用和开发商应得的利润等——测算土地价格。

④成本逼近法

成本逼近法是以开发土地所耗费的各项费用之和为主要依据，再加上一定的利润、利息、应缴纳的税金和土地增值收益来推算土地价格的估价方法。成本逼近法与一般房地产估价中的成本法不同，一般房地产估价中的成本法是建筑物或建筑改良物重新建造费用减去折旧费后获得的建筑物价格，然后加上土地价格，得到不动产价格，其基本前提是土地价格已知。而成本逼近法是在土地价格未知的条件下，要求推算出土地价格。

成本逼近法的基本思路是：土地投资包括土地取得费和基础设施开发费，等量资金获得等量收益，土地投资应有相应的利息和利润，同时，国家投资会带来土地增值收益，因此，土地价格应该是上述要素的总和。

用成本逼近法进行地价评估时，计算土地价格的基本公式是：

土地价格 P=土地取得费+土地开发费+税费+利息+利润+土地增值收益

成本逼近法一般适用于新开发土地的估价，特别适合在土地市场不发育，土地成交实例不多，无法利用市场比较法等进行估价的时候采用。在学校、公园、公共建筑和公用设施等涉及的土地需要估价时，也比较适合成本逼近法。

成本逼近法的基本程序：计算土地取得费用——计算土地分开发费用——计算税费——计算投资利息——计算投资利润——确定土地增值收益——计算、修正和确定估价结果。

⑤路线价估价法

路线价是通过对面临特定街道、使用价值相等的市街地，设定标准深度，求取在该深度上数宗土地的平均单价并附设于特定街道上，即得到该街道的路线价。路线价估价法是依据路线价，再配合深度指数表和其他修正率表，用数学方法算出邻接同一街道的其他宗地地价的一种估价方法。路线价估价法的基本思路是：城市内各宗土地价格高低取决于其距离道路的远近程度，随着临街深度的增加而递减。因此，路线价估价法与市场比较法类似，不同的是路线价估价法的比较对象是路线价，而市场比较法的比较对象是类似土地。

用路线价估价法进行地价评估时，计算土地价格的基本公式是：

宗地总价=路线价×深度百分率×宗地面积+其他条件修正额

宗地总价=路线价×深度百分率×其他条件修正率×宗地面积

路线价估价法的优点在于能够同时就大量宗地进行估价，特别适于土地课税、征地拆迁和土地重划等工作中进行多宗土地估价的场合。由于路线价估价法以路线价为基础，因此更适用于市街地价的评估，其估价的精度与路线价及其修正体系密切相关。

路线价估价法中建立路线价及其修正体系的基本程序为：划分路线价调查区段—设定标准深度—收集交易案例—计算宗地价格—划分地价区段—计算区段地价—划分地价等级—编制深度修正系数表—编制其他因素修正系数表。

3. 地价管理政策

(1) 土地出让的最低限价政策

《中华人民共和国城市房地产管理法》规定：采取双方协议出让的土地使用权出让金不得低于国家规定所确定的最低价，若土地交易价格低于城市政府规定的标定地价，政府具有优先购买土地的权利。通过最低限价的政策，可以防止地方政府为局部利益和短期利益采取不正当竞争方式故意压低地价的现象，避免国有土地的流失；同时能够增加土地使用权出让的透明度，既有利于土地交易的政府监管，也有利于投资者的公平竞争。另外，最低限价政策还能够方便用地者了解地价优惠政策，明确合理的投资方向。

目前，我国针对工业用地低成本过度扩张的突出问题，重点就工业用地的出让实施限价政策。2006年，《国务院关于加强土地调控有关问题的通知》提出："国家根据土地等级、区域土地利用政策等，统一制订并公布各地工业用地出让最低价标准"和"工业用地出让最低价标准不得低于土地取得成本、土地前期开发成本和按规定收取的相关费用之和"的精神。而且明确："以土地等别和新增建设用地有偿使用费标准为基础，通过测算各土地等别工业用地成本与新增建设用地土地有偿使用费之间的倍数关系，确定全国各县、市（区）工业用地出让最低价标准"的思路。随后，国土资源部下发《关于开展工业用地价格调查的紧急通知》和《关于发布实施〈全国工业用地出让最低价标准〉的通知》，最低价标准见表6-1。

表6-1　全国工业用地出让最低价标准/元/m^2

土地等别	一等	二等	三等	四等	五等	六等	七等	八等
最低价标准	840	720	600	480	384	336	288	252
土地等别	九等	十等	十一等	十二等	十三等	十四等	十五等	
最低价标准	204	168	144	120	96	84	60	

（2）政府提前收回土地的政策

《中华人民共和国城市房地产管理法》第十九条规定：国家对土地使用者依法取得的土地使用权，在出让合同约定的使用年限届满前不收回；在特殊情况下，根据社会公共利益的需要，可以依照法律程序提前收回，并根据土地使用者使用土地的实际年限和开发土地的实际情况给予相应的补偿。实行提前收回土地的政策，一方面是满足城市建设发展的需要以及促进土地的合理利用，另一方面，是防止因交易双方隐报和瞒报地价给国家税收造成损失。

（3）政府优先购买土地的政策

早在1990年国务院颁布的《中华人民共和国城镇国有土地使用权出让和转让暂行条例》第二十六条中就规定：土地使用权转让价格明显低于市场价格的，市、县人民政府有优先购买权。土地使用权转让的市场价格不合理上涨时，市、县人民政府可以采取必要的措施。政府实行优先购买土地的政策可以较好地保证土地市场价格的稳定，避免土地交易双方虚报和瞒报地价导致国家税收的流失，同时还有利于国家公共设施和公益事业用地的供给。

（4）政府地价上涨的行政干预

如上所述，土地使用权转让的市场价格不合理的，市、县人民政府可以采取必要措施。政府行政干预地价上涨的手段具体包括：①在地价上涨不合理的地区，实行地价冻结，在一些规划建设区，要防止地价上涨，确保规划实施，也可以实行地价冻结和限制交易；②限制保有土地的数量，防止个人囤积和无效占用土地；③实行土地资产累进税率，防止个人囤积和无效占用土地；④适时开发新的建设用地，增加城市土地供给量，调节地价波动；⑤建立土地有形市场，增加市场透明度，保证土地交易市场秩序。

4. 地价管理制度

（1）土地出让的计划管理

我国土地管理法规定：各级人民政府应当加强土地利用年度计划管理，实行建设用地总量控制。土地利用年度计划一经批准下达，必须严格执行。土地出让是我国土地供给的主要手段，做好土地出让的计划管理是控制一级土地市场投放总量和引导投资方向的重要环节。通过土地出让的计划控制，可以直接影响投资者的经营决策行动和地价水平，从而有利于形成稳定土地市场的基础。

（2）基准地价和标定地价公示制度

基准地价和标定地价是地价体系的核心内容，其定期公布是各国地价管理的通行做法。我国房地产管理法明确规定："基准地价和标定地价应当定期确定并公布。"由于基准地价和标定地价的评估工作投资大，耗时长，不可能经常进行。因此，基准地价和标定地价公示制度还应结合城镇地价指数进行，同时有关地价的重要信息，如土地使用权出让地价、土地供应总量、结构及其成交价格等也要向社会公布，接受部门和社会监督。

（3）土地交易价格评估制度

由于土地价格的特殊性，土地价格必须由专业人士进行评估。建立土地价格的评估制度，有助于规范土地估价方法、估价程序和估价报告书，从而形成合理的地价标准和有序的土地市场，有利于国土资源管理部门对土地使用权的出让、转让、出租等行为进行管理。

（4）土地交易价格申报制度

《中华人民共和国城市房地产管理法》第三十四条规定："国家实行房地产成交价格申报制度，要求房地产权利人转让房地产时，应当向县级以上人民政府规定的部门如实申报成交价，不得瞒报或者不实申报。凡涉及土地权属、面积、界址等变化的，都必须向国土资源管理部门申请土地登记，同时申报土地资产价格或土地交易价格。在登记时，国土资源管理部门要以基准地价和标定地价为依据，加强对申报地价和租金的审核，完善对基准地价、标定地价、地价优惠额、成交地价、租金、抵押及土地他项权利状况的登记，并通过计算土地增值，收取相关税费、行使优先购买权和规定最高限价等措施。调控地价，维护合理的价格水平，保证土地市场的正常运行。

（5）土地估价人员资格认证和估价机构资格评级制度

土地估价工作应由熟悉估价理论和方法以及了解当地土地市场的专业人员进行，随着土地出让、转让等活动的日趋频繁和活跃，要加强管理，保证土地估价结果的准确性，由国土资源管理部门和有关部门进行土地估价人员的资格认证。实行土地估价机构资格管理，只有符合中介机构设立的条件，经工商部门登记和国土资源管理部门备案的土地估价机构有权从事土地估价工作。国土资源管理部门对土地估价机构实行间接管理，就估价机构的从业水平、估价质量、信誉等方面进行评价，评出机构信誉等级并定期公布，促使估价机构加强自律，维护估价中介机构的正常和健康发展。

6.2.2　土地税费管理

1. 土地税费种类

税收是国家凭借政治权力依法无偿地取得财政收入的一种分配方式，税收具有强制性、无偿性和固定性。使用费是一种补偿，如设备补偿、劳务补偿、工本补偿等。土地税收是国家以土地为征税对象，凭借国家行政权利从土地所有者或使用者手中无偿地和强制地取得部分土地收益的一种税收。目前，我国常见的土地税收包括城镇土地使用税、耕地占用税、土地增值税和契税等。土地使用费是指使用土地必须向土地所有者支付的补偿，我国的城市建设用地属于国有，国家可以向新增建设用地使用者征收新增建设用地有偿使用费。

（1）城镇土地使用税

根据《中华人民共和国城镇土地使用税暂行条例》中的规定，在城市、县城、建制镇、工矿区范围内使用土地的单位或个人，应当按规定缴纳城镇土地使用税。城镇土地使用税以纳税人实际占用的土地面积按年计税，分期缴纳。其中，各地适用税额由省、自治区、直辖市人民政府在表6-2规定的税额范围内，根据各地具体的市政建设状况、经济繁荣程度等条件，核定所辖地区的适用税额。对国家机关、人民团体、军队自用土地、宗教寺庙、公园名胜古迹自用土地，以及农林牧渔业的生产基地等用地，皆可免征城镇土地使用税。城镇土地使用税由土地所在地的税务机关征收，按年计税，分期缴纳，纳入财政预算管理。2006年，国务院发布《关于修改〈中华人民共和国城镇土地使用税暂行条例〉的决定》，决定要求2007年1月1日起城镇土地使用税税额标准要在原条例规定的基础上提高两倍。具体标准见表6-2。

表6-2　**城镇土地使用税标准**

城镇规模分类	税额标准（元/m^2）	
	原标准	新标准
大城市	0.5~10.0	1.5~30.0
中等城市	0.4~8.0	1.2~24.0
小城市	0.3~6.0	0.9~18.0
县城、建制镇、工矿区	0.2~4.0	0.6~12.0

（2）耕地占用税

根据《中华人民共和国耕地占用税暂行条例》和《关于耕地占用税具体政策的规定》，耕地是指种植农作物的土地，包括菜地、园地、鱼塘和其他农业用地，以及占用前三年内曾用于种植农作物的土地，凡占用耕地的单位或个人均应缴纳耕地占用税。耕地占用税以纳税人实际占用的耕地面积计税，按规定税额一次性征收。

其中，农村居民占用耕地新建住宅，其税额按上述标准规定减半征收；经济特区、经济技术开发区以及经济发达人均耕地且特别少的地区，耕地占用税按规定标准适当提高，但最高不得超过规定税额的50%；各地使用税额由省、自治区、直辖市人民政府在规定税额范围内，根据各地情况具体规定；对军事设施、学校、殡仪馆、火葬场、农田水利设施等用地占用耕地的，可免征耕地占用税；耕地占用税由财政机关负责征收，其中50%留给地方建立农业发展专项资金，用于开垦宜耕土地和整理改良现有耕地。

2005年，中央一号文件提出修订耕地占用税暂行条例的决定，要求进一步提高耕地占用税税额，预计新的耕地占用税税额将提高4倍，同时，耕地占用税的征税范围可能扩大到林地、园地、牧草地等农用地，而减免税的范围则会有所缩小。具体标准见表6-3。

表 6-3 **耕地占用税标准**

地区分类	税额标准（元/m²）	
	原标准	拟新标准
以县为单位，人均耕地≤1 亩的地区	2.0~10.0	10.0~50.0
以县为单位，1 亩<人均耕地≤2 亩的地区	1.6~8.0	8.0~40.0
以县为单位，2 亩<人均耕地≤3 亩的地区	1.3~6.5	6.5~32.5
以县为单位，人均耕地>3 亩的地区	1.0~5.0	5.0~25.0

（3）土地增值税

国际上征收土地增值税有两种情况：一是将土地的买入到转让之间的地价上涨部分为征税对象，具体按照地价增大的幅度按累进制征税。二是土地不发生转移，政府每隔一年对土地价格进行重估，然后对增加的地价征收土地增值税。

我国从 1994 年起开始征收土地增值税，《中华人民共和国土地增值税暂行条例》中规定：土地增值额是指转让国有土地使用权、地上的建筑物及其附着物所取得的收入减去税法规定扣除项目金额后的余额。土地增值税的扣除项目有：取得土地使用权时所支付的金额；土地开发成本和费用；建房及配套设施的成本和费用，或者旧房及建筑物的评估价格；与房地产有关的税金；财政部规定的其他扣除项目。

凡取得土地增值额的单位或个人均应按规定税率缴纳土地增值税，土地增值税税率采用四级超额累进税率。其中，对于转让土地成交价格低于评估价的，未提供扣除项目金额或提供不实的，应用评估价来计税。所谓评估价，是指土地管理部门或房地产中介机构根据相同地段、同类土地售价综合评定的，并经过当地税务机关确认的价格。建造普通标准住宅出售，增值额未超过扣除项目金额 20%的，可免征土地增值税。因国家建设需要依法征收、收回的房地产，可免征土地增值税。土地增值税由房地产所在地的税务机关负责征收。具体标准见表 6-4。

表 6-4 **土地增值税税率**

分级	分　类	税率标准/（%）
一	土地增值税≤扣除项目金额 50%的部分	30
二	扣除项目金额 50%的部分<土地增值税≤扣除项目金额 100%的部分	40
三	扣除项目金额 100%的部分<土地增值税≤扣除项目金额 200%的部分	50
四	土地增值税>扣除项目金额 50%的部分	60

（4）交易契税

契税是在土地使用权及房屋所有权发生转移时，按照当事人双方订立契约情况对产权人征收的一种税。契税的征税对象是发生相对性转移的土地使用权与房屋所有权。契税的计税依据是土地及房屋转移时双方当事人签订的契约价格。契税税率为3%~5%，各地适用税率由省、自治区、直辖市人民政府在规定的幅度内按照本地区的实际情况确定。按照《契税暂行条例》，由承受人在转移合同签订之日起10日内办理纳税申报手续，并在征收机关核定的期限内缴纳税款。

对于国家机关、事业单位、社会团体、军事单位承受土地及房屋并用于办公、教学、医疗、科研和军事设施的，免征契税；对于城镇职工第一次购买住房的，或因不可抗力灭失住房而重新购买住房的，免征契税；纳税人承受荒山、荒滩、荒丘土地使用权，而用于农、林、牧、渔业生产的，免征契税。

2. 新增建设用地有偿使用费

新增建设用地土地有偿使用费（以下简称土地有偿使用费）是指国务院或省级人民政府在批准农用地转用、征用土地时，向取得出让等有偿使用方式的新增建设用地的县、市人民政府收取的平均土地纯收益。土地有偿使用费30%上缴中央财政，70%上缴地方财政。上缴中央财政的土地有偿使用费作为中央财政基金预算收入，上缴地方财政的土地有偿使用费作为地方财政基金预算收入，均专项用于耕地开发，不得平衡财政预算、结余结转使用。

土地有偿使用费缴纳标准由国务院土地行政主管部门按照全国城市土地分等和城镇土地级别、基准地价水平、各地区耕地总量和人均耕地状况、社会经济发展水平等情况制定，由国务院财政部门和土地行政主管部门联合发布，并定期调整公布。1999年，财政部和国土资源部联合颁布的《新增建设用地土地有偿使用费收缴使用管理办法》就土地有偿使用费标准做出规定。根据《国务院关于深化改革严格土地管理的决定》和《国务院关于加强土地调控有关问题的通知》的要求，为进一步促进耕地保护和节约用地，2006年，财政部、国土资源部、中国人民银行联合印发了《关于调整新增建设用地土地有偿使用费政策等问题的通知》，对新增建设用地土地有偿使用费有关政策作出了重大调整。其中，新增建设用地有偿使用费的标准提高1倍，地方分成的70%部分一律全额缴入省级（含省、自治区、直辖市、计划单列市）国库；中央分成部分由财政部会同国土资源部主要参照各地基本农田面积和国家确定的土地开发整理重点任务分配给各省（自治区、直辖市、计划单列市），并向中西部地区和粮食主产区倾斜，专项用于基本农田建设和保护、土地整理、耕地开发等开支。具体标准见表6-5。

表6-5 新增建设用地有偿使用费标准/（元/m^2）

土地等别	一等	二等	三等	四等	五等	六等	七等	八等
原标准	70	60	50	40	32	28	24	21
新标准	140	120	100	80	64	56	48	42
土地等别	九等	十等	十一等	十二等	十三等	十四等	十五等	
原标准	17	14	12	10	8	7	5	
新标准	34	28	24	20	16	14	10	

6.2.3 土地金融管理

金融顾名思义，资金的融通，是货币流通和信用活动以及与之相联系的经济活动的总称。广义的金融泛指一切与信用货币的发行、保管、汇兑、结算、融通有关的经济活动，甚至包括金银的买卖；狭义的金融专指信用货币的融通。

金融是在商品经济发展的基础上，随着商品交换和货币流通信用的产生而形成的。金融的内容可概括为货币的发行与回笼、存款的吸收与付出、贷款的发放与回收、金银、外汇的买卖、有价证券的发行与转让、保险、信托、国内、国际的货币结算等。而从事金融活动的机构主要有银行、信托投资公司、保险公司、证券公司，还有信用合作社、财务公司、投资信托公司、金融租赁公司以及证券、金银、外汇交易所等。

土地金融是以土地经营为目的，以土地作为信用保证而获得资金融通的活动。土地金融业务包括土地抵押贷款、土地有价证券发行、买卖等项业务，土地金融的目的是发挥土地的财产功能，将固定在土地上的资金重新流动起来，进入流通领域，以扩充社会资金的来源，同时促进土地的开发和改良，提高土地利用效益。

1. 土地金融的特点

土地金融以土地作为抵押品，其特点表现为四个方面：

（1）债权可靠，安全系数较高。土地作为自然的产物，其位置是固定的和不可移动的，同时土地面积是有限的，随着经济的发展和人口的增长，土地供求矛盾日益突出，土地日益稀缺。同时，土地具有利用永续性特点，只要合理利用，土地是不会随着时间推移而发生折旧的，相反，随着投资的增加和土地条件的改善，其资产价值会日益提升。因此，土地作为抵押品，能够较好地保证抵押权人的合法权益。

（2）贷款偿还期较长，利息率较低。土地金融获得的资金一般是用于土地购置、开发和建设等活动，投资回收周期一般较长。同时，由于土地资产价值较高，尤其是城市土地，其资产价值更高，短期还本付息的可能性较低。因此，以土地为抵押进行的资金融通回收期限较长，少则3~5年，长则20~30年，利息率也相对较低。

（3）土地金融一般实行债券化，以增加其灵活性，扩大流通范围。由于土地与其他商品不同，一般有价值的抵押品可以直接交付给债权人保管，易于分割，且能够在较大范围内流动，而土地由于位置固定，分割困难，其流动范围受到很大限制，因此，土地金融活动中，土地财产往往与债券发行相结合，通过土地证券化，提高土地资产的流动性，实现土地资产的可分割性，进而扩大其流通范围。

（4）以土地抵押进行的资金融通，在抵押贷款契约到期以前，债权人不能任意要求债务人偿还债务。相反，债务人保留在契约到期前随时偿还债务并收回抵押土地的权利。

2. 土地金融与土地抵押权能

土地金融实质是以土地作为抵押品而获得资金的融通，因此，要发展土地金融，土地自身必须具有抵押权。土地抵押权是土地所有权权能的构成之一，土地抵押可以界定为“为债务偿还作保的土地转让”，是土地所有权人因借债而将土地抵押给债权人，作为清偿债务保证而产生的。法律上通常将抵押划分为三种形式：定期抵押——要求财产由借款人手中转给贷款人，而一旦债务完全付清，则取消抵押；信托契约——要求把契约转让给第三方，委托第三方在债务清偿前为贷款人利益而拥有抵押权；公平抵押——只要有书面证据证明当事人打算把不动产作为偿还债务的保证来拥有即可。

土地抵押可以采取上述任意三种形式，其中定期抵押是比较常见的一种形式。土地抵押过程中，抵押合同是主要的法律文件，抵押合同要求写明协议日期、抵押当事人、抵押涉及的财产、债务数额及贷款使用安排、贷款利率、偿还时间和偿还数额，并规定抵押人纳税和交付财产保险费。抵押合同要有抵押人签名，必要时要进行公正和得到当地主管机关签字盖章认可，抵押合同生效前，必须送给抵押人一份。

抵押权是土地所有权的组成部分，国外很多是土地所有权直接抵押，我国实行的是社会主义土地公有制，土地所有权不能直接抵押，在市场上抵押的是与土地所有权分离的土地使用权，并且一般是有偿方式获得的土地使用权，划拨土地使用权抵押实质是地上建筑物部分以及划拨土地使用者投资产生的土地增值部分。允许土地使用权抵押，有助于强化土地使用权，使其运用更加灵活，因而有利于土地的合理利用。

3. 发展土地金融的作用和条件

发展土地金融作用有三点：首先，土地金融的发展有助于筹措大量的资金，用于土地开发、改良和投资建设。通过土地资产的盘活，促进国民经济的持续稳定发展。其次，土地金融的发展有助于国家土地政策的实施。例如，通过以土地作抵押担保向农民提供贷款，能够扶持许多自耕农的发展，有助于稳定农业生产；再如，通过农地集约经营户的贷款，有助于促进农地的适度规模经营。其三，土地金融的发展有助于活跃市场经济，促进地产市场的形成和发展。通过土地金融活动积累足够的资金，有助于资本、技术、劳动力和土地的融合与集中，盘活土地，提高市场配置土地资源的效率。

发展土地金融的条件包括：一是要有稳定的政治环境。社会要安定，政局要稳定，这是土地金融发展的基础条件。没有安定的环境，长期战乱，借贷双方都没有安全感，既不会有长期投资发展经济的需要，也不会有人愿意承担巨大风险进行长期贷款，因而土地金融活动很难得到发展。二是要有明确的土地权属关系，为土地抵押活动提供法律保障。产权清晰是土地金融活动的核心，土地权属紊乱，纠纷很多，处置抵押标的就得不到保障，以土地为抵押的金融业务就难以开展起来。三是要有经济发展作支撑，且币值要稳定。如果经济发展呈现剧烈波动状态，币值很不稳定，资金借贷双方都会产生恐惧心理，借方担心货币贬值，投资无利可图，贷方担心资金不能保值增值，土地金融活动必然受到阻碍。

4. 国外的土地金融制度

许多资本主义发达国家在经济发展和金融业形成的基础上先后发展起土地金融业，其中比较有代表性的是德国和美国。

(1) 德国的土地金融制度

德国最早的土地抵押信用社产生于1770年，初期由政府控制，主要是为容克地主阶级服务。19世纪产业革命后，资本主义经济加速发展，抵押信用合作社的性质也发生巨大变化，主要协助农民以土地抵押贷款购买土地。德国土地金融制度的最大特点是抵押土地债券化。凡是愿意用自己的土地作为抵押获得长期贷款的农民或地主，可联合组成合作社，将各自的土地交给合作社进行抵押，合作社以这些土地为保证发行土地债券，换取资金，供给社员。联合组成的合作社能够获得政府授权发行债券，并以各地区土地为担保，因此，其土地金融业务不受地区限制，流通范围很广。抵押土地债券化使得债权人—债务人的直接关系转变为债权人—合作社—债务人的间接关系，从而有效减少了借贷之间的直接矛盾和冲突。

(2) 美国的土地金融制度

美国土地金融制度创立于20世纪初，是美国农业金融最早成立的一个部门。1913年，美国组织一个特别考察团赴欧洲考察农业信用制度，对德国的土地抵押信用社合作组织进行详细研究，并于1916年通过“联邦农地抵押贷款法”，设立农业贷款局，主持全国农地抵押贷款事宜。美国起初是在全国划分12个农业信用区，每个区设立一个联邦土地银行，并在农村推动农民组织建立抵押合作社。以后，全国的12个联邦土地银行均并入1933年成立的农业信用管理局，土地银行与联邦中期信用银行、合作银行以及农业生产信用公司等成为美国农业体系的四大部门。与德国土地金融制度发展过程不同，美国的土地金融制度是自上而下的发展模式，是先由政府拨款充当联邦土地银行的股金，发行土地债券，同时帮助农民分区组建联邦土地银行合作社。

5. 我国土地金融实施的政策原则

新中国成立之初，由于禁止土地所有权和使用权的买卖，实际是不存在土地金融活动的。1988年新宪法和土地管理法的修改，土地使用权可以依法转让，从而使以土地使用权为抵押的土地金融活动的开展有了法律基础。随着土地市场的发展，以土地使用权为抵押获取资金的现象日益频繁，广泛应用于土地开发、利用和建设活动中。目前，我国的土地金融事业正处在一个加速发展时期，如何加强土地金融管理，进行合理的政策引导，是未来管理部门应该认真面对的问题。从各国的土地金融发展看，我国土地金融实施的政策应该把握以下原则：

(1) 坚持社会主义土地公有制的原则

国外很多国家实行的是土地私有制，土地金融的发展以土地的私人所有为基础前提，其抵押的是土地所有权。我国建立金融制度，其制度基础是土地的公有制，即土地全民所有和集体所有，发展土地金融的目的不是改变土地所有制形式，而是进一步完善和巩固土地社会主义公有制。法律明确规定，土地所有权是不能买卖和抵押的，能够抵押的是有偿获得的有一定期限的土地使用权。土地金融发展的实质是促进土地所有权和使用权分离的前提下，通过拥有土地使用权及转让权，搞活土地使用权，实现土地资源的优化配置。

(2) 坚持政府参与、支持和引导原则

风险是金融业不可回避的问题，尽管土地金融在金融业中的风险相对较小，但风险问题仍然是土地金融发展不可回避的重要问题。尤其是农业用地，由于贷款的周期长，农业生产收益率较低，且受到自然条件的影响较大，存在诸多不稳定因素，农地金融的发展难度较大，一般金融机构不愿接受以此为抵押的贷款业务。为此，政府部门就必须积极参与和介入其中，通过国家拥有的政治强力和行政力量，特设一些国家专业性金融机构，投入大量财力，支持以土地为抵押担保的金融活动，提高土地债券的信用等级，促进土地金融逐步走向市场化和规范化。这也是实行土地金融政策的很多国家的成功经验，如美国的联邦土地银行、日本的劝业银行，都是在政府支持下的产物，其在各国土地金融制度的发展初期都取得了良好的效果。

(3) 坚持土地抵押的合作原则

土地抵押业务涉及内容较多，操作相对复杂。尤其在农村地区，由于人多地少的原因，土地的利用相对分散，土地的考察、评价、估价、贷款的发放与收回，以及用途的规定和管理等，手续繁多，需要大量人力、物力和财力的支持，农户单个进行成本较高，也不经济。因此，需要广大农民联合起来，按照合作的原则组成基层土地抵押组织，通过基层土地抵押组织与借款人发生联系，节省交易费用，提高运行效率。

6.2.4 征地制度改革

1. 征地制度的发展历史

征地制度在中华人民共和国成立初期即已存在，是适应我国社会主义土地公有制和计划经济体制下的产物。1953 年，国家政务院颁布和实施《国家建设征用土地办法》规定："凡征用之土地，产权属于国家。用地单位不需用时，应交还国家，不得转让。凡征用土地，均应由用地单位按节约用地的原则，提出征用土地计划书，按业务系统报经其上级领导机关批准后，依关于批准权限的下列规定，分别转请中央人民政府政务院或大行政区行政委员会或省、市、县人民政府核准公布征用之。"

1958 年，全国人民代表大会通过经修正的《国家建设征用土地办法》，其中明确规定："国家建设征用土地，必须贯彻节约用地的原则。一切目前可以不举办的工程，都不应该举办；需要举办的工程，在征用土地的时候，必须精打细算，严格掌握设计定额，控制建筑密度，防止多征、早征，杜绝浪费土地。凡有荒地、劣地、空地可以利用的，应该尽量利用；尽可能不征用或者少征用耕地良田，不拆或者少拆房屋。"

1978 年改革开放的发展，我国逐步由计划经济体制向市场经济体制转轨，征地制度也在发生深刻的变化。1982 年，国务院进行机构改革，在农牧渔业部设置土地管理局，归口管理全国土地，同年，《国家建设征用土地条例》出台。与 1958 年《国家建设征用土地办法》相比，条例关于征地的规定存在很大不同：一是强调节约用地的同时，要求征地符合土地利用规划、城市规划和相关法规；二是着眼环境保护，提出建设征地要与土地整治结合；三是农地保护得到贯彻，征地审批权限考虑耕地和园地的占用情况；四是征地补偿明显提高，补偿安置趋于合理，开始考虑土地市场的影响；五是征地违法违规惩处更加具体。

1998 年，新土地管理法出台，而后又经过多次修改，征地制度的内容也在进一步发生变化。新土地管理法中关于征地规定的辩护集中体现在两个方面：一是征地的审批权限发生变化，权力集中在中央和省级，市级、县级地方人民政府不再具有征地审批权。其中，征收基本农田、基本农田以外的耕地超过 35 公顷的、其他土地超过 70 公顷的，由国务院审批；前款规定以外的征地由省、自治区、直辖市人民政府批准，并报国务院备案。二是征地补偿明显提高。以耕地为例，土地补偿费由原来的 3~6 倍增加至 6~10 倍，安置补助费由原来的 2~3 倍增加至 4~6 倍，每公顷耕地安置补助费的上限由 10 倍提高至 15 倍，土地补偿费和安置补助费总和的上限由 20 倍提高至 30 倍，特殊情况下，甚至还可以再酌情提高。另外，法律上还进一步明确土地征收与土地征用的概念，在促进土地管理工作与国际接轨的同时，也为征地制度的改革奠定了基础。

2. 征地制度面临的问题

随着我国城市化、工业化和房地产市场的快速发展，城市建设对土地的需求量日益增大。据国土资源部的统计，1987~2001 年，全国非农建设占用耕地 3 394.6 万亩，其中 70%是通过行政手段征用的。然而，征地制度在满足经济增长对土地需求的同时，也暴露出一系列不可回避的问题，如征地范围肆意扩大到非公共领域，乘机圈地现象突出；征地补偿额度低，且征地款被侵吞或不能足额到位；被征地农民的安置得不到妥善解决等，其中核心问题是补偿问题。随着土地市场的建立和完善，征地制度“低进高出”的问题在农民心中造成的落差正在不断加大。相较于土地的市场价格，征地补偿的范围过于狭窄，补偿费偏离土地市场的价格和农民的预期，农民将来的生存权得不到保障，这无异于是对农民的无形掠夺。最近几年，关于征地纠纷报道的增多是一个明显的信号，征地矛盾的激化已经引发一系列社会问题，征地制度的改革迫在眉睫。尽管2004年土地管理法对有关征地的内容进行修改，指出“国家为了公共利益的需要，可以依法对土地实行征收或者征用并给予补偿。”但对于具体内容的规定并没有跳出原有的框架，公共利益的不明确、补偿标准的不完全和失地农民保障等问题仍然没有得到解决。而且，随着农民土地资产意识的增强，一些农村土地正在绕过国家征地程序私下发生流转，由此给国家和集体造成巨大的土地收益流失，同时也扰乱了国有土地市场的秩序，给土地市场的正常发展带来诸多隐患，进一步完善和改革征地制度迫在眉睫。

3. 征地制度改革的探索

面对征地制度的诸多问题，一方面需要进一步完善征地制度，尊重和保护农民的合法权益，严格征地程序和征地范围，建立征地争议的司法裁决制度，加强对土地征用补偿的监督；另一方面，各地也开始尝试农村集体非农建设用地流转的试点工作，弥补征地制度的不足，进而也开创了我国农村建设用地市场发展的新局面，其中比较有影响的有三种模式。

(1)“转权让利”的流转模式

在集体非农建设用地流转时，将集体非农建设用地的所有权转为国有，并补办国有土地出让或租赁手续，收取的土地收益大部分返还集体经济组织。其中，转权是指通过征地将集体土地所有权转变为国家土地所有权，然后统一出让；让利是指对集体非农建设用地转权的同时，依据“谁投资，谁受益”和“公平分配”的原则，将地租收益按照一定比例让予原土地所有者或使用者以及乡镇基础设施投资者，在浙江的宁波和温州市、山东的威海市以及江苏常州等市都是采取这种模式。

(2)“保权让利”的流转模式

如果说转权让利是一种直接进入市场的模式，则保权让利是一种间接进入市场的模式，是在保持集体非农建设用地所有权不变的前提下，仿照国有土地有偿使用管理的方式，将集体非农建设用地按照一定年限通过转让、出租、入股、联营等方式直接流转，土地收益大部分留给集体经济组织的模式。保权让利的核心是“两种产权，同一市场，统一管理”，该模式强调城市规划区内，两种土地所有权同时并存，并对其一视同仁，即同质同价，优质优价，劣质低价。国有土地使用权和集体非农建设用地使用权在同一市场上流转。政府把两种建设用地使用权流转纳入一体化管理之中。目前，实行保权让利模式的主要是广东的南海市和安徽的芜湖市，其中，南海市是将集体土地所有权和农民土地承包经营权折价入股到农民兴办的企业中，农民参与企业按股分红，农地转为非农用地的级差收益按照51∶49的比例在集体和农民之间进行分成；芜湖市是在充分尊重农民自主权的基础上，集体建设用地通过转让、租赁、作价入股、联营联建、抵押等形式流转进入城市土地市场，在使用权流转期限结束后，土地仍然归农民集体所有。流转收益在县、乡、行政村之间按照 1∶4∶5 的比例进行分配。

(3) 规划区内外有别的流转模式

规划区内和规划区外采取不同的管理办法，分别对待。其好处在于：规划区内由于实行的是“转权让利”的流转模式，能够保证规划区内的土地产权的一致性，方便规划的实施，国家和地方用于规划区内的基础设施投资能够在土地收益中得到充分体现；规划区外实行的是“保权让利”的流转模式，能够充分考虑规划区外基础设施以集体投资为主的特点，避免国有土地产权和集体土地产权的相互分割，给予集体较大的经营自主权，并有助于提高土地的利用效率，让集体土地所有者和使用者得到最大的实惠。目前，实行规划区内外有别流转模式的城市主要有浙江的杭州市和湖州市等。

随着征地制度改革的深入发展，各地纷纷制定出适合本地的农村集体土地流转管理办法，其中较有影响的有安徽省 2002 年出台的《安徽省集体建设用地有偿使用和使用权流转试行办法》和广东省 2005 年颁布实施的《广东省集体建设用地使用权流转管理办法》，其在指导农村集体建设用地流转市场发展和促进全国制定统一规范的流转管理办法上正发挥着越来越重要的作用。

6.2.5 土地收购储备

1. 土地收购储备的产生

20 世纪 90 年代中期，由于我国长期实行的是无偿、无限期和无流动的土地使用制度，其实际操作中表现出与社会主义市场经济体制的诸多矛盾和问题：(1) 土地稀缺性和土地资产价值凸显，土地行政划拨与土地隐性流转矛盾突出，国有土地所有权在经济上不能得到体现；(2) 土地的计划划拨和土地无偿使用刺激了用地者多占土地和占用好地，节约用地的理念得不到有效的贯彻和实施；(3) 土地不计入运营成本，客观上助长了土地浪费，导致土地利用效率的普遍偏低；(4) 政府城市建设资金入不敷出，难以支持城市经济的持续发展；(5) 企业占地多少和占地优劣一样，不能体现公平竞争的原则，助长了社会分配不公的不良倾向。正是在上述背景下，适应城市土地有偿使用制度改革的需要，城市土地收购储备制度应运而生。土地收购储备是城市政府依照法律程序，运用市场机制，按照土地利用规划和城市规划，对采取收回、收购、置换、征用等方法取得的土地进行前期开发、整理，并进行储备，最后以此供应和调控城市各类建设用地的需求，确保政府切实垄断土地一级市场的行为。1996 年，上海市成立第一家土地收购储备机构——土地发展中心，接着，杭州和南通相继建立自己的土地收购储备机构，随着土地收购储备事业的方兴未艾，截至 2001 年 8 月，全国已有大小不同的土地收购储备机构 669 家。

2. 土地收购储备的模式

(1) 以上海为代表的市场主导型运作模式

以市场机制为基本运行机制，充分体现市场机制配置土地资源的功能。其特点是土地发展中心根据自己的收购计划和市政府的要求，通过与被收购单位协商，确定土地收购价格或约定土地收益分成，按照约定由发展中心支付收购金，取得土地并按现行规定办理土地过户手续。储备机构取得土地后，负责对土地进行拆迁、平整和相关基础设施配套，对易于转让的储备土地由土地管理部门出让给新的用地者。在土地收购储备机构设置上，属于单一结构模式，即只有隶属于土地管理部门的土地储备中心负责土地收购储备的全过程，并按“两级政府、两级管理”的体制建立市、区两级，以市为主的土地储备网。

(2) 以杭州为代表的政府主导型运作模式

在政府主导的基础上，充分发挥市场机制配置土地资源的功能，实现行政主导与市场运作的有效结合。其特点是收购土地的范围由政府行政法规规定，规定范围内的土地统一由土地储备机构根据计划进行收购、储备、开发，土地管理部门根据用地需求用招标、拍卖方式对储备土地实行统一出让，规定范围内的划拨土地使用者不能像过去一样通过补办出让手续的方法自行转让土地使用权。在土地收购储备机构设置上，属于双结构模式，即成立城市土地收购储备委员会和土地收购储备中心，实行分层次两级管理的体制。其中，城市土地收购储备委员会由政府设立，是城市土地收购储备工作的决策机构，由分管副市长任主任，成员由土地、财政、计划、规划、城建、房管等职能部门及有关金融单位负责人组成；其主要职责和任务是研究落实土地收购—储备—出让的相关政策规章，协调部门关系等。土地储备中心是土地收购储备工作的执行机构，隶属于土管部门，接受土地收购储备委员会的指导和监督。

(3) 以南通为代表的政府市场混合型运作模式

实现行政指导、市场运作与土地资产管理相结合的模式。其特点是政府规定用于储备的土地范围，对可收购的土地由土地储备机构与原用地者签订“国有土地使用权收购合同”，储备机构按合同约定支付土地收购补偿费用，取得土地使用权。同时，土地储备机构还受市政府委托作为国有土地资产代表，对国有企业改革中土地使用权作价出资（入股）部分进行管理，收取企业改革中以租赁方式处置的土地使用权租金和其他用地者向政府缴纳的租金。在土地收购储备机构设置上，也属于双结构模式，基本与杭州模式类似，只是城市土地收购储备机构多承担了作为国有土地资产管理代表的职能。

3. 土地收购储备的问题

(1) 资金结构单一，容易引发资金运作危机

就目前各地土地收购储备机构的资金来源看，都是依靠财政拨款和银行借款，而由于政府管理职能涉及面广，可以提供储备机构的资金有限。以杭州市为例，政府只在机构成立之初投入 4 000 万元，而机构截至 2001 年底的土地收购规模已经达到 20 亿元，因此，土地收购储备业务的资金实际上主要来源于银行借款。依靠借贷资金虽然可以“借鸡生蛋”，但由于资金使用期限的限制，而且随着经济发展情况的变动、利率的变动，借贷资金比例过高，资金运用的风险就很大。杭州市目前遇到的一个重要问题就是随着土地收购储备规模的扩大，大量资金沉淀在土地上，到期向银行还本付息的压力很大，目前，每月需要向银行支付的利息达到近 500 万元，这直接影响到机构未来土地收购储备业务的进一步扩展。而且一旦资金运转出现危机，可能会因为债权人的处罚而遭受严重的经济损失。

(2) 管理与经营职能重叠，经营目标多元化，经营效率降低

从目前的土地收购储备机构看，大部分都是政府部门直接领导的事业单位，是城市政府利益的重要代表。这样，在具体实施土地收购储备时，储备机构既是土地经营者，又是土地管理者；既承担着促进土地资产保值增值，确保土地收益最大化的义务，同时还肩负着调节土地市场，实施各项规划，确保城市公共与公益事业用地需求的社会职责。作为经营者，以营利为目的，追求利润最大化；而作为管理者，则要以合理配置社会资源为最终目的，追求的是社会效益的最大化。这样，由于机构经营目标的多元化，不利于机构进行

科学合理的财务核算，对于储备机构提高经营效率和形成合理经营者监督与激励机制都会产生负面影响。

（3）行政干预因素较强，市场作用难以有效发挥

作为政府职能部门的代表，受到行政隶属关系的限制，土地收购储备行为受政府领导政策的影响很大。许多地方、许多情况下，政府领导的一句话或者一个文件往往对土地资产的经营方式起到决定性作用，土地收购储备机构很难真正面向市场规范化经营。例如，有些地区为了吸引外资或者扶持个别企业，往往以土地为“诱饵”，想通过协议低价出让的方式以留住外商或者搞活企业，有些甚至随意减免地价，造成土地资产的不合理经营，给以后可能的土地市场投机埋下隐患。

（4）地区间缺乏协调配合，切实垄断土地一级市场难度较大

从目前各地的土地收购储备形势看，尽管土地收购储备机构在全国各地已经是遍地开花，但仍然是以城市政府为单位各自为政。在土地市场较为发达、经济发展较为迅速的地区，土地收购储备事业欣欣向荣；而市场欠发达、经济发展缓慢的地区，土地收购储备事业不容乐观。不管哪个地区，要完全垄断一级市场的土地供应难度很大，市场发达地区主要涉及到政府财力问题，而市场欠发达地区不仅涉及到财力问题，土地收购储备的市场经营风险也是一个关键的限制因素。这样，地区间的各自为政与不协调发展，各地区为吸引投资，可能会竞相压价，很容易形成地区间土地市场的恶性竞争，导致土地收益的流失。同时，由于一级市场的不完全垄断，也会给土地投机者以可乘之机，不利于土地市场的规范化运作。

4. 土地收购储备的发展

（1）土地收购的性质和立法问题

土地收购和土地收回在性质上既有相似性，又存在很大的区别。收回土地是一种行政行为，补偿是对地上建筑物、附着物获利能力的支付，与土地价格无关。而收购土地是一种经济行为，必然涉及土地价格。特别是土地收购储备中的收购是一种“强制买卖关系”，而不是一种经济主体间的平等经济关系，在现行法律法规并没有相应的法律规范，所以建立城市土地收购储备制度首先要解决立法和制度建设问题。

（2）收益分配和收购价格问题

土地收购储备制度建立前，多数时候存量土地盘活的主动权在企业而不是政府，由此带来的大部分收益由企业或主管部门支配，政府只收土地出让时的级差地租。因此，土地收购储备制度的建立，其核心问题就是权利和利益的重新分配。要明确收益分配，关键是明确土地收购价格内涵。土地收购价格不是土地所有权价格，是土地使用权价格，但不包括土地发展权价格，其中，划拨土地的收购价格不包括土地处置权收益。同时，土地收购价格应该是原用途的价格，土地转变为新用途所带来的增值收益归土地所有者享有。值得一提的是，在企业改革过程中，通过土地收购储备实现企业迁并的，可以给予企业土地价格以外的补偿，但补偿与土地收购储备价格无关，对于一些经营亏损或濒临倒闭的企业用地，即使其土地不被政府收购，政府仍需对其安置。

（3）土地收购资金的筹措问题

建立土地储备制度，政府由出让“生地”为主转为出让“熟地”为主，除要支付土地收购费用，一般还要在出让前经过拆除地上建筑物、平整土地直至“七通一平”等前

期开发整理，为此需要支付相当大的成本，需要大量资金。目前，建立土地储备制度的城市采取资本金由市财政拨款，运作资金通过土地抵押贷款等方式筹措。土地收购费、前期开发整理和储备期间的管理费由土地储备中心支付，并从土地受让单位支付的土地开发整理费中补偿。无论是政府财政拨款或是银行贷款，都未形成有效的资金筹措机制，而且存在较大的风险，特别是统一收购制度实施后，客观上要求政府对需要盘活的土地实施敞开收购，资金需求量很大。从长远考虑，要改变单凭银行贷款筹措资金的做法，以分散风险。可通过设立土地基金、实施土地债券化、推行换地权益书等做法吸纳社会资金实施土地储备。这样，既保证政府在土地盘活中取得合理的收益，又能有效地调动社会资金，共享利益，分担风险，保证政府对城市土地资产的有效经营。

（4）储备的数量和范围问题

调整存量土地，关键是按城市规划调整不合理的用地结构，对城市规划中确定的更新改造地块，原则上均可列入储备范围，使政府在实施土地收购时可以编制切实可行的计划和留有选择的余地。规划用途决定土地的使用价值，因此要择优收购开发潜力大、价格较低、规划用途与市场需求一致的地块。收购要进行效益评价。

通过储备土地，一个重要的目的是对土地供应总量进行控制，而只有土地储备积累到一定数量，才能使政府在市场土地供应短缺、地价暴涨时具备调控能力。但土地储备过多，会造成资金占用过多，而资金不足，储备量过小，就达不到调控土地市场的目的，如何科学地确定土地储备数量是一个重要课题。土地储备数量的确定要根据土地市场的供求关系来确定，而土地供求取决于社会、经济、政策等若干因素，可通过对相关历史数据进行统计分析，设计需求预测模型，进而得到最佳土地储备数量。

通过土地储备制度，有利于实现城市规划，实现城市规划指导下的土地最优利用。如可根据“法定图则”出让土地，即以法的形式明确土地开发范围、用途、容积率等要求，使土地供给与城市规划相一致，使“弹性”过大的城市规划增加“刚性”，也为根除“土地寻租”创造条件。

6.3 房地产交易市场管理

6.3.1 房地产价格管理

1. 房地产价格评估

《中华人民共和国城市房地产管理法》第三十三条第一款明确规定，“国家实行房地产价格评估制度。”房地产价格评估是以房地产为对象，由专业评估人员根据评估目的，遵循评估原则，按照评估程序，运用评估方法，并在综合分析影响房地产价格因素的基础上，对房地产客观、合理价格的估计、推测与判断。

（1）房地产价格的特征

①房地产价格组成的双重性

房地产是以土地和附着于土地上的建筑物及附属设施为主要物质形态的财产及其权属关系，房地产商品的物质构成是土地、建筑物及其附属设施的有机统一体，这就决定房地产在其内涵上具有双重实体性特点。其中，一部分来自开发土地和建筑物安装劳动形成的价值，另一部分来源于土地使用权价格，即地租的资本化。

②房地产价格的地区差异性

由于土地位置的固定性，房地产在交易时不能发生位置移动，因而其价格也呈现地区性特点，集中反映在地区房地产价格的差异上。一般而言，同质房屋，大城市高于中小城市，沿海城市高于内地城市，经济发达城市高于经济落后城市。即使在同一城市的不同地区，房地产价格也存在很大差别，也有价格高的地段和价格低的地段的划分。

房地产价格呈现地区差异的原因主要表现为：一是建筑物在土地之上，不同地区的土地，自然地理条件不同，对房屋功能结构和设备有不同的影响，使得同质建筑物在不同的地区价格不同；二是不同地区的土地，社会经济环境不同，包括社会经济发展程度、市场发达程度、供求状况等，这些都影响到房地产的价格，最终导致不同地区的房地产价格呈现地区差异性。

③房地产价格的价格垄断性

由于房地产价格的地区差异性，不同地区房地产不能拿到同一地区进行价格比较，因而不能形成完全自由竞争的市场。房地产形成的交易价格一般随着房地产交易的必要性而个别形成，交易过程中，交易主体的个别差异性起着重要作用。同时，由于房地产以土地为载体，土地的稀缺性决定房地产价格不是由需求决定，而是由供给主导。房地产价格的形成很大程度上取决于市场上房地产商品的投放量，且由于房地产供给者在信息获取能力和专业知识等方面往往处在优势地位，房地产供给方垄断土地和抬高价格的现象时有发生。

④房地产价格的权益性

房地产交易中发生的不是房地产在自然地理位置上的转移，而是房地产有关各种权益在不同主体之间的转移，如所有权、使用权、收益权和抵押权等。因此，房地产价格的实质是众多无形权益的价格，房地产实物状态与权益状态不是总一致的。房地产估价过程中，要对房地产的权益状态进行认真研究和了解，因为每种权益都会影响价格，同一宗房地产，由于转移的权益不同，其价格会存在明显不同。例如，房地产抵押权价格明显低于房地产使用权价格；房地产租赁价格明显低于房地产转让价格等。

（2）房地产价格的评估方法

①市场比较法

市场比较法是将估价对象房地产与较近时期已经发生交易的类似房地产加以比较对照，对发生交易的类似房地产的成交价格采用适当的方法加以修正，得到估价对象房地产价格的一种估价方法。其中，类似房地产是在用途、建筑结构、所处地区、估价目的、成交价格类型等诸多方面与估价对象相同或近似的房地产。

市场比较法的理论依据是房地产交易中的替代原理，经济主体选择行为产生的结果就是效用均等的物品之间会产生替代作用，在市场上具有同等效用的物品价格或类似房地产价格会相互接近和相互牵引。因此，具有同样使用价值和质量的物品，应具有相同或相似的价格。

在邻近地区或同一供需圈内的类似地区，能够找到与估价对象房地产相类似的房地产交易实例时，可采取市场比较法进行房地产价格的评估。市场比较法的计算公式如下：

直接比较修正公式：

$$估价对象房地产价格=\frac{可比实例}{房地产价格}\times\frac{交易情况}{修正系数}\times\frac{交易日期}{修正系数}\times\frac{房地产状况}{修正系数}$$

$$=可比实例房地产价格\times\frac{100}{(\quad)}\times\frac{(\quad)}{100}\times\frac{100}{(\quad)}$$

$$=\frac{可比实例}{房地产价格}\times\frac{正常市场价格}{实际交易价格}\times\frac{估价时点价格}{交易日期价格}\times\frac{对象状况价格}{实例状况价格}$$

式中，交易情况修正的分子为100，表示以正常价格为基准；交易日期修正的分母是100，表示以交易日期时的价格为基准；房地产状况修正的分子是100，表示以估价对象的房地产状况为基准。

间接比较修正公式：

$$估价对象房地产价格=\frac{可比实例}{房地产价格}\times\frac{交易情况}{修正系数}\times\frac{交易日期}{修正系数}\times\frac{标准化}{修正}\times\frac{房地产状况}{修正系数}$$

$$=可比实例房地产价格\times\frac{100}{(\quad)}\times\frac{(\quad)}{100}\times\frac{100}{(\quad)}\times\frac{(\quad)}{100}$$

$$=可比实例房地产价格\times\frac{正常市场价格}{实际交易价格}\times\frac{估价时点价格}{交易日期价格}$$

$$\times\frac{标准状况价格}{实际状况价格}\times\frac{对象状况价格}{实例状况价格}$$

上式中，标准化修正的分子是100，表示以标准房地产的状况为基准，分母是可比实例房地产相对于标准房地产所得的分数；房地产状况修正的分母是100，表示以标准房地产状况为基准，分子是估价对象房地产相对于标准房地产所得的分数。

通过上述修正计算后，根据每个可比实例都可计算出一个价格，而且不会完全一致，这就需要综合计算求出估价对象房地产的估价额。在实际估价中，综合的方法最常用的主要有简单算术平均法和中位数法等。

②收益还原法

收益还原法是将估价对象房地产未来各期纯收益通过适当的资本化率折算到估价时点，求取其和作为估价对象房地产价格的一种估价方法，收益还原法求得的价格称为收益价格。收益还原法的理论依据是经济学中的预期原理，是房地产市场主体对估价对象房地产在未来将要取得的收益作出预测和估计，据此求出估价时点上的房地产价格。

收益还原法的理论依据是经济学中的预期理论。所谓预期，是市场主体对市场未来形势的看法或估计。房地产价格评估中使用预期原理，是房地产市场主体对估价对象房地产在未来将要取得的收益作出预测和估计，并据此求出估价时点上的房地产价格。

收益还原法的计算公式如下：

$$p=\frac{a_1}{1+r_1}+\frac{a_2}{(1+r_1)(1+r_2)}+\cdots+\frac{a_n}{(1+r_1)(1+r_2)(1+r_3)\cdots(1+r_n)}$$

式中，p 表示房地产价格；a_1，a_2，a_3，…，a_n 表示未来各年的房地产纯收益；r_1，r_2，r_3，…，r_n表示未来各年的资本化率；n 表示房地产的使用年限。

③成本估价法

成本估价法又称为成本法、原价法、承包商法、合同法等。它是以开发建造房地产所耗费的各项必要费用之和为依据，再加上正常的利润和应纳税金求取估价对象在估价时点的重新购建价格，然后通过一定的折旧方法，扣除已计提的折旧来确定估价对象房地产价格的一种估价方法。成本估价法的基本原理从买方来讲，是替代原理，即卖方愿意支付的价格不能高于自己进行开发建造房地产所花费的成本；从卖方来讲，是生产费用价值论，即房地产的价格是根据其“生产费用”来计算的，卖方的价格不能低于其开发建造房地产所花费的各项必要成本，否则买方就会吃亏，卖方是不能接受的。

成本估价法的适用范围是：①房地产市场规模较小，市场不完善，没有交易实例或交易实例较少，无法采用市场比较法的情况；②既无收益，又较少发生交易情况的公共建筑和公益设施等，如学校、医院、政府办公楼、公园、军队营房、博物馆、纪念馆等；③一些特殊房地产，如寺庙、道观、教堂以及桥梁、涵洞等；④房地产抵押、企业合并兼并以及房地产投资、房地产保险和其他损害赔偿中，通常采用成本法估价。

成本法计算的基本公式如下：

估价对象房地产价格=重新购置价格-折旧

其中，新开发土地成本法的价格计算公式是：

新开发土地价格=取得待开发土地的成本+土地开发总成本+管理费用
+投资利息+销售税费+土地开发应获得的利润

新建房地产成本法的计算公式是：

新建房地价格=土地取得成本+土地开发成本+建造建筑物成本
+管理费用+投资利息+销售税费+开发利润

旧有房地产成本法的计算公式是：

旧有房地产价格=土地重新取得价格+建筑物重新建造成本+建筑物折旧

旧有建筑物价格=建筑物重新建造成本-建筑物折旧

采用成本法求取旧有房地产价格时，通常被称为重置成本法和重建成本法。

④假设开发法

假设开发法是将估价对象房地产预期开发后的价值扣除预期的正常开发费用、销售费用、利息、税金和开发利润，剩余部分作为估价对象房地产价格的一种估价方法。假设开发法的理论依据形式上看类似于新建房地产成本估价法的倒算法，实质上类似于地租原理，不过地租是每年的租金剩余，假设开发法是一次性的价格剩余。

假设开发法的适用范围是：①待建筑的熟地估价，评估公式中的预期开发价值是开发完成后的房地价值；②生地或毛地整理成可直接利用的熟地估价，评估中的预期开发价值是整理后的熟地价；③将生地或毛地开发成房地的估价，此时，评估公式中的预期开发价值为开发完成后的房地价值；④在建工程的估价，此时，评估公式中的预期开发价值为开发完成后的房地价值；⑤具有装修改造潜力的旧房地产的估价，此时，评估公式中的预期开发价值为装修改造完成后的房地价值。

假设开发法的计算公式如下：

待开发房地产的价值=预期开发价值-开发成本-管理费用-销售税费
-投资利息-开发利润-投资者购买待开发房地产应负担的税费

假设开发法分为两种情况：当房地产开发完成后全部销售时，预期开发价值等于售价；当房地产开发完成后出租时，则要根据房地产开发完成后可能带来收益的年限计算每年的纯收益，选择适当的资本化率，运用的公式是：

$$p=\frac{a}{r}\left[1-\frac{1}{(1+r)^{n}}\right]$$

式中，p 表示预期开发价值；a 表示年纯收益；r 表示资本化率；n 表示产生收益的年限。

除上述常用的四种方法外，房地产估价的方法还有长期趋势法、残余估价法等，前者是应用统计学和预测学的方法，后者是收益还原法的特殊形式。选择不同估价方法进行房地产价格评估时，要特别注意不同评估方法的适用范围。

2. *房地产估价人员资格管理*

20 世纪 80 年代后期，我国开始房地产价格评估队伍建设。1988 年，国家建设部和国家物价局及工商行政管理局联合发布《关于加强房地产交易市场管理通知》，其中提出：各地都应当依法建立自己的房地产价格专业评估队伍；评估人员的任务是根据计价原则、标准和市场供求情况，合理评估房地产的价值、价格，为房地产交易、抵押、仲裁、转让提供确定价值和价格的依据。随着房地产价格评估队伍建设纳入法治轨道，国家开始实行房地产价格评估人员资格认证制度。所有从事房地产价格评估工作的人员都要经过人民政府有关主管部门的资格审查，通过资格认证取得从事房地产价格评估工作条件。房地产价格评估机构要招聘和录用具有房地产价格评估资格的人员，房地产开发企业、其他企事业和公民个人在委托房地产价格评估机构进行房地产价格评估时，要对房地产价格评估机构派出的具体承办房地产价格评估业务的人员是否具有房地产价格评估资格进行了解，对没有房地产价格评估资格的，应及时向房地产价格评估机构指出，要求更换或者向有关主管部门及时反映情况，要求处理。房地产价格评估机构在接到委托人或者有关主管部门的意见后，应当及时将没有取得房地产价格评估资格的人员更换，不得拒绝。

实行房地产价格评估人员资格认证制度后，有关主管部门应当加强对房地产价格评估人员的监督管理，建立健全有关的规章制度和管理措施，如房地产价格评估人员的培训和考核制度、房地产价格评估人员的业务规程和技术标准等培训，保证房地产价格评估队伍的质量。

3. *房地产估价机构资质管理*

房地产评估机构必须具备法定的条件。按照《城市房地产管理法》第五十七条的规定，房地产中介机构必须具备以下条件：有自己的名称和组织机构；有固定的服务场所；有必要的财产和经费；有足够数量的专业人员；法律、行政法规规定的其他条件。同时，要进行房地产中介服务业，还要向工商行政管理部门申请设立登记，获得工商营业执照。

2005 年，建设部颁布的《房地产估价机构管理办法》规定，房地产估价机构应当由自然人出资，以有限责任公司或者合伙企业形式设立，房地产估价机构资质等级分为一、二、三级。其中，各资质等级房地产估价机构的条件如下：

（1）一级资质

①机构名称有房地产估价或者房地产评估字样；

②从事房地产估价活动连续 6 年以上，且取得二级房地产估价机构资质 3 年以上；

③有限责任公司的注册资本人民币 200 万元以上，合伙企业的出资额人民币 120 万元以上；

④有 15 名以上专职注册房地产估价师；

⑤在申请核定资质等级之日前 3 年，平均每年完成估价标的物建筑面积 50 万 m^2 以上

或者土地面积 25 万 m^2 以上；

⑥法定代表人或者执行合伙人是注册后从事房地产估价工作 3 年以上的专职注册房地产估价师；

⑦有限责任公司的股东中有 3 名以上、合伙企业的合伙人中有 2 名以上专职注册房地产估价师，股东或者合伙人中有一半以上是注册后从事房地产估价工作 3 年以上的专职注册房地产估价师；

⑧有限责任公司的股份或者合伙企业的出资额中专职注册房地产估价师的股份或者出资额合计不低于 60%；

⑨有固定的经营服务场所；

⑩估价质量管理、估价档案管理、财务管理等各项企业内部管理制度健全；

⑪随机抽查的 1 份房地产估价报告符合《房地产估价规范》的要求；

⑫在申请核定资质等级之日前 3 年内无本办法第三十二条禁止的行为。

（2）二级资质

①机构名称有房地产估价或者房地产评估字样；

②取得三级房地产估价机构资质后从事房地产估价活动连续 4 年以上；

③有限责任公司的注册资本人民币 100 万元以上，合伙企业的出资额人民币 60 万元以上；

④有 8 名以上专职注册房地产估价师；

⑤在申请核定资质等级之日前 3 年，平均每年完成估价标的物建筑面积 30 万 m^2 以上或者土地面积 15 万 m^2 以上；

⑥法定代表人或者执行合伙人是注册后从事房地产估价工作 3 年以上的专职注册房地产估价师；

⑦有限责任公司的股东中有 3 名以上、合伙企业的合伙人中有 2 名以上专职注册房地产估价师，股东或者合伙人中有一半以上是注册后从事房地产估价工作 3 年以上的专职注册房地产估价师；

⑧有限责任公司的股份或者合伙企业的出资额中专职注册房地产估价师的股份或者出资额合计不低于 60%；

⑨有固定的经营服务场所；

⑩估价质量管理、估价档案管理、财务管理等各项企业内部管理制度健全；

⑪随机抽查的 1 份房地产估价报告符合《房地产估价规范》的要求；

⑫在申请核定资质等级之日前 3 年内无本办法第三十二条禁止的行为。

（3）三级资质

①机构名称有房地产估价或者房地产评估字样；

②有限责任公司的注册资本人民币 50 万元以上，合伙企业的出资额人民币 30 万元以上；

③有 3 名以上专职注册房地产估价师；

④在暂定期内，完成估价标的物建筑面积 8 万 m^2 以上或者土地面积 3 万 m^2 以上；

⑤法定代表人或者执行合伙人是注册后从事房地产估价工作 3 年以上的专职注册房地产估价师；

⑥有限责任公司的股东中有2名以上、合伙企业的合伙人中有2名以上专职注册房地产估价师，股东或者合伙人中有一半以上是注册后从事房地产估价工作3年以上的专职注册房地产估价师；

⑦有限责任公司的股份或者合伙企业的出资额中专职注册房地产估价师的股份或者出资额合计不低于60%；

⑧有固定的经营服务场所；

⑨估价质量管理、估价档案管理、财务管理等各项企业内部管理制度健全；

⑩随机抽查的1份房地产估价报告符合《房地产估价规范》的要求；

⑪在申请核定资质等级之日前3年内无本办法第三十二条禁止的行为。

各级房地产估价机构的从业范围如下：

一级资质房地产估价机构可以从事各类房地产估价业务。

二级资质房地产估价机构可以从事除公司上市、企业清算以外的房地产估价业务。

三级资质房地产估价机构可以从事除公司上市、企业清算、司法鉴定以外的房地产估价业务。

暂定期内的三级资质房地产估价机构可以从事除公司上市、企业清算、司法鉴定、城镇房屋拆迁、在建工程抵押以外的房地产估价业务。

4. 房地产交易价格的申报制度

我国城市房地产管理法明确规定：国家实行房地产成交价格申报制度。房地产权利人转让房地产，应当向县级以上地方人民政府规定的部门如实申报成交价，不得瞒报或者作不实的申报。房地产交易价格申报不仅有助于保护交易双方的合法权益，避免因价格问题产生的权利纠纷，而且也有助于政府部门随时掌握房地产市场价格的动态变化，为政府课税和适时进行房地产市场的调控提供依据。在我国，《城市房地产转让管理规定》中规定，房地产的转让应当以申报的房地产成交价格作为缴纳税费的依据。成交价格明显低于正常市场价格的，以评估价格作为缴纳税费的依据。同时，房地产市场交易价格是政府有关部门编制房地产价格指数的重要依据，通过价格指数的计算，随时掌握房地产市场的价格动态变化。

6.3.2 房地产税收管理

房地产税收是一切与房地产有直接关系的税收的集合，具体包括房地产营业税、房地产企业所得税、个人所得税、房产税、城镇土地使用税、城市房地产税、印花税、土地增值税、投资方向调节税、契税、耕地占用税等。

1. 房地产税收的种类

按照课税环节不同，有投资环节课税、交易环节课税、占用环节课税、所得环节课税；

按照课税对象不同，有流转额课税、收益额课税、财产课税、特定目的课税；

按照税率不同，有比例税、累进税和定额税。

2. 房地产税收的特点

(1) 征税对象的特定性

房地产税收是以特定的房地产投资行为、房地产价值或数量为征税对象的税收。从自然属性看，征税对象是房屋和土地，从法律关系看，征税对象是附着在房地产上的各种权益。

（2）税收体系的复合性

房地产税收不是由单一税收组成，而是由各种不同的税种组合而成的一个整体，既有流转环节的税收，如流转税，也有保有环节的税收，如收益税、财产税和资源税等。

（3）调节范围的广泛性

房地产税收调节范围涉及到房地产开发和交易的每一个环节。例如，在房地产开发环节，有建筑业营业税、投资方向调节税、印花税等；在房地产交易环节，有房地产业营业税、土地增值税、印花税、契税、遗产税等；在房地产占有环节，有企业所得税和个人所得税等。

（4）适用税率的多样性

根据税收开征目的和征管的需要，税率设置上多种多样，有的采取定额税率，有的采取比例税率，有的采取累进税率，税率因税种不同而呈现多样性。

（5）计税依据的混合性

有的以房地产交易额为计税依据，有的则以房地产的占用面积和使用价值为计税依据，还有的则以投资额、增值额和所得额为计税依据。

（6）税种开征的行为目的性

在房地产税收体系中，行为目的税占有很大比重，如投资方向调节税、印花税、城镇土地使用税、耕地占用税、土地增值税等。其中最为典型的是投资方向调节税，开征目的十分明确，就是控制投资规模，引导投资方向，体现国家产业政策。

（7）税源分布的零散性

房地产税收中多是小税种，征税对象涉及范围较广，从农村到城市，从生产经营企业到行政事业单位，直至居民个人，无所不及。由于税源分布较零散，税基小、税率低、所征的税款也比较少，税收征管难度大。

（8）税收收入的地方性

房地产税收收入大部分属于地方收入，是地方税收的重要组成部分。

3. 房地产投资环节的课税

（1）建筑业营业税

建筑业营业税的纳税义务人是指在中华人民共和国境内提供建筑安装业的应税劳务的单位和个人。建筑业营业税的征税范围包括建筑安装企业从事建筑、安装、修缮、装饰和其他工程作业的收入；企业、事业单位所属的建筑队，对外承包建筑、安装、装饰和其他工程作业的收入；个体经营者从事建筑、安装、修缮、装饰和其他工程作业的收入。

建筑业营业税的计税依据是从事建筑、安装、修缮、装饰和其他工程作业取得的营业额，包括工程价款（即工程造价）及工程价款之外收取的各种费用（如材料差价、包工费、全优工程奖和提前竣工奖等）。

建筑业营业税的税目是“建筑业”，包括的范围有建筑、安装、修缮、装饰及其他工程作业等项目。建筑业实行比例税率，适用税率为3%。

（2）固定资产投资方向调节税

投资方向调节税的纳税义务人是指在中华人民共和国境内用各种资金进行国家非禁止

发展的固定资产投资的非“三资”企业的单位和个人。这里的单位和个人具体包括行政事业单位，国有、集体、乡镇企业、个体工商户，城乡居民等。

投资方向调节税的计税依据是固定资产投资项目实际完成的投资额，其中更新改造投资项目为建筑工程实际完成的投资额。

投资方向调节税的基本步骤是：第一，确定适用税率；第二，划分固定资产投资与生产费用；第三，计算投资完成额；第四，分摊综合费用；第五，按适用税率计算应纳税额。

固定资产投资方向调节税的税率确定：首先，确定工程性质，根据计算文件或项目概算、投资决算所列工程内容确定投资项目的性质；然后，划分单位工程，根据设计文件或投资决算所列工程内容、生产的产品及生产规模划分单位工程类别；最后，根据生产产品的品种、规模和类别，确定单位工程税率。

(3) 印花税

印花税是以因从事经济活动、财产产权转移、权利许可证照的授受等书立、领受使用应税凭证的行为为征收对象而征收的一种税。

印花税的纳税人是指在中华人民共和国境内书立、领受印花税条例中所列举的应税凭证的单位和个人，具体包括国内各类企业、事业、机关、团体、部队以及中外合资企业、合作企业、外资企业、外国公司企业和其他经济组织及其在华机构等单位和个人。

印花税实行从价和按件两种计税形式，其计税依据分别为各种应税凭证的金额或数量。

(4) 耕地占用税

详见土地税费管理中的相应内容。

4. *房地产交易环节课税*

(1) 房地产业营业税

房地产业营业税以纳税人从事房地产开发、经营所得的营业额为课税对象，属于流转税的范畴，是营业税大系统的一个子系统。营业税纳税人是从事转让土地使用权、销售不动产、房屋租赁和房地产中介服务的单位和个人。

房地产业营业税的税目、征税范围和税率见表6-6。其中，按期纳税的税收起征点是月营业额200~800元；按次纳税的起征点是每次（日）营业额50元。纳税人营业额未达到起征点的，免征营业税；营业额达到起征点的，应按照营业额的全额计算应纳税额。

表6-6　**房地产业营业税的征收**

税　目	征收范围	税率/（%）
服务业	房地产租赁业、代理业、中介服务业	5
转让无形资产	转让土地使用权	5
销售不动产	销售建筑物及其他土地附着物	5

(2) 城市维护建设税

城市维护建设税是对从事生产经营活动的单位和个人，以其实际缴纳的增值税、消费税和营业税的税额为计税依据，按照纳税人所在地适用的不同税率计算征收的一种税。就其性质而言，城市维护建设税是一种地方附加税。

城市维护建设税的纳税人是缴纳“三税”的国有企事业单位、集体企业、私营企业、个体经营者、机关、团体、学校、部队等一切单位和个人。

城市维护建设税实行地区差别比例税率，按照纳税人所在城市、县城、建制镇等不同的行政区域分别规定不同的比例税率，具体规定如下：

①纳税人所在地在城市（包括省辖市和县级市）市区的，税率为7%；

②纳税人所在地在县城和省人民政府批准为建制镇的，税率为5%，铁道部门应缴纳的城建税适用的税率为5%；

③纳税人所在地不在城市市区、县城、建制镇的，税率为1%；但县团级以上的大中型工矿企业所在地不在城市市区、县城、建制镇的，税率为5%；城市郊区的经济发展情况和繁华程度与市区区别不大的，经地、市、州人民政府批准，也可以比照市区和县城，分别按照7%或5%的税率计征城建税。

应纳城建税=实际缴纳的三税税额×地区适用税率

（3）土地增值税

详见土地税费管理中的相应内容。

（4）契税

详见土地税费管理中的相应内容。

（5）遗产税

遗产税是以财产所有人死亡后所遗留的财产为课税对象课征的一种税。遗产税是一个国际性税种，目前已有100多个国家和地区开征遗产税。

遗产税的计税依据为被继承人死亡时的遗产总额减除允许扣除项目和免征额后的余额。

遗产税的计算公式是：应纳税遗产额=遗产总额-允许扣除项目金额-免征额。

遗产税的税率采取超额累进税率，最低是5%，最高是45%，中间每一级级差是10%。

5. 房地产占有环节课税

（1）房产税

房产税是以房屋为征税对象，按照房产价值或出租房屋的租金收入，向产权所有人征收的一种税。房产税是一种财产税，其纳税义务人是房屋的产权所有人，也就是房产的使用、收益、出卖、赠与等权利归其所有的单位和个人。

房产税以房产为征税对象，房产税的征税范围是税法中规定开征房产税的地区，包括城市、县城、建制镇和工矿区。现行房产税的计税依据是房产余值或房产的租金收入，房产税按照房产原值一次减除10%~30%后的余值计算缴纳，具体的减幅由省、自治区、直辖市人民政府确定。1994年，我国新税制修订后，房产税的计税依据由房产余值和租金收入转变为房产评估值，不再按房产原值从价计征房产税。

（2）城镇土地使用税

详见土地税费管理中的相应内容。

（3）城市房地产税

城市房地产税是对在中华人民共和国的城市、县城、建制镇和工矿区内的房屋和土地，按其价值或租价向产权所有人或承典人征收的一种税。

城市房地产税的纳税人是负有缴纳城市房地产税义务的单位和个人。目前，城市房地产税的纳税人主要是在中华人民共和国境内拥有房产的外国侨民和外商投资企业及外国企业。

城市房地产税由产权所有人缴纳，产权出典者由承典人缴纳；产权所有人和承典人不在当地或产权未确定及租典纠纷未解决者，均由代管人或使用人代为报缴。

城市房地产税的税率采取比例税率。从价按年计征的房产税，税率是 1.2%；从价按年计征的地产税，税率为 1.8%；从价合并按年计征的房地产税，税率为 1.8%；从租计征的房地产税，税率为 18%。

6. *房地产所得环节课税*

（1）房地产企业所得税

房地产企业所得税是对中国境内的房地产企业的生产、经营所得和其他所得征收的一种税。房地产企业所得税的纳税人是指符合企业所得税暂行条例规定的直接负有纳税义务的实行独立核算、有生产经营所得和其他所得的各种性质的房地产开发、投资企业，具体包括国有、集体、私营、联营和股份制房地产企业等。

房地产企业所得税的计税依据是指作为纳税人的房地产企业在一个纳税年度内来源于境外、境内的全部房地产生产经营所得和其他所得之和。

应纳税所得额=收入总额-国家规定准予扣除项目的金额

房地产企业所得税实行比例税率，视情况不同，分为一般税率和优惠税率。

一般税率：适用于绝大多数各类型的企业，所得税的一般税率是 33%；

优惠税率：国家决定对一些利润低或规模小的企业专门制定两档过渡性的优惠税率，以适应不同纳税能力的企业。对于年应税所得额在 3~10 万元的企业，按照 27%的税率征税；对年应税所得额在 3 万元以下的企业，按照 18%的税率征税。

（2）涉外房地产企业所得税

涉外房地产企业所得税是指在中国境内从事房地产开发和建筑安装的外商投资企业和从中国境内取得房地产投资应税所得的外国企业征收的一种所得税。

涉外房地产企业所得税并非是一个独立的税种，而是外商投资企业和外国企业所得税的一个分支。涉外房地产企业所得税的纳税人包括外商投资企业和外国企业。外商投资企业和外国企业所得税以外商投资企业和外国企业的生产经营所得和其他所得为征税对象。

（3）房地产所得环节个人所得税

个人所得税是对公民个人（即自然人）取得的应税收入征收的一种税。

①个体工商户从事房地产开发投资的经营所得，适用 5%~35%的五级超额累进税率；

②房地产租赁、转让所得，均适用 20%的比例税率。

表 6-7 中，“全年应纳税所得额”是指纳税人每一个纳税年度的收入总额扣除成本、费用以及损失后的余额。

表 6-7　　　　　　　**房地产所得环节个人所得税超额累进税率表**

级数	全年应纳税所得额	税率/（%）	速算扣除数/元
1	不超过 5 000 元	5	0
2	超过 5 000 元至 10 000 元的部分	10	250
3	超过 10 000 元至 30 000 元的部分	20	1 250
4	超过 30 000 元至 50 000 元的部分	30	4 250
5	超过 50 000 元的部分	35	6 750

6.3.3　房地产金融管理

房地产金融市场是房地产资金供求双方运用金融工具进行各类房地产资金交易的总和，包括各类住房存款、住房抵押贷款、房地产开发贷款、房地产信托、房地产保险以及房地产证券等。房地产金融市场由三个基本要素组成：一是融资主体，资金的供给者和需求者，主要包括家庭、企业和特定的政府部门；二是融资中介，资金融通过程中，处于资金供给者和资金需求者的中间环节，住房储蓄银行、住房信用合作社、商业银行、保险公司、证券公司等银行和非银行金融机构；三是市场金融工具，是可以在房地产市场上和货币交易的各种金融契约，如商业票据、房地产金融债券、房地产抵押债券、房地产企业和房地产金融机构所发行的股票等，都是用于交易的金融机构。

1. 房地产抵押贷款

房地产抵押贷款是指银行以借款人或第三人拥有的房地产作为抵押物发放的贷款。抵押物担保的范围包括银行房地产抵押贷款的本金、利息和实现抵押物抵押权的费用及抵押合同约定的其他内容。在贷款债务履行期届满，贷款人未清偿贷款本金和利息的，贷款银行可以与借款人协议，以抵押的房地产折价或拍卖、变卖该抵押物所得的价款偿还贷款本金和利息。协议不成的，贷款银行可以向法院提起诉讼，通过法律途径清偿贷款银行的债权。

（1）商业银行住房抵押贷款的运作

①抵押贷款的利率

从经济学的角度看，购买或投资于一种资产的需求量大小应该由资产所含的报酬率及其风险决定。风险越高，补偿风险所需的贴水就越高，因此，发放贷款所需求的利率可表达为：

$$I=r+p+f$$

式中，I 是贷款利率；r 是实质利率或实际利率；p 是预期通货膨胀率；f 是风险贴水。

实际利率是贷款方牺牲现在消费的机会，而将资金让给借方先使用所应该获得的报酬。实际利率加上通货膨胀率一般称为名义利率，是购买政府公债的报酬率。

风险贴水是对贷款方承担的风险的补偿，其中，风险包括违约风险、利率风险和流动性风险。违约风险是因违约后求得补偿的法律程序复杂，抵押品不能完全补偿贷款方的损失；利率风险是未来市场利率波动给投资者带来损失的可能性；流动性风险是遭遇财务困难必须出售所持有的贷款合约，在市场上及时出售必须降价销售的损失。

②住房抵押贷款的首付款

首付款是房屋总价和抵押贷款的差额，也称为借款人在抵押房地产上的净资产权益。为减少贷款风险，银行发放的住房贷款额总要小于抵押物的市场价格，因此，购房者需要一次性支付一定比例的首付款。首付款是衡量住房抵押贷款风险的一个重要指标，首付款比例的高低取决于房地产评估的准确性、市场的发育程度、变现成本的高低和借款人的资信等级等因素。根据有关规定，我国目前严禁发放“零首付”个人住房贷款。商业银行只能对购买主体结构已封顶住房的个人发放个人住房贷款。对借款人申请个人住房贷款购买第一套自住住房的，首付款比例不低于20%；对购买第二套以上（含第二套住宅）住房的，应适当提高其首付款比例。

③住房抵押贷款的还款方式

固定还本法：国外也称等额等金还本法，是在贷款后，每期借方除上缴贷款利息外，还需要定额摊还本金。由于固定还本法每月还本固定，贷款余额会以定额逐渐减少，每月付款及每月贷款余额也定额减少。

固定付款法：国外也称等额本息还款法，是在贷款后，每期支付贷款本金与利息的总和都相同。因此，我们可将这些每期相同的付款看成年金，这些付给贷方的年金，其现值总和必等于贷款的现值。在贷款初期，所支付的贷款本息大部分是利息支出。随着还本增加，每期所欠贷款逐月减少，因而所支付的利息也随着减少。同样条件下，在贷款初期，固定还本贷款的支付额大于固定付款法的每月支付总额，在末期则反之。

渐进加付法：在预期物价上升时，贷方将预期通货膨胀率算在利率里，从而使贷款利率和预期通货膨胀率以同一幅度上升。贷款利率上升不仅带来每期贷款支付的增加，更会改变借方的贷款负担结构。

（2）住房公积金制度

住房公积金制度规定实行住房公积金办法的职工按月缴纳占工资一定比例的住房公积金，职工所在单位也按月缴纳占职工工资一定比例的住房公积金，两者均归职工个人所有。随着经济发展和职工收入的变化，可以分别调整职工和单位的缴交率，或调整计算住房公积金的工资基数。住房公积金制度是一项强制性住房储蓄制度，具有长期性、义务性、互助性和社会保障性的特点，公积金储蓄实行个人储存、单位补贴的原则。

①住房公积金的缴存

住房公积金缴存由职工所在单位的工作人员经办，每月扣除的住房公积金等于职工的住房公积金缴存基数乘以缴交率，缴交率根据经济发展状况和职工生活水平的变化调整，一般在当年上半年公布并于当年7月份实行，缴存额确定后一年内不再变动。

②住房公积金的支取

职工有下列情形的，可以提取职工住房公积金账户内的存储余额：购买、建造、翻建、大修自住住房的；离休和退休的；完全丧失劳动能力的；出境定居的；偿还购房贷款本息的；房租超出家庭工资收入的规定比例的。

职工住房内部装修、房屋养护、住房租金和认购住宅建设债券等费用，不得用公积金。

③住房公积金贷款

住房公积金贷款主要分为两类：一类是向单位发放的住房专项贷款，另一类是向职工发放的个人住房公积金贷款。其中，个人住房公积金贷款是指公积金管理机构运用所归集的公积金委托银行向职工个人购建自住住房或翻修、大修自住住房发放的贷款。住房公积金贷款的最长期限不得超过30年。

2. 房地产信托

信托是私有制和商品经济发展到一定阶段的产物，是财产的所有人（自然人或法人）按照自己的目的或利益将其所拥有的财产委托给他人或信托机构代为管理或处理的经济行为。信托以财产为核心，以信任为基础，以他人受托管理为方式。

房地产信托是指房地产信托机构受委托人的委托，为受益人的利益，代为管理、营运或处理委托人托管的房地产及相关资产的一种信托行为。房地产信托是一种灵活的金融业务形式，房地产信托财产的管理、营运或处理的方式可以根据委托人的意愿，适应客观情况变化而采取灵活多样的形式。房地产信托的主要内容有房地产资金信托（包括房地产信托存款、房地产信托贷款、房地产委托贷款、房地产信托投资其他房地产融资信托）、房地产代理和保管以及房地产咨询等内容。

房地产信托的业务和资金来源有以下几种形式：

（1）房地产信托基金：是房地产信托投资公司为经营房地产信托投资业务及其他信托业务而设置的营运资金。目前，我国的信托投资公司信托资金来源主要有财政拨款、社会集资以及自身留利。

其具体内容有：企事业单位筹集待用的房地产信托基金；具有法人资格的企事业单位以预算外的自有资金及职工购房储蓄集中后设置的信托基金；商品房开发企业筹集待用的信托资金存入银行后形成的部分；代理发行房地产业有关单位（含政府）的股票、债券等有价证券筹措的资金。

（2）房地产信托存款：是指在特定的资金来源范围之内，由信托投资机构办理的存款。它是根据客户的存款申请，由房地产信托机构吸收进来代为管理和营运的房地产资金，是房地产信托机构的主要筹资渠道。房地产信托存款资金来源的范围、期限与利率均由中国人民银行规定、公布和调整。我国房地产信托存款的资金来源主要有：各级财政部门委托投资或贷款的信托资金；房地产企业及其主管部门委托投资或贷款的信托资金；其他企事业单位为购建住宅的信托资金；城镇职工和居民个人购建住宅的信托资金。

（3）集资信托和代理集资：信托机构接受企业、企业主管部门以及机关、团体、事业单位等的委托，直接或代理发行债券、股票以筹措资金的一种信托业务。所谓直接集资是指信托机构以自己的名义向社会发行债券，以筹集资金，作为开展信托业务的资金来源；所谓代理集资是信托机构代理为一些企事业单位向社会发行债券、股票，以筹措资金。

（4）资金信托：是指信托机构接受委托人的委托，对其货币资金进行自主经营的一种信托业务。信托资金的来源必须是各单位可自主支配的资金或归单位和个人所有的资金，主要有单位资金、公益基金和劳保基金。

（5）共同投资基金：是由不确定的众多投资者投入资金，委托专门投资机构进行投资和管理，借以分散风险，并享有投资收益的一种投资制度。其基本做法是：专业投资机构如信托投资公司通过发行收益证券或以投资基金股份的方式，将社会上众多投资者的闲散资金汇集起来，组建成巨额基金，然后委托投资专家进行有价证券等分散组合投资，所得收益在扣除成本和管理费用之后，按投资人的资金份额分配给投资人。

3. 房地产保险

房地产保险是整个社会保险的组成部分，是指以房地产作为标的物，根据订立的经济合同，对特定的灾害事故造成的经济损失提供资金保障的一种经济形式，属于财产保险的范畴。房地产保险是在房屋设计、营建、销售、消费和服务等环节中以房屋及其相关利益与责任为保险标的的保险。就其本质而言，是一种经济补偿制度，这一制度通过对有可能发生的不确定性事件的数理预测和收取保险费的方法，建立保险基金；以合同的形式，将风险从被保险人转移到保险人，由大多数人来分担少数人的损失。

（1）房地产保险基金：是房地产保险人为了补偿保险事故所造成的财产损失或人身伤亡所引起的经济需要，向房地产投保人收取保险费而集中起来的一种社会后备基金。它是用于房地产保险赔偿或给付的专用基金，是房地产保险正常运行的基本条件。

房地产保险基金来源于房地产保险费，而缴纳保险费数额的多少取决于房地产保险金额和保险费率。保险费率是按保险金额收取保险费的比率，房屋保险费要根据所承保房屋保险危险的大小，以及房屋保险额损失率资料和房地产保险人的业务费用的多少等来制定。

（2）房地产保险合同：是房地产投保人与房地产保险人约定保险权利义务关系的协议。房地产保险合同形式有保险单和其他保险凭证，如附印在某些发票上的保险条款，但以保险单为主。房地产保险标的是指作为保险对象的房屋财产及其有关利益或者人的寿命和身体。

（3）房地产保险的投保与承保：是房地产保险运行的起始，投保与承保的过程就是房地产投保人与房地产保险人订立保险合同的过程，具体程序包括填定投保单、签发保险单和收取保险费。

（4）房地产的索赔和理赔：索赔是指房地产被保险人或受益人在保险标的遭受损失后，按保险单有关条款的规定向房地产保险人要求赔偿损失或给付保险金的行为。理赔是指房地产保险人处理房地产被保险人提出的索赔要求，处理有关保险赔偿责任的工作。

4. 房地产抵押贷款证券化

房地产证券化是指通过有价证券形式融通房地产市场资金的过程，房地产证券化同样包括房地产融资证券化和房地产资产证券化。

房地产融资证券化是指房地产经营机构通过发行房地产证券（如股票或企业债券）筹集资金用于房地产领域的行为。

房地产资产证券化是指将非证券形态的、流通性较差的房地产投融资资产转化成为能够在金融市场上出售和流通的证券，使房地产投融资主体与投融资客体之间非证券形式物权、债权转化为证券形式股权、债权的过程。

住房抵押贷款证券化是20世纪60年代末产生于美国的一种金融创新制度。具体做法是商业银行等金融机构在发放住房抵押贷款后，将所持有抵押贷款债权出售给一家特别设立的机构，然后由该机构在资本市场上发行以其收购的抵押贷款为基础的证券的行为。根据交易性质，金融市场一般可划分为一级市场和二级市场。贷款人向借款人发放房地产抵押贷款交易构成房地产抵押贷款一级市场；贷款人在发放抵押贷款后，向第三方全部或部分转让其债权，或借款人向第三方转让其债务的交易形成抵押贷款的二级市场。住房抵押贷款证券化主要通过抵押贷款二级市场来实现，通过二级市场的交易，可增加房地产抵押贷款的流动性。

6.3.4 经济适用房与廉租房

低租金、福利性的住房分配制度是从计划经济体制延续下来的，随着我国改革开放逐步深化，传统的住房实物分配制度固有的许多弊端越来越不适应市场经济的需要，主要表现在以下几个方面：一是限制住宅消费，阻碍国民经济的正常发展；二是住宅建设与投资脱节，造成资源的巨大浪费；三是经济关系发生扭曲，影响到社会主义市场经济体制的正常发展；四是造成住房分配上的不公平现象。

面对传统体制下的诸多问题，我国曾尝试过提租、售房、推行公积金等房改手段，但并不能准确切中传统住房制度的症结所在。为此，住房分配货币化政策应运而生。通过改变住房的实物分配，走货币化的道路，将住房需求推向市场，实现传统住房制度的彻底改革。但是，住房货币化分配进程中，也出现了一些难点问题，表现有三点：一是居民的承受能力问题；二是职工的收入分配关系问题；三是社会的承受能力问题。其中最核心的还是住房价格和居民收入的关系问题，尤其是在如何满足中低收入阶层居住需求的问题上，住房分配货币化制度改革存在诸多矛盾和问题。

适应住房福利分配制度向住房货币化分配制度的改革需要，1994 年，我国启动“安居工程”，并逐渐明确经济适用房的政策目标是为中、低收入人群提供低于市场价格的住房。政策形成之初，经济适用房担负着多重政策使命，2003 年，经济适用房政策的目标明确为建立具有保障性质的政策性住房，是解决中等偏下家庭住房的重要途径，其目标群体仅包括全社会家庭总数的 30%。1998 年，国务院《关于进一步深化城镇住房制度改革、加快住房建设的通知》中针对“最低收入家庭”又提出了“廉租房”政策。在 2004 年 3 月 1 日起施行的《城镇最低收入家庭廉租住房管理办法》中规定：廉租房只保障城镇最低收入家庭，保障方式以发放租赁住房补贴为主，实物配租、租金核减为辅。

1. 经济适用房

(1) 经济适用住房的概念

经济适用住房是由政府扶持的具有经济性和适用性特点、面向城镇中低收入家庭的社会保障商品住房。经济性是指住房价格相对市场价格而言是适中的，能够适应中低收入家庭的承受能力；适用性是指在住房设计及其建筑标准上强调住房的使用效果，而不是降低其建筑标准，经济适用住房要体现适用、经济、美观、安全、卫生和便利的原则。

经济适用住房是面向中低收入家庭的普通住宅，如北京市规定，经济适用住房的销售对象是年收入 6 万元以下的中低收入家庭，购买经济适用住房时，必须凭所在单位或有关部门出具的证明文件。

经济适用住房的来源主要有三种：一是由政府提供专项用地，通过统一开发、集中组织建设的经济适用住房，对于政府提供专项用地的经济适用住房项目，应当采取招投标的方式，优选规划设计方案，确定土地开发、项目建设和工程承包单位；二是将房地产开发企业拟作为商品房开发的部分普通住宅项目调整为经济适用住房；三是单位以自建或联建方式建设的、出售给本单位职工的经济适用住房，以自建和联建方式建设的经济适用住房，其销售对象应该是自建和联建单位的职工。

(2) 经济适用住房的价格构成

经济适用住房的价格包括以下八项因素:

①建设用地的征地和拆迁补偿、安置费;

②勘察设计和前期工程费;

③建安工程费;

④住宅小区基础设施建设费(含小区非营业性配套公建费);

⑤以上 4 项之和为基数的 1%~3%的管理费;

⑥贷款利息;

⑦税金;

⑧3%以下的利润。

(3) 经济适用房的特征

经济适用住房具有商品性和社会保障性的双重特点。

商品性主要表现在经济适用住房具有商品房的一切特性,有价值和使用价值,是用于交换的劳动产品,其销售价格的确定至少要保证能够实现简单再生产并且略有盈余。

社会保障性是指经济适用住房的销售对象受到严格限制,只能是中低收入阶层,而不能是高收入阶层。

(4) 经济适用住房的建设方式

①政府组织,企业运作方式:从土地一级开发、规划设计、建筑施工到物业管理都实行招标制度,控制建设成本;

②政府组建经济适用住房发展中心:政府直接进行经济适用住房的开发建设;

③集资合作建房和单位自建:单位可利用自有划拨土地自建、合建或联建经济适用住房,向本单位职工出售。

(5) 经济适用房制度发展的方向

①严格控制经济适用房的建设标准。经济适用房的选址要避开城市中心地段,降低地价成本,同时又不能太偏,满足居民上下班和出行方便的要求;户型安排上,只能建设中小户型,基础设施配套要简洁适用,避免铺张浪费,禁止修建游泳池、会所、停车场等奢华设施。通过严格控制建设标准,降低高收入阶层的购买意愿,减小购房者资格审查的难度。

②严格审查购买经济适用房者的主体资格。建立有效的收入监测机制,并实行公告制度,接受社会的监督;审查资格的人员要严格管理,并建立经济适用房出售档案,内容可包括经济适用房、购买者、经办人等资料信息,全程透明、跟踪管理,经查实有弄虚作假的,要坚决追究相关责任人的责任。

③限制经济适用房上市交易。经济适用住房只有在取得房屋所有权和土地使用一定年限之后,才能按市场价上市出售。经济适用房具有国家补贴的福利性质,其与商品房的差价部分不能归私人所有。所以,经济适用房既不能用于出租,也不能按市场价上市出售。有的老百姓经济困难时,符合购买经济适用房的条件,若干年后,经济宽裕了,想购买条件更为理想的商品房,则其经济适用房只能由政府回购,以再次出售给其他低收入者或者可以出售,但需要补交与普通商品住房同样标准的土地出让金。补交土地出让金后,可以再次申请其他经济适用房,以解决其工作地点变化等因素导致的出行不方便问题。

④建立经济适用房的惩戒制度和退出机制。对于在经济适用房管理中弄虚作假，不按经济适用房的建设原则、分配原则、使用原则管理经济适用房项目的，一经发现，要严加惩处。以居民身份证号为主体、以家庭为单元建立全国联网的信息档案，如果有条件购买商品房的，其已经购买的经济适用房必须由政府部门回购，取消其享受经济适用房福利的资格，以便将经济适用房再次出售给其他低收入的无房户。

⑤发挥廉租房的辅助作用。社会发展两极分化比较严重，也确实有些最低收入者连经济适用房也无力购买。

2. 廉租房

（1）廉租房的概念

我国城镇廉租住房是指政府在住房领域实施社会保障职能，向具有城镇常住居民户口的最低收入家庭提供的租金相对低廉的普通住房。

（2）廉租房的特点

①社会保障性：在市场机制调节住房分配体系中，住宅的社会保障在本质上只能是弥补市场的缺陷，对市场竞争中的弱者和最低收入者提供帮助和救济，体现人道主义精神。以取消实物分配、实行住房分配货币化政策为标志的新的住房分配体系，将使中等收入及其以上者可以通过市场满足住房需求，因而住房保障不应是普遍性的社会福利，也不属于中收入者和低收入者共同享受的福利。廉租住房社会保障的对象只应是无力通过市场得到住房的最低收入者。

②政府主导性。社会保障制度一直被看作是市场经济运行的安全网和稳定器，而以政府为主体的公共政策与保障措施在社会保障制度中具有不可替代的作用。为城镇最低收入家庭提供住房的社会保障制度——城镇廉租住房制度，其目的是为了改善无力通过市场解决自身住房问题的困难家庭的住房条件。政府作为国家宏观调控者，应充分行使社会职能，承担起构建城镇廉租住房制度的重任，为其提供法律和政策支持，建立合理的资金来源和筹资渠道，同时进行有效的行政管理。

③分配的社会化。廉租住房制度建立在社会化住房分配体系的基础上，廉租住房供应机制作为政府为主导的最低收入家庭的住房供应机制，是一种社会财富的再分配，从分配范围上看，是全社会中的所有最低收入家庭共同参与的分配，在范围上打破了企业之间各自独立的分配体系。

④实施方式的多样化。就一个地区和城市而言，其住房保障制度的建立和实施必须结合本地区的实际情况，政府在住房保障中干预的范围和方式应适合住房保障目标，随着社会经济环境的变化进行相应的调整。因此，城镇廉租住房制度的实施必须建立在符合最低收入家庭特殊需求和当地住房发展的现状的基础之上，政府财力和对于最低收入家庭的相关政策及当地的住房政策也是必须考虑的因素，则城镇廉租住房制度的实施方式是多样化的。

⑤非营利性。廉租住房不同于商品房和经济适用房。商品住房提供给高收入者，利润水平由市场决定，国家不直接干预商品住房的生产、分配、交换以及消费，房地产开发企业以获取经济效益为主要目的；经济适用房面向广大中低收入阶层，在土地使用权的取得、税费等方面享受国家优惠，在房价中除了可计入1%~3%的管理费外，还可计入3%的利润；廉租住房是提供给城镇最低收入家庭的住房，开发建设追求的不是经济效益而是

社会效益，国家无偿划拨土地，税费大幅度减免，目的是为降低廉租住房的开发建设成本。因此，从事廉租住房的规划设计、建设、管理、维修服务的建设管理者都不得以营利为目的，并应尽量降低成本，减轻居民负担。

（3）廉租房制度实施中的问题

①部分地方政府重视不够。据有关专家估计，廉租房与房价成反比关系。廉租房的供给每增加 5%，就会迫使房价下降 3%~4%。房价下跌，土地出让金收入也会下跌，进而会降低地方政府的"第二财政收入"。因此，地方政府的廉租房建设积极性不足，加上没有严格的评估、奖励和惩治机制，廉租房被悬空是必然的。

②廉租房供不应求。廉租房对象根据居民户口、家庭年收入和人均居住面积确定。目前，廉租房建设不仅未能承担起全社会住房保障的重任，在保证绝大多数低保户的住房需求方面也存在很大差距，廉租房供需缺口巨大。

③政府手中公房太少。在中国实行住房制度改革之前，福利分房，住房公有，住房公有率很高。住房制度改革后，公房出售给居民，此后建的房子都是商品房，住房私有率大幅度提高，目前，住房私有率高达 82%。面对如此高的住房私有率，从住房保障来说，政府必然应该拥有一定数量的公有产权房，向生活十分困难而根本无力解决住房问题的城市贫民提供住房保障，如实行廉租房。如果政府手上没有公有住房，则廉租房就没有房源。近年来，中央政府出台政策要求各地实行廉租房政策，但是，不少地方政府苦于手中没有公房，此制度不能落实。如兰州，5 万户低保居民的居住面临困难，而政府无力解决他们的廉租房问题。

④资金来源困难。廉租房不以营利为目的，廉租房的资金来源只能依靠政府财政，目前，我国财政用于廉租房建设的资金远远不能满足廉租房建设的实际需求。根据建设部 2006 年 3 月份公布的数据，截至 2005 年底，广东省用于廉租房建设的财政投入为 54 101 万元，与广东省当年的政府支出相比，所占比例微小。

（4）廉租房制度发展的建议

①提高廉租房重要性的认识。廉租房是住房体系的重要补充，是保证社会公平和维持社会稳定的重要基础。要将廉租房建设与地方领导的政绩挂钩，建立严格的奖惩机制，促进廉租房政策的贯彻落实。

②清楚界定廉租房的适用人群。中低收入阶层和最低收入阶层的划分要有明确的标准，且具有可操作性和符合实际。由于廉租房对象的确定过程较为复杂，可以开展廉租房对象的专项调查，据此合理地确定享受廉租房政策的人群。

③建立奖励机制，引导社会资金向廉租房建设流动。例如，可以将廉租房与商品房的建设挂钩，通过制定商品房建设必须分摊一定廉租房指标的政策，保证房地产开发与住房改革中廉租房建设与供应同步推进。

④建立廉租房的腾退制度。对于家庭收入超过最低标准的廉租房使用者，要让其腾退已承租的廉租房，以建立廉租房正常合理的流动机制，保证廉租房能够出租给最低收入家庭。

⑤建立廉租房的监控制度。要杜绝廉租房承租中的不正之风，禁止不符合廉租房分配资格的居民的寻租行为，必须在廉租房建设、分配和管理中建立严密的监控制度。廉租住房监控制度包括廉租住房建设、管理体系的内部监控制度和外部或社会监控制度。内部监

控制度包括政府廉租房管理部分内部的监察制度、审计制度和党组织的纪检制度等；外部监控包括人民代表大会、检察院、群众团体、新闻舆论等各个方面对廉租住房建设、分配和管理情况的监督。

⑥处理好廉租住房供给主体——政府和企事业单位的相互关系，处理好经济适用房和廉租住房的相互关系，处理好低收入居民的家庭收入与廉租住房租金的相互关系，促进廉租房建设的持续稳定发展。同时，还要关注夹心阶层的住房问题，对于收入介于中低收入和最低收入之间有购买不起经济适用房的城市居民，可考虑为其提供廉租住房，或鼓励租赁经济适用房，或以成本价向其出售用于解困的安居房。

参考文献

[1] 钟宝琪,谌作霖. 地籍测量[M]. 武汉:武汉大学出版社,1996

[2] 武汉大学测绘学院测量平差学科组. 误差力量与测量平差基础[M]. 武汉:武汉大学出版社,2003

[3] 潘正风,杨正尧. 数字测图原理与方法 [M]. 武汉:武汉大学出版社,2002

[4] 詹长根,唐祥云,刘丽. 地籍测量学 [M]. 武汉:武汉大学出版社,2005

[5] 国家质量技术监督局. 房产测量规范(GB/T 17986) [S]. 北京:中国标准出版社,2000

[6] www.southcn.com/nflr/llzm/200404300497.htm

[7] 王明远,论现代地籍测量与基础测绘的关系 [J]. 测绘通报,1998(2)

[8] 蓝悦明. 现有数字化地形图成图方法的比较及发展趋势 [J]. 测绘通报,1997(10)

[9] 赖志礼. 地籍测量中界址点精度与面积精度的关系 [J]. 北京测绘,1997(4)

[10] 张述清,杨润书,朱 明. GPS RTK 技术在地籍测量中的应用研究 [J]. 昆明理工大学学报(理工版),2007,32(2)

[11] 张晓峰. 数字化测绘技术在地籍测量中的应用初探 [J]. 地矿测绘,2005,21(3):32-33

[12] 吴红. 关于城镇数字地籍测量若干问题的探讨 [J]. 科技情报开发与经济,2005(12)

[13] 覃其进. 论城镇地籍测量中面积量算问题及其处理方法 [J]. 广西地质,2002,15(14)

[14] 朱晓武, 史贵波. 地籍测量绘图系统的研究与实践 [J]. 测绘通报,2001(5)

[15] 谢钊,杨莉,孙依斌. 数字化地籍测量方法及其精度评定 [J]. 福建农业大学学报 2000,29(4):489-493

[16] 徐文中,张晓峰. 数字地籍测量有关作业流程及精度控制的探讨 [J]. 北京测绘,2000.3

[17] 马龙,沈克银,王淑娟. 浅析地籍测量与大比例尺地形图测绘的异同点 [J]. 矿山测量,1999,11(4)

[18] 李香娥. 房产测量中面积测算问题探讨 [J]. 北京测绘,2006(2)

[19] 解江,延文. 房产测量与商品房面积问题研究 [J]. 房地产行政管理,2007(5)

[20] 郭贵海,杨久东,钱自红. 房产测量若干问题的解决方案[J]. 地理空间信息,2006,4(4)

[21] 李海涛,王玉龙. 地籍和房产测量中界址点的标定 [J]. 太原科技,2006(10)

[22] 王金辉,王利平. 地籍与房产合并测量的技术方法探讨 [J]. 勘察科学技术,2004(6)

[23] 邢永昌,等. 地籍测量与管理 [M]. 徐州:中国矿业大学出版社,1990

[24] 王家喧,等. 地籍测量管理及其自动化 [M]. 成都:成都地图出版社,1991

[25] 张凤举,等. 地籍测量与土地管理 [M]. 北京:煤炭工业出版社,1991

[26] 张绍良,顾和和. 土地管理与地籍测量 [M]. 徐州:中国矿业大学出版社,2003
[27] 陆红生. 不动产投资分析 [M]. 北京:中国大地出版社,1996
[28] 谢经荣. 不动产金融 [M]. 北京:中国政法大学出版社,1995
[29] 吕萍. 不动产管理制度研究 [M]. 北京:中国大地出版社,2003
[30] 孟繁义,陈宏元. 房地产产权产籍管理 [M]. 北京:经济日报出版社,1995
[31] 刘亚臣. 房地产经营管理 [M]. 大连:大连理工大学出版社,2005
[32] 田金信,陈健. 房地产管理 [M]. 北京:中国建筑工业出版社,1995
[33] 卢新海. 城市土地管理与经营 [M]. 北京:科学出版社,2006
[34] 王万茂. 土地资源管理学 [M]. 北京:高等教育出版社,2003
[35] 林增杰,严星,谭峻. 地籍管理 [M]. 北京:中国人民大学出版社,2001
[36] 濮励杰,彭补拙. 土地资源管理 [M]. 南京:南京大学出版社,2002
[37] 韩桐魁,陈若凝,陈银蓉. 土地利用规划 [M]. 武汉:湖北科学技术出版社,1997
[38] 刘卫东,彭俊. 土地资源管理学 [M]. 上海:复旦大学出版社,2005
[39] 康雄华,张建仁,等. 农村土地产权制度与有序流转研究 [M]. 北京: 中国农业出版社,2007
[40] 陆红生,韩桐魁. 土地利用与管理手册 [M]. 西安:陕西人民出版社,1987
[41] 林广志,甘元薪. 物业管理学 [M]. 广州:中山大学出版社,1999
[42] 卢新海. 城市土地管理与经营 [M]. 北京:科学出版社,2006
[43] 刘洪玉. 房地产开发经营与管理 [M]. 北京:中国建筑工业出版社,2004
[44] 李文. 实用不动产管理要则 [M]. 北京:中国社会科学出版社,1994
[45] 曹建元. 房地产金融 [M]. 上海:上海财经大学出版社,1997
[46] 王洪卫,马健. 不动产金融 [M]. 上海:上海财经大学出版社,1997
[47] 吴庆玲. 房地产价格评估 [M]. 北京:经济科学出版社,1998
[48] 欧阳安蛟.《中国城市土地收购储备制度》:理论与实践 [M]. 北京: 经济管理出版社,2002
[49] 陈多长. 房地产税收论 [M]. 北京:中国市场出版社,2005
[50] 谭术魁. 房地产管理学 [M]. 上海:复旦大学出版社,2006
[51] 李恩辕,杨德忱. 房地产市场 [M]. 北京:中国建筑工业出版社,1997